Arthur Graves Canfield

French Lyrics

Arthur Graves Canfield

French Lyrics

ISBN/EAN: 9783744795418

Printed in Europe, USA, Canada, Australia, Japan

Cover: Foto ©Thomas Meinert / pixelio.de

More available books at **www.hansebooks.com**

SELECTED AND EDITED
WITH AN INTRODUCTION AND NOTES

BY

ARTHUR GRAVES CANFIELD

Professor of the Romance Languages and Literatures in the University of Michigan.

NEW YORK
HENRY HOLT AND COMPANY

PREFACE.

THIS book is intended as an introduction to the reading and study of French lyric poetry. If it contribute toward making that poetry more widely known and more justly appreciated its purpose will have been fulfilled.

It is rather usual among English-speaking people to think slightingly of the poetry of France, especially of her lyrics. This is not unnatural. The qualities that give French verse its distinction are very different from those that make the strength and the charm of our English lyrics. But we must guard ourselves against the conclusion that because a work is unlike those that we are accustomed to admire it is necessarily bad. There are many kinds of excellence. And this little book must have been poorly put together indeed if it fail to suggest to the reader that France possesses a wealth of lyric verse which, whatever be its shortcomings in those qualities that characterize our English lyrics, has others quite its own, both of form and of spirit, that give it a high and serious interest and no small measure of beauty and charm.

The editor has sought to keep the purpose of the volume constantly in view in preparing the introduction and notes. He has hoped to supply such information as would be most helpful, if not indispensable, to the reader. And as he has thought that the best service the book

i

could render would be to stimulate interest in French poetry and to persuade to a wider reading of it, he has wished in the bibliography to meet especially the wants of those who may be inclined to pursue further one or another of the acquaintances here begun. It is of course not intended to be in any wise exhaustive, but only to present the sum of an author's lyrical work, to indicate current and available editions, and to point out sources of further information ; among these last it has sometimes been accessibility to the American reader rather than relative importance that has dictated the insertion of a title.

The editor acknowledges here his wholesale indebtedness for his materials to the various sources that he has recommended to the reader. But he wishes to confess the special debt that he owes to Miss Eugénie Galloo, Assistant Professor of French in the University of Kansas, for many suggestions and valuable help with the proofs. Her assistance has reduced considerably the number of the volume's imperfections. For those that remain he can hold no one responsible but himself.

A. G. C.

LAWRENCE, KANSAS,
    Dec. 7, 1898.

INTRODUCTION.

As literature is not a bundle of separate threads, but one fabric, it is manifestly impossible to give an adequate account of any one of its forms, as the lyric poem, by itself and aside from the larger web of which it is a part. The following pages will attempt only to sketch the main phases which the history of the lyric in France exhibits and so to furnish a rough outline that may help the reader of these poems to place them in the right historical relations. He should fill it out at all points by study of some history of French literature,* No account will be taken here of those kinds of verse that have only a slight contact with serious poetry. Such are, for instance, the songs of the *chansonniers*, mainly of vinous inspiration, which followed a tradition of their own apart from that of the more sober lyric, though some of the later writers, especially BÉRANGER and DUPONT, raised them to a higher dignity. Such also are the songs so abundant in the modern vaudevilles and light operas, many of which have enjoyed a very wide circulation and great favor and have left couplets fixed in the memory of the great public.

* Special commendation may be given to the large work by various scholars under the direction of Petit de Julleville now in process of publication, and also to the shorter histories, in one volume, of Gustave Lanson (1895) and F. Brunetière (1897). An English translation of the latter is published by T. Y. Crowell & Co., New York.

Neither will account be taken of the poems of oral tradition, the *chansons populaires*, of which France possesses a rich treasure, but which have never there, as so conspicuously in Germany, been brought into fructifying contact with the literary lyric.*

The beginnings of the literary tradition of lyric poetry in France are found in the poetry of the Troubadours. No doubt lyric expression was no new discovery then ; lyrics in the popular language had existed from time immemorial.   But it was in the twelfth century and in Provence that it began to be cultivated by a considerable number of persons who consciously treated it as an art and developed for it rules and forms.   These were the Troubadours.   Though their poems did not, at least at first, lack sincerity and spontaneity, their tendency to theorizing about the ideals of courtly life, especially about the nature and practice of love as the ideal form of refined conduct, was not favorable to these qualities.   As lyrical expression lost in directness and spontaneity it was natural that more and more attention should be paid to form. The external qualities of verse were industriously cultivated.   Great ingenuity was expended upon the invention of intricate and elaborate forms.   Beginning at the end of the eleventh century, the poetry of the Troubadours had by the middle of the twelfth become a highly artificial and studied product.   It was then that it began to awaken imitation in the north of France and thus determine the beginnings of French lyric poetry.

* A large number of the *chansonniers* are represented in the collection by Dumersan and Noel Ségur, *Chansons nationales et populaires de France*, 2 vols., 1866, to which an account of the French *chanson* is prefixed. Specimens of the *chanson populaire* may be read in T. F. Crane's *Chansons populaires de la France*, New York, Putnam, 1891 ; an excellent historical sketch and a bibliography make this little volume a good introduction to the reading of French popular poetry.

An earlier native lyric had indeed existed in northern France, known to us only by scanty fragments and allusions. It was a simple and light accompaniment of dancing or of the monotonous household tasks of sewing and spinning. Its theme was love and love-making. Its characteristic outward feature was a recurring refrain. The manner and frequency of repeating this refrain determined different forms, as *rondets, ballettes,* and *virelis.* But there are few examples left us of early French lyrics that have not already felt the influence of the art of the Troubadours. Even those that are in a way the most perfect and distinctive products of the earlier period, the fresh and graceful *pastourelles,* with their constant theme of a pretty shepherdess wooed by a knight, may have been imported from the south and have pretty surely been touched by southern influence.

From the middle of the twelfth century the native lyric in the north was entirely submerged under the flood of imitations of the Troubadours. The marriage of Eleanor of Poitiers with Louis VII. in 1137 brought Provence and France together, and opened the north, particularly about her court and that of her daughter Marie, Countess of Champagne, at Troyes, to the ideas and manners of the south. The first result was an eager and widespread imitation of the Provençal models. Among these earliest cultivators of literary art in the French language the most noteworthy were CONON DE BÉTHUNE (d. 1224), BLONDEL DE NESLE, GACE BRULÉ, GUI DE COUCI (d. 1201), GAUTIER D'ESPINAUS, and THIBAUT DE CHAMPAGNE, King of Navarre (d. 1253). There is in the work of these poets a great sameness. Their one theme was love as the essential principle of perfect courtly conduct, and their treatment was made still more lifeless by the use of allegory which was beginning to reveal its fascina-

tion for the mediæval mind. From all their work the
note of individuality is almost completely absent. Their
art consisted in saying the same conventional commonplaces in a form that was not just like any other previously
devised. So the predominance of the formal element
was a matter of necessity. Some variation from existing
forms was the one thing required of a piece of verse.

This school of direct imitation flourished for about a
century. Then it suddenly ceased and for another century there was almost no lyric production of any sort.
In the fourteenth century Guillaume de Machault (1295–
1377) inaugurated a revival, hardly of lyric poetry, but of
the cultivation of lyric forms. He introduced a new style
which made the old conventional themes again presenta-
ble by refinement of phrase and rhetorical embellishments,
and he directed the pursuit of form not to the invention
of ever new variations, but to the perfection of a few
forms. And it is noticeable that these fixed forms were
not selected from those elaborated under Provençal influence, but were the developments of the forms of the
earlier *chansons à danser*, the *rondets*, *ballettes*, and *virelis*.
The new poetic art that proceeded from Machault spent
itself mainly in refining the phrase of the old commonplaces, allegories, and reflections, and on turning them
out in *rondels, rondeaux, triolets, ballades, chants royaux*,
and *virelis*. The new fashion was followed by FROISSART
(1337–1410), EUSTACHE DESCHAMPS (approximately
1340–1407), who rhymed one thousand four hundred
and forty ballades, CHRISTINE DE PISAN (1363–?), and
CHARLES D'ORLÉANS (1391–1465), who marks the cul-
mination of the movement by the perfection of formal
elegance and easy grace which his rondels and ballades
exhibit.

All this lyric poetry had been the product of an aristo-

cratic and polite society. But there existed at the same
time in the north of France a current of lyrical production
in an entirely different social region. The bourgeoisie,
at least in the larger and industrial towns, followed the
example of the princely courts, and vied with them in
cultivating a formal lyric, and numerous societies, called
puis, arranged poetical competitions and offered prizes.
Naturally in their hands the courtly lyric only degener-
ated. But there were now and then men of greater
individuality who, if their verses lacked something of the
refinement and elaborateness of the courtly lyric, more
than atoned for it by the greater directness and sincerity
of their utterance, and by their closer contact with common life and real experience. Here belong the farewell
poems (*congés*) of JEAN BODEL (twelfth century) and
ADAM DE LA HALLE (about 1235–1285), of Arras; here
belong especially two Parisians who were real poets,
RUTEBEUF (d. about 1280) and FRANÇOIS VILLON (1431–
146?), who distinctly announces the end of the old order
of things and the beginning of modern times, not by any
renewal of the fixed forms, within which he continued to
move, but by cutting loose from the conventional round
of subjects and ideas, and by giving a strikingly direct
and personal expression to thoughts and feelings that he
had the originality to think and feel for himself.

But no one at once appeared to make VILLON'S example fruitful for the development of lyric verse, and it
went on its way of formal refinement at the hands of the
industrious school of rhetoricians, becoming more and
more dry and empty, more and more a matter of intricate
mechanism and ornament. No more signal proof of the
sterility of the school could be imagined than the
triumphs of the art of some of the *grands rhétoriqueurs*
like MESCHINOT (1415?–1491), or MOLINET (d. 1507), the

recognized leader of his day. The last expiring effort of
this essentially mediæval lyric is seen in CLÉMENT
MAROT. He had already begun to catch the glow of the
dawn of the Renaissance, but he was rooted in the soil of
the middle ages and his real masters were his immediate
predecessors. He avoided their absurdities of alliteration
and redundant rhyme and their pedantry; but he appro-
priated the results of their efforts at perfecting the verse
structure and adhered to the traditional forms. The
great stores of the ancient literatures that were thrown
open to France in the course of the first half of the sixteenth century came too late to be the main substance of
MAROT'S culture.

But it was far otherwise with the next generation. It
was nurtured on the literatures of Greece, Rome, and
Italy, which was also a classical land for the France of
that day; and it was almost beside itself with enthusiasm
for them. The traditions of the mediæval lyric and all
its fixed forms were swept away with one breath as bar-
barous rubbish by the proclamations of the young
admirers of antiquity. The manifesto of the new movement, the *Défense et Illustration de la langue française* by
JOACHIM DU BELLAY, bade the poet "leave to the Floral
Games of Toulouse and to the *puis* of Rouen all those
old French verses, such as *Rondeaux, Ballades, Virelais,
Chants royaux, Chansons,* and other like vulgar trifles,"
and apply himself to rivaling the ancients in epigrams,
elegies, odes, satires, epistles, eclogues, and the Italians
in sonnets. But the transformation which this movement
effected for the lyric did not come from the substitution
of different forms as models. It had a deeper source.
Acquaintance with the ancients and the attendant great
movement of ideas of the Renaissance reopened the true
springs of lyric poetry. The old moulds of thought and

feeling were broken. The human individual had a new, more direct and more personal view of nature and of life. That note of direct personal experience, almost of individual sensation, that was possible to a VILLON only by virtue of a very strong temperament and of a very exceptional social position, became the privilege of a whole generation by reason of the new aspect in which the world appeared. The Renaissance transformed indeed the whole of French literature, but the first branch to blossom at its breath was the lyric. Of the famous seven, RONSARD, DU BELLAY, BAÏF, BELLEAU, PONTUS DE THYARD, JODELLE, and DAURAT, self-styled the *Pléiade*, who were the champions of classical letters, all except JODELLE were principally lyric poets, and RONSARD and DU BELLAY have a real claim to greatness. This new lyric strove consciously to be different from the older one. Instead of *ballades* and *rondeaux*, it produced odes, elegies, sonnets, and satires. It condemned the common language and familiar style of VILLON and MAROT as vulgar, and sought nobility, elevation, and distinction. To this end it renewed its vocabulary by wholesale borrowing and adaptation from the Latin, much enriching the language, though giving color to the charge of Boileau that RONSARD's muse "*en français parlait grec et latin.*"

Of this constellation of poets RONSARD was the bright particular star. The others hailed him as master, and he enjoyed for the time an almost unexampled fame. To him were addressed the well known lines attributed to Charles IX.:

Tous deux également nous portons des couronnes :
Mais, roi, je la reçus : poète, tu la donnes.

His example must be reckoned high for his younger con-

temporaries beside the ancient writers to whom he
pointed them.

But his authority was of short duration. RÉGNIER and
D'AUBIGNÉ, who lived into the seventeenth century, could
still be counted of his school. But they had already
fallen upon times which began to be dissatisfied with the
work of RONSARD and his disciples, to find their language
crude and undigested, their grammar disordered, their
expression too exuberant, lacking in dignity, sobriety, and
reasonableness. There was a growing disposition to exalt
the claims of regularity, order, and a recognized standard.
A strict censorship was exercised over an author's vocabulary, grammar, and versification. Individual freedom
was brought under the curb of rule. The man who
voiced especially this growing temper of the times was
MALHERBE (1555–1628). No doubt his service was great
to French letters as a whole, since the movement that he
stood for prepared those qualities which give French
literature of the classic period its distinction. But these
qualities are those of a highly objective and impersonal
expression, seeking perfection in conformity to the general
consensus of reasonable and intelligent minds, not of an
intensely subjective expression, concerned in the first
place with being true to the promptings of an individual
temperament; and lyric expression is essentially of the
latter kind. MALHERBE, therefore, in repressing the
liberty of the individual temperament, sealed the springs
of lyric poetry, which the Renaissance had opened, and
they were not again set running till a new emancipation
of the individual had come with the Revolution. Between MALHERBE and CHATEAUBRIAND, that is for
almost two hundred years, poetry that breathes the true
lyric spirit is practically absent from French literature.
There were indeed the *chansonniers*, who produced a

good deal of bacchanalian verse, but they hardly ever struck a serious note. Almost the most genuinely lyric productions of this long period are those which proceed more or less directly from a reading of Hebrew poetry, like the numerous paraphrases of the Psalms or the choruses of RACINE's biblical plays. The typical lyric product of the time was the ode, trite, pompous, and frigid. Even ANDRÉ CHÉNIER, who came on the eve of the Revolution and freed himself largely from the narrow restraint of the literary tradition by imbibing directly the spirit of the Greek poets, hardly yielded to a real lyric impulse till he felt the shadow of the guillotine. It is significant of the difficulty that the whole poetical theory put in the way of the lyric that perhaps the most intensely lyrical temperament of these two hundred years, JEAN JACQUES ROUSSEAU, did not write in verse at all.

That which again unsealed the lyric fountains was Romanticism. Whatever else this much discussed but ill defined word involves—sympathy with the middle ages, new perception of the world of nature, interest in the foreign and the unusual—it certainly suggests a radically new estimate of the importance and of the authority of the individual. It was to the profit of the individual that the old social and political forms had been broken up and melted in the Revolution. It could seem for a moment as if, with the proclamation of the freedom and independence of the individual, all the barriers were down that hemmed in his free motion, as if there were no limits to his self-assertion. His separate personal life got a new amplitude, its possibilities expanded infinitely, and its interest was vastly increased. The whole new world of ideas and impulses urged the individual to pursue and to express his own personal experience of the world. CHATEAUBRIAND made the great revelation of the change

that had taken place, and in spite of the fact that his instrument is prose, the lyric quality of many a passage
of René was as unmistakable as it was new. But the
lyric impulse could not at once shake off literary tradition.
It needed to learn a new language, one more direct and
personal, one less stiff with the starch of propriety and
elegance. The more spontaneous and genuine it became,
the closer it approached this language. DELAVIGNE won
great applause by his *Messéniennes* (1815–19), but the lyric
impulse was not strong enough in him to make him independent of the traditional rhetoric. MME. DESBORDES-
VALMORE, less influenced by literary training and more
mastered by the emotion that prompted her, found
the real lyric note. But it was especially LAMARTINE
whose poetic utterance was most spontaneous and who
recovered for France the gift of lyric expression. His
Méditations poétiques (1820) were greeted with extraor-
dinary enthusiasm and marked the dawn of a new era
in French poetry.

But other influences making for a poetic revival were
multiplied. A very important one was the spreading
knowledge of other modern literatures, particularly those
of England and Germany with their lyric treasures.
Presently there began to be a union of efforts for a
literary reform, as in the Renaissance, and the Romantic
movement began to be defined. Its watchword was
freedom in art, and as a reform it was naturally considerably determined by the classicism against which it
rebelled. The qualities that it strove to possess were
sharply in contrast with those that had distinguished
French poetry for two hundred years, if they were not in
direct opposition to them : in its matter, breadth and in-
finite variety took the place of a narrow and sterile
nobility—" everything that is in nature is in art "; in its

language, directness, strength, vigor, freshness, color, brilliancy, picturesqueness, replaced cold propriety, conventional elegance and trite periphrasis; in its form, melody, variety of rhythm, richness and sonority of rhyme, diversity of stanza structure and flexibility of line were sought and achieved, sometimes at the expense of the old rules. By 1830 the young poets, who were now fairly swarming, exhibited the general romantic coloring very clearly. Almost from the first VICTOR HUGO had been their leader. His earliest volume indeed contained little promise of a literary revolution. But the volume of *Orientales* (1828) was more than a promise; it held a large measure of fulfilment, and is a landmark in the history of French poetry. The technical qualities of these lyrics were a revelation. They distinctly enlarged the capacity of the language for lyrical expression.

There are three other great lyric poets in the generation of 1830: DE VIGNY, DE MUSSET, and GAUTIER. De Vigny annexed to the domain of lyric poetry the province of intellectual passion and a more impersonal and reflecting emotion. De Musset gave to the lyric the most intense and direct accent of personal feeling and made his muse the faithful and responsive echo of his heart. Gautier was an artist in words and laid especial stress on the perfection of form (cf. *l'Art*, p. 190); and it was he especially that the younger poets followed.

By the middle of the century the main springs of Romanticism began to show symptoms of exhaustion. The subjective and personal character of its lyric verse provoked protest. It seemed to have no other theme but self, to be a universal confession or self-glorification, immodest and egotistical. And it began to be increasingly out of harmony with the intellectual temper, which was determined more and more by positive philosophy and

the scientific spirit. LECONTE DE LISLE voiced this protest most clearly (cf. *les Montreurs*, p. 199), and set forth
the claims of an art that should find its whole aim in
the achievement of an objective beauty and should demand of the artist perfect self-control and self-repression.
For such an art personal emotion was proclaimed a hin-
drance, as it might dim the artist's vision or make his
hand unsteady. Those who viewed art in this way, while
they turned frankly away from the earlier Romanticists,
yet agreed with them in their concern for form, and applied themselves to carrying still farther the technical
mastery over it which they had achieved. Their stand-
point greatly emphasized the importance of good workmanship, and the stress laid upon form was revealed,
among other ways, by a revival of the old fixed forms.
The young generation of poets that began to write just
after the middle of the century, generally recognized LE-
CONTE DE LISLE as their master, and were called *Parnassiens* from *le Parnasse contemporain*, a collection of
verse to which they contributed. They produced a surprising amount of work distinguished by exquisite finish,
and making up for a certain lack of spontaneity by intellectual fervor and strong repressed emotion.

But the rights of subjective personal emotion could not
long be denied in lyric poetry. Even LECONTE DE LISLE
had not succeeded in obliterating its traces entirely, and
if he achieved a calm that justifies the epithet *impassible*,
given so freely to him and to his followers, it is at the
cost of a struggle that still vibrates beneath the surface
of his lines. Presently emotion asserted its authority
again, more discreetly and under the restraint of an im-
perious intellect in SULLY PRUDHOMME, readily taking
the form of sympathy with the humble, in FRANÇOIS
COPPÉE, or returning to the old communicative frankness

of self-revelation with VERLAINE. With VERLAINE we reach a conscious reaction from the objective and impersonal art of the *Parnassiens.* That art found its end in the perfect rendering of objective reality. The reaction sought to get at the inner significance and spiritual meaning of things, and looked at the objective reality as a veil behind which a deeper sense lies hidden, as a symbol which it is the poet's business to penetrate and illumine. It also moved away from the clear images, precise contours, and firm lines by which the *Parnassiens* had given such an effect of plasticity to their verse, and sought rather vague, shadowy, and nebulous impressions and the charm of music and melody (cf. VERLAINE'S poem, *Art poétique*, p. 288). This is in general the direction taken by the latest generation of poets, symbolists, decadents, or however otherwise they are styled, for whom VERLAINE'S influence has been conspicuous. They make up rather an incoherent body, whose aims and aspirations, more or less vague, are by no means adequately indicated by this brief statement of their tendency. They have by no means said their last word. But the accomplishment of their movement hitherto has been marred, and its promise for the future is still threatened, by a fatal and seemingly irresistible tendency toward unintelligibility.

Anthologies and collections : Crépet, *les Poètes Français*, 4 vols., 1887; G. Masson, *la Lyre française*, London (Golden Treasury Series) ; G. Saintsbury, *French Lyrics*, New York, 1883; P. Paris, *le Romancero français*, 1833; K. Bartsch, *Romanzen und Pastourellen*, Leipzig, 1870; Bartsch and Horning, *la Langue et la Littérature Françaises depuis le IXe jusqu'au XIVe siècle*, 1887; L. Constans, *Chrestomathie de l'ancien français à l'usage des classes*, 1884 ; *Histoire littéraire de la France*, vol. xxiii ; Darmesteter and Hatzfeld, *le Seizième siècle en France*, 1878; F. Godefroy, *Histoire de la littérature française depuis le XVIe siècle jusqu'à nos jours*, 6 vols., 1867; Lemerre, *Anthologie des poètes du XIXe siècle*, 1887–88; *le Parnasse contemporain*, 3 series, 1866, 1869, 1876. For reference : Good historical and critical notices may be found in several of the above, especially in Crépet, Darmesteter and Hatzfeld, and the *Histoire littéraire ;* Jeanroy, *Origines de la poésie lyrique en France,* 1889; G. Paris, *Origines de la poésie lyrique en France,* Journal des Savants, 1891, 1892; G. Paris, *la Poésie française au XVe siècle* (leçon d'ouverture), 1886; Sainte-Beuve, *Tableau historique et critique de la poésie au XVIe siècle ;* F. Brunetière, *l'Évolution des genres,* vol. i, 1890; Villemain, *Tableau de la littérature française au XVIIIe siècle, passim ;* Th. Gautier, *Étude sur les progrès de la poésie depuis* 1830 (in *Histoire du romantisme*); C. Mendès, *Légende du Parnasse contemporain,* 1884; F. Brunetière, *Évolution de la poésie lyrique au XIXe siècle,* 2 vols., 1894; J. Tellier, *Nos poètes,* 1888.

VERSIFICATION.

The rules of French versification have not always been the same. The classical movement of the seventeenth century in its reforms proscribed certain things, like hiatus, overflow lines, mute *e* before the cæsura, which had been current hitherto, and the Romanticists of this century have endeavored to give greater diversity and flexibility to verse-structure both by restoring some of these liberties and by introducing new ones. Especially have great innovations been advocated in the last few years by the youngest school of poets, but they have as yet found no general acceptance.

The unit of French versification is not a fixed number of long and short, or accented and unaccented, syllables in a certain definite arrangement, that is, a foot, but a line. A line is a certain number of syllables ending in a rhyme which binds it to one or more other lines. The lines found in lyric verse vary in length from one to thirteen syllables ; but lines with an even number of syllables are much more used than those with an odd number.

In determining the number of syllables the general rules of syllabic division are followed, and each vowel or diphthong involves a syllable. But the following points are to be noted :

1. Mute *e* final or followed by *s* or *nt* is not counted at the end of the line.

2. Final mute *e* in the body of the line is not counted as a syllable before a word beginning with a vowel or mute *h* (elision).

3. Mute *e* in the termination of the third person plural, imperfect and conditional, of verbs is not counted; nor is it counted in the future and conditional of verbs of the first conjugation whose stem ends in a vowel (*oublieront*, also written in verse *oublîront;* see p. 130, l. 14).

4. When two or more vowel sounds other than mute *e* come together within a word they are sometimes treated as a diphthong and make but one syllable, sometimes separated and counted as two. Usage is not altogether consistent in this particular; the same combination is in some words pronounced as two syllables (*ni-ais, li-en, pri-ère, pri-ons, jou-et*), in others as one (*biais, rien, bar-rière, ai-mions, fou-et*); and even the same word is sometimes variable (*ancien, hier, duel*). In general such combinations are monosyllabic if they have developed from a single vowel in the Latin parent word.

5. Certain words allow a different spelling according to the demands of the verse (*encore* or *encor, Charles* or *Charle*).

Since the sixteenth century, hiatus has been forbidden by the rules of French versification. But, as we have just seen (under 4 above), two vowels are allowed to come together in the interior of a word. What the rule against hiatus does proscribe then is the use of a word ending in a vowel (except mute *e*, which is elided; cf. 2 above) before a word beginning with a vowel or mute *h*, and the use of words in which mute *e* not final follows a vowel in the interior of the word; e.g. *tu as, et ont, livrée jolie; louent, allées.* But hiatus is not regarded as existing when two vowels are brought together by the elision of a mute *e*; e.g. in Hugo's lines, the *vie a* in

L'ouragan de leur vie a pris toutes les pages (p. 108, l. 20),

and the *joie et* in

Sois ma force et ma joie et mon pilier d'airain (p. 130, l. 8).

Cf. also 1 and 3 above.

The rhythm of the line comes from the relation of its stressed to its unstressed syllables. All lines have a stress (*lève*) on the rhyme syllable, and if they have more than four syllables they have one or more other stresses. Lines that consist of more than eight syllables are usually broken by a cæsural pause, which must follow a stressed syllable. In lines of ten syllables the pause comes generally after the fourth syllable, sometimes after the fifth ; in lines of twelve syllables, after the sixth.

The line of twelve syllables is the most important and widely used of all and is known as the Alexandrine, from a poem of the twelfth century celebrating the exploits of Alexander the Great, which is one of the earliest examples of its use. It is almost without exception the measure of serious and dignified dramatic and narrative poetry, and even in lyric verse it is used more frequently than any other. From MALHERBE to VICTOR HUGO the accepted rule demanded a cæsura after the sixth syllable and a pause at the end of the line ; this divided the line into two equal portions and separated each line from its neighbors, preventing the overflow (*enjambement*) of one line into the next. The line thus constructed had two fixed stresses, one on the sixth syllable, before the cæsura, which therefore had to be the final syllable of a word and could not have mute *e* for its vowel, and another on the final (twelfth) syllable. There are indeed in the poets of that period examples of lines in which, when naturally read, the most considerable pause falls in some other position; but the line always offers in the sixth place a syllable capable of a principal stress. There was also regularly one other stressed syllable in each half-line; it might be any one of the first five syllables, but is most frequently the third, second, or fourth, rarely the first or fifth; but the secondary stress might be wanting altogether; a third stressed syllable in the half-line sometimes occurs. The Romanticists introduced a somewhat greater flexibility into the Alexandrine line by permitting the displacement or suppression of the cæsura and the overflow of one line into the next; the displacement of the cæsura sometimes goes so far as to put in the sixth place in the line a syllable quite incapable of receiving a stress.

In the following stanza of Lamartine (see p. 60), which consists of Alexandrine lines of the classical type, the stressed syllables are indicated by italics and the cæsura by a dash:

> Sal*u*t, bois couronn*é*s—d'un r*e*ste de verd*u*re!
> Feuill*a*ges jauniss*a*nts—sur les ga*z*ons ép*a*rs!
> Sal*u*t, derniers beaux j*o*urs!—Le d*e*uil de la nat*u*re
> Conv*i*ent à la doul*eu*r—et pla*î*t à mes reg*a*rds.

Cf. for examples of displaced cæsura, Hugo's lines—

> Je marcher*ai*—les yeux fix*é*s sur mes pens*é*es (p. 121, l. 25.)
> Seul, inconn*u*,—le dos courb*é*,—les mains crois*é*es (p. 121, l. 27.)

For examples of enjambement, cf. Leconte de Lisle's lines—

> L'ecclési*a*ste a d*i*t:—Un chien viv*a*nt vaut mi*eu*x
> Qu'un lion m*o*rt (p. 201, l. 21).
> O boucher*ie*!—ô soif du m*eu*rtre!—acharne*m*ent
> Horr*i*ble! (p. 210, l. 21).

Unrhymed lines (blank verse) and lines of which only the alternate ones rhyme have been tried but discarded.

Rhyme is therefore an indispensable element of French
verse, and is vastly more important as a poetic ornament
than it is in English ; so important that Sainte-Beuve
calls it the sole harmony (*l'unique harmonie*) of verse.
Rhyme may be either masculine, when it involves but one
syllable (*divinité: majesté, toi: roi*), or feminine, when it
involves two syllables the second of which contains mute
e (*repose: rose, changées: ravagées*) ; and lines are called
masculine or feminine according to their rhymes. Masculine rhymes must constantly alternate with feminine
rhymes ; that is, two masculine or feminine lines of different rhymes may never come together ; but the younger
poets have sought a greater liberty here as elsewhere,
and poems with but one kind of rhyme occur (see p. 208).
Rhyme to be perfect must satisfy the eye as well as the
ear ; masculine rhymes must have identity of vowel
sound and the final consonants must be the same or such
as would have the same sound if pronounced (*granit :
nid, héros: bourreaux ;* not *différent: tyran*) ; but silent
consonants between the vowel and the final consonant do
not count (*essaims: saints, corps: morts*). Feminine
rhymes must have identity of rhyming vowels and
of following consonant sounds if there be any ; and the
final consonants must be the same (*fidèles: citadelles,
jolie: crie ;* not *nuages: louage*). Variations from ordinary spelling are sometimes used to make words satisfy
this rule of rhyming for the eye (*je vien, je voi*), but they
are hardly approved. The ear seems even sometimes to
play the subordinate rôle in the rhyme, for words are
found in rhyme which satisfy the eye but not the ear
(*Vénus: nus*). Rhyme as above described is called sufficient (*suffisante*) ; if it also involve identity of the consonant preceding the rhyming vowel (*consonne d'appui*) it
is called rich (*riche*) ; (examples : *étoiles : toiles, bandit :*

dit). The French ear is unlike the English in consider-
ing *rime riche* an additional beauty ; the Romanticists
especially have cultivated it, and there are whole poems
where simply sufficient rhyme is the exception. A word
may not rhyme with itself, but words identical in form
but different in meaning may rhyme with each other (cf.
first, fifth, and eleventh stanzas of *les Djinns*, p. 95).

By the use of lines of different length and especially by
the arrangement of the rhymes a great variety of stanza
forms has been created, as well as certain definite forms
for complete short compositions, known as fixed forms.
The most common are the *ballade, rondel, rondeau,* and
triolet, developed especially in the fourteenth and fifteenth centuries and revived in our own, and the sonnet,
introduced from Italy during the Renaissance.

The *ballade* consists of three stanzas, of eight or ten
lines each, that repeat exactly the same rhyme arrangement, and of a shorter stanza of four or five lines, called
the *envoy*, which repeats the rhyme arrangement of the
second part of the other stanzas. The line of the ballade
has generally eight syllables, but may have ten or twelve
(see pp. 1, 4, 5, 235).

The *rondel*, as usually printed, consists of three parts,
the first of four lines, the second of four, the last two of
which are the first two of the first part, and the third
of five, the last one of which is the first one of the first
part ; there are but two rhymes throughout. The lines
of the *rondel* have usually eight syllables. This form was
practically superseded by the rondeau (see pp. 2 and 3).

The *rondeau* also consists of three parts ; the first has
five lines, the second three, and the third five, and the
first word or words of the first line, usually the first half
of the line, are repeated at the end of the second and

third parts ; there are but two rhymes. The lines of the *rondeau* have also usually eight syllables (see p. 6).

The *triolet* consists of eight lines, usually octosyllabic. The first line is twice repeated, in the fourth and seventh places, and the second line is repeated once, making the final one. There are but two rhymes (see p. 298).

The *sonnet* has fourteen lines, usually Alexandrines, and is made up of two parts, one of eight lines, called the octave, and one of six, called the sestet ; the rule allows but two rhymes to the octave and three others to the sestet ; the arrangement of the rhymes is inflexible for the strict Petrarchan type (see below), but considerable variations from it are common. For sonnets of the strict type see pp. 257, 263, 280 ; for others showing variations see pp. 8, 13, 14, 199.

The rhyme arrangement of these various forms is most clearly shown by letters as follows, capital letters indicating lines that are repeated. *Ballade :* eight lines, *ababbcbC, ababbcbC, ababbcbC, bcbC* ; ten lines, *ababbccdcD, ababbccdcD, ababbccdcD, ccdcD. Rondel : ABba, abAB, abbaA. Rondeau : aabba, aab refrain, aabba refrain. Triolet : ABaAabAB. Sonnet : abba abba ccdede.*

For reference: Th. de Banville, *Petit traité de poésie française*, 1872; F. de Gramont, *les Vers français et leur prosodie*, 1875; Becq de Fouquières, *Traité général de versification française*, 1879; A. Tobler, *Vom französischen Versbau alter und neuer Zeit*, Berlin, 1880, 3d edition, 1894, French translation with excellent preface by Gaston Paris, 1885; Clair Tisseur, *Modestes observations sur l'art de versifier*, Lyon, 1893; A. Bibesco, *la Question du vers français et la tentative des poètes décadents*, 1893, 2d edition, with preface by Sully Prudhomme, 1896.

CHARLES D'ORLÉANS

BALLADE

NOUVELLES ont couru en France,
　　Par maints lieux, que j'estoye mort ;
Dont avoient peu de desplaisance
Aucuns qui me hayent à tort ;
Autres en ont eu desconfort,
Qui m'ayment de loyal vouloir,
Comme mes bons et vrais amis ;
Si fais à toutes gens savoir
Qu'encore est vive la souris.

Je n'ay eu ne mal ne grevance,
Dieu mercy, mais suis sain et fort,
Et passe temps en esperance
Que paix, qui trop longuement dort,
S'esveillera, et par accort
A tous fera liesse avoir ;
Pour ce, de Dieu soyent maudis
Ceux qui sont dolens de veoir
Qu'encore est vive la souris.

Jeunesse sur moy a puissance,
Mais Vieillesse fait son effort
De m'avoir en sa gouvernance ;
A present faillira son sort,
Je suis assez loing de son port.

De pleurer vueil garder mon hoir;
Loué soit Dieu de Paradis,
Qui m'a donné force et povoir,
Qu'encore est vive la souris.

Nul ne porte pour moy le noir,
On vent meilleur marchié drap gris;
Or tiengne chascun, pour tout voir,
Qu'encore est vive la souris.

RONDEL

LAISSEZ-MOY penser à mon aise,
  Helas! donnez-m'en le loysir.
Je devise avecques Plaisir
Combien que ma bouche se taise.

Quand Merancolie mauvaise
Me vient maintes fois assaillir,
Laissez-moy penser à mon aise,
Helas! donnez-m'en le loysir.

Car enfin que mon cœur rapaise
J'appelle Plaisant Souvenir,
Qui tantost me vient rejouir.
Pour ce, pour Dieu! ne vous deplaise,
Laissez-moy penser à mon aise.

RONDEL

LE temps a laissié son manteau
  De vent, de froidure et de pluye,
Et s'est vestu de brouderye,
De soleil luyant, cler et beau.

Il n'y a beste, ne oyseau,
Qu'en son jargon ne chante ou crve:

Le temps a laissié son manteau
De vent, de froidure et de pluye.

Riviere, fontaine et ruisseau
Portent, en livrée jolie,
Gouttes d'argent, d'orfavrerie,
Chascun s'abille de nouveau :
Le temps a laissié son manteau.

RONDEL

LES fourriers d'Esté sont venus
   Pour appareillier son logis,
Et ont fait tendre ses tappis,
De fleurs et verdure tissus.

En estandant tappis velus,
De vert herbe par le pais,
Les fourriers d'Esté sont venus
Pour appareillier son logis.

Cueurs d'ennuy pieça morfondus,
Dieu mercy, sont sains et jolis ;
Alez vous en, prenez pais,
Yver, vous ne demourrez plus :
Les fourriers d'Esté sont venus.

RONDEL

DIEU ! qu'il la fait bon regarder,
   La gracieuse, bonne et belle !
Pour les grans biens qui sont en elle,
Chascun est prest de la louer.

Qui se pourrait d'elle lasser ?
Tousjours sa beauté renouvelle ;
Dieu ! qu'il la fait bon regarder
La gracieuse, bonne et belle !

François Villon

Par deçà, ne delà la mer
Ne sçay dame ne damoiselle
Qui soit en tous biens parfaits telle—
C'est ung songe que d'y penser :
Dieu ! qu'il la fait bon regarder !

FRANÇOIS VILLON

BALLADE DES DAMES DU TEMPS JADIS

DICTES-MOY où, n'en quel pays,
  Est Flora, la belle Romaine ;
Archipiada, ne Thaïs,
Qui fut sa cousine germaine ;
Echo, parlant quand bruyt on maine
Dessus riviere ou sus estan,
Qui beauté eut trop plus qu'humaine ?
Mais où sont les neiges d'antan !

Où est la tres sage Heloïs,
Pour qui fut blessé et puis moyne
Pierre Esbaillart à Sainct-Denys
(Pour son amour eut cest essoyne) ?
Semblablement, où est la royne
Qui commanda que Buridan
Fust jetté en ung sac en Seine ?...
Mais où sont les neiges d'antan ?

La royne Blanche comme ung lys,
Qui chantait à voix de sereine ;
Berthe au grand pied, Bietris, Allys ;
Harembourges, qui tint le Mayne,
Et Jehanne, la bonne Lorraine,
Qu'Anglais bruslerent à Rouen ;
Où sont-ilz, Vierge souveraine ?...
Mais où sont les neiges d'antan !

Je Connais Tout Fors Que Moi-même

Prince, n'enquerez de sepmaine
Où elles sont, ne de cest an,
Que ce refrain ne vous remaine :
Mais où sont les neiges d'antan !

LAY OÙ PLUSTOST RONDEAU

MORT, j'appelle de ta rigueur,
Qui m'as ma maistresse ravie,
Et n'es pas encore assouvie,
Se tu ne me tiens en langueur.
Depuis n'euz force ne vigueur ;
Mais que te nuysait-elle en vie,
Mort ?

Deux estions, et n'avions qu'ung cueur ;
S'il est mort, force est que devie,
Voire, ou que je vive sans vie,
Comme les images, par cueur,
Mort !

JE CONNAIS TOUT FORS QUE MOI-MÊME

JE congnois bien mouches en laict ;
Je congnois à la robe l'homme ;
Je congnois le beau temps du laid ;
Je congnois au pommier la pomme ;
Je congnois l'arbre à veoir la gomme ;
Je congnois quand tout est de mesme ;
Je congnois qui besongne ou chomme :
Je congnois tout, fors que moy-mesme.

Je congnois pourpoinct au collet ;
Je congnois le moyne à la gonne ;

Je congnois le maistre au valet :
Je congnois au voyle la nonne ;
Je congnois quand pipeur jargonne ;
Je congnois folz nourriz de cresme ;
Je congnois le vin à la tonne :
Je congnois tout, fors que moy-mesme.

Je congnois cheval du mullet ;
Je congnois leur charge et leur somme ;
Je congnois Bietrix et Bellet ;
Je congnois gect qui nombre et somme ;
Je congnois vision en somme ;
Je congnois la faulte des Boesmes ;
Je congnois le povoir de Romme :
Je congnois tout, fors que moy-mesme.

ENVOI

Prince, je congnois tout en somme ;
Je congnois coulorez et blesmes ;
Je congnois mort, qui nous consomme :
Je congnois tout, fors que moy-mesme.

MAROT

RONDEAU

AU bon vieulx temps un train d'amour regnoit
Qui sans grand art et dons se demenoit,
Si qu'un bouquet donné d'amour profonde,
C'estoit donné toute la terre ronde,
Car seulement au cueur on se prenoit.

Et si par cas à jouyr on venoit,
Sçavez-vous bien comme on s'entretenoit ?
Vingt ans, trente ans : cela duroit un monde
        Au bon vieulx temps.

Chanson

Or est perdu ce qu'amour ordonnoit :
Rien que pleurs feincts, rien que changes on n'oyt.
Qui vouldra donc qu'à aymer je me fonde,
Il faut premier que l'amour on refonde,
Et qu'on la meine ainsi qu'on la menoit
     Au bon vieulx temps.

PIERRE DE RONSARD

A CASSANDRE

MIGNONNE, allons voir si la rose
   Qui, ce matin, avoit desclose
Sa robe de pourpre au soleil,
A point perdu, cette vesprée
Les plis de sa robe pourprée
Et son teint au vostre pareil.

Las ! voyez comme, en peu d'espace,
Mignonne, elle a dessus la place,
Las, las, ses beautez laissé cheoir !
O vrayment marastre nature,
Puisqu'une telle fleur ne dure
Que du matin jusques au soir !

Donc, si vous me croyez, mignonne,
Tandis que votre age fleuronne
En sa plus verte nouveauté,
Cueillez, cueillez vostre jeunesse :
Comme à cette fleur, la vieillesse
Fera ternir vostre beauté.

CHANSON

POUR boire dessus l'herbe tendre
   Je veux sous un laurier m'estendre,
Et veux qu'Amour d'un petit brin

Ou de lin ou de cheneviere
Trousse au flanc sa robe legere
Et my-nud me verse du vin.

L'incertaine vie de l'homme
De jour en jour se roule comme
Aux rives se roulent les flots :
Puis apres notre heure derniere
Rien de nous ne reste en la biere
Qu'une vieille carcasse d'os.

Je ne veux, selon la coustume,
Que d'encens ma tombe on parfume,
Ny qu'on y verse des odeurs :
Mais tandis que je suis en vie,
J'ai de me parfumer envie,
Et de me couronner de fleurs.

De moy-mesme je me veux faire
L'heritier pour me satisfaire :
Je ne veux vivre pour autruy.
Fol le pelican qui se blesse
Pour les siens, et fol qui se laisse
Pour les siens travailler d'ennuy.

SONNET

A HÉLÈNE

QUAND vous serez bien vieille, au soir, à la chandelle,
   Assise aupres du feu, devisant et filant,
Direz, chantant mes vers, en vous esmerveillant :
Ronsard me celebroit du temps que j'estois belle.

Lors vous n'aurez servante oyant telle nouvelle
Desjà sous le labeur à demy sommeillant,
Qui au bruit de mon nom ne s'aille resveillant,
Benissant vostre nom de louange immortelle.

Élégie

Je seray sous la terre, et, fantosme sans os,
Par les ombres myrteux je prendray mon repos :
Vous serez au foyer une vieille accroupie,

Regrettant mon amour et vostre fier desdain.
Vivez, si m'en croyez, n'attendez à demain :
Cueillez des aujourd'huy les roses de la vie.

ÉLÉGIE

QUAND je suis vingt ou trente mois
   Sans retourner en Vendomois,
Plein de pensées vagabondes,
Plein d'un remors et d'un souci,
Aux rochers je me plains ainsi,
Aux bois, aux antres et aux ondes :

Rochers, bien que soyez agez
De trois mil ans, vous ne changez
Jamais ny d'estat ny de forme :
Mais toujours ma jeunesse fuit,
Et la vieillesse qui me suit
De jeune en vieillard me transforme.

Bois, bien que perdiez tous les ans
En hyver vos cheveux mouvans,
L'an d'apres qui se renouvelle
Renouvelle aussi vostre chef.
Mais le mien ne peut de rechef
Ravoir sa perruque nouvelle.

Antres, je me suis vu chez vous
Avoir jadis verds les genous,
Le corps habile et la main bonne :
Mais ores j'ai le corps plus dur
Et les genous, que n'est le mur
Qui froidement vous environne.

Ondes, sans fin vous promenez
Et vous menez et ramenez .
Vos flots d'un cours qui ne sejourne:
Et moy sans faire long sejour,
Je m'en vais de nuict et de jour
Au lieu d'où plus on ne retourne.

DIEU VOUS GARD

DIEU vous gard, messagers fidelles
    Du printemps, vistes arondelles,
Huppes, coucous, rossignolets,
Tourtres, et vous oiseaux sauvages
Qui de cent sortes de ramages
Animez les bois verdelets!

Dieu vous gard, belles paquerettes,
Belles roses, belles fleurettes,
Et vous, boutons jadis cognus
Du sang d'Ajax et de Narcisse :
Et vous, thym, anis et melisse,
Vous soyez les bien revenus.

Dieu vous gard, troupe diaprée
De papillons, qui par la prée
Les douces herbes suçotez :
Et vous, nouvel essaim d'abeilles
Qui les fleurs jaunes et vermeilles
De vostre bouche baisotez!

Cent mille fois je resalue
Vostre belle et douce venue :
O que j'aime ceste saison
Et ce doux caquet des rivages,
Au prix des vents et des orages
Qui m'enfermoient en la maison.

A UN AUBESPIN

BEL aubespin verdissant,
 Fleurissant
Le long de ce beau rivage,
Tu es vestu jusqu'au bas
 Des longs bras
D'une lambrunche sauvage.

Deux camps de rouges fourmis
 Se sont mis
En garnison sous ta souche :
Dans les pertuis de ton tronc
 Tout du long
Les avettes ont leur couche.

Le chantre rossignolet
 Nouvelet
Courtisant sa bien aimée,
Pour ses amours alleger
 Vient loger
Tous les ans en ta ramée.

Sur ta cyme il fait son ny
 Tout uny
De mousse et de fine soye
Où ses petits esclorront,
 Qui seront
De mes mains la douce proye.

Or vy, gentil aubespin,
 Vy sans fin,
Vy sans que jamais tonnerre
Ou la cognée ou les vents
 Ou les temps
Te puissent ruer par terre.

ÉLÉGIE CONTRE LES BÛCHERONS
DE LA FORÊT DE GASTINE

ESCOUTE, bucheron, arreste un peu le bras :
   Ce ne sont pas des bois que tu jettes à bas ;
Ne vois-tu pas le sang lequel degoute à force
Des nymphes qui vivoient dessous la dure escorce ?
Sacrilege meurtrier, si on pend un voleur
Pour piller un butin de bien peu de valeur,
Combien de feux, de fers, de morts et de detresses
Merites-tu, meschant, pour tuer nos deesses ?

Forest, haute maison des oiseaux bocagers !
Plus le cerf solitaire et les chevreuls legers
Ne paistront sous ton ombre, et ta verte criniere
Plus du soleil d'esté ne rompra la lumiere.

Plus l'amoureux pasteur sus un tronq adossé,
Enflant son flageolet à quatre trous persé,
Son mastin à ses pieds, à son flanc la houlette,
Ne dira plus l'ardeur de sa belle Janette :
Tout deviendra muet ; Echo sera sans vois ;
Tu deviendras campagne, et en lieu de tes bois,
Dont l'ombrage incertain lentement se remue,
Tu sentiras le soc, le coutre et la charrue ;
Tu perdras ton silence, et Satyres et Pans,
Et plus le cerf chez toy ne cachera ses fans.

Adieu, vieille forest, le jouet de Zephire,
Où premier j'accorday les langues de ma lyre,
Où premier j'entendi les fleches resonner
D'Apollon, qui me vint tout le cœur estonner ;
Où premier admirant la belle Calliope,
Je devins amoureux de sa neuvaine trope,
Quand sa main sur le front cent roses me jetta,
Et de son propre laict Euterpe m'allaita.

Adieu, vieille forest, adieu, testes sacrées,
De tableaux et de fleurs en tout temps reverées,
Maintenant le desdain des passans alterez,
Qui, bruslez en l'esté des rayons etherez,
Sans plus trouver le frais de tes douces verdures,
Accusent tes meurtriers, et leur disent injures !

Adieu, chesnes, couronne aux vaillans citoyens,
Arbres de Jupiter, germes Dordoneens,
Qui premiers aux humains donnastes à repaistre ;
Peuples vrayment ingrats, qui n'ont sçeu recognoistre
Les biens reçeus de vous, peuples vrayment grossiers,
De massacrer ainsi leurs peres nourriciers !

Que l'homme est malheureux qui au monde se fie !
O dieux, que veritable est la philosophie,
Qui dit que toute chose à la fin perira,
Et qu'en changeant de forme une autre vestira !

De Tempé la vallée un jour sera montagne,
Et la cyme d'Athos une large campagne :
Neptune quelquefois de blé sera couvert :
La matiere demeure et la forme se perd.

JOACHIM DU BELLAY

L'IDÉAL

SI nostre vie est moins qu'une journée
    En l'eternel, si l'an qui fait le tour
Chasse nos jours sans espoir de retour,
Si perissable est toute chose née,

Que songes-tu, mon ame emprisonnée ?
Pourquoy te plaist l'obscur de nostre jour,
Si pour voler en un plus clair sejour,
Tu as au dos l'aile bien empennée ?

Là est le bien que tout esprit desire,
Là le repos où tout le monde aspire,
Là est l'amour, là le plaisir encore.

Là, ô mon ame, au plus haut ciel guidée,
Tu y pourras recognoistre l'idée
De la beauté qu'en ce monde j'adore.

L'AMOUR DU CLOCHER

HEUREUX qui, comme Ulysse, a fait un beau voyage,
Ou comme cestuy là qui conquit la toison,
Et puis est retourné, plein d'usage et raison,
Vivre entre ses parens le reste de son age !

Quand reverray-je, helas ! de mon petit village
Fumer la cheminée, et en quelle saison,
Reverray-je le clos de ma pauvre maison,
Qui m'est une province, et beaucoup davantage ?

Plus me plaist le sejour qu'ont basty mes ayeux,
Que des palais romains le front audacieux,
Plus que le marbre dur me plaist l'ardoise fine ;

Plus mon Loyre gaulois que le Tybre latin,
Plus mon petit Liré que le mont Palatin
Et plus que l'air marin la douceur Angevine.

D'UN VANNEUR DE BLED, AUX VENTS

A VOUS, trouppe legere,
Qui d'aile passagere
Par le monde volez
Et d'un sifflant murmure
L'ombrageuse verdure
Doucement esbranlez :

J'offre ces violettes,
Ces lis et ces fleurettes,
Et ces roses ici,
Ces merveillettes roses,
Tout freschement ecloses,
Et ces œillets aussi.

De vostre douce haleine
Eventez ceste plaine,
Eventez ce sejour,
Ce pendant que j'ahanne
A mon blé que je vanne
A la chaleur du jour.

D'AUBIGNÉ

L'HYVER

MES volages humeurs, plus sterilles que belles,
S'en vont ; et je leur dis : Vous sentez, irondelles,
S'esloigner la chaleur et le froid arriver.
Allez nicher ailleurs, pour ne tascher, impures,
Ma couche de babil et ma table d'ordures ;
Laissez dormir en paix la nuict de mon hyver.

D'un seul point le soleil n'esloigne l'hemisphere ;
Il jette moins d'ardeur, mais autant de lumiere.
Je change sans regrets, lorsque je me repens
Des frivoles amours et de leur artifice.
J'ayme l'hyver qui vient purger mon cœur de vice,
Comme de peste l'air, la terre de serpens.

Mon chef blanchit dessous les neiges entassées,
Le soleil, qui reluit, les eschauffe, glacées,
Mais ne les peut dissoudre, au plus court de ses mois.
Fondez, neiges ; venez dessus mon cœur descendre,

Qu'encores il ne puisse allumer de ma cendre
Du brazier, comme il fit des flammes autrefois.

Mais quoi ! serai-je esteint devant ma vie esteinte ?
Ne luira plus sur moi la flamme vive et sainte,
Le zele flamboyant de la sainte maison ?
Je fais aux saints autels holocaustes des restes,
De glace aux feux impurs, et de napthe aux celestes :
Clair et sacré flambeau, non funebre tison !

Voici moins de plaisirs, mais voici moins de peines.
Le rossignol se taist, se taisent les sereines :
Nous ne voyons cueillir ni les fruits ni les fleurs ;
L'esperance n'est plus bien souvent tromperesse ;
L'hyver jouit de tout.   Bienheureuse vieillesse,
La saison de l'usage, et non plus des labeurs !

Mais la mort n'est pas loin ; cette mort est suivie
D'un vivre sans mourir, fin d'une fausse vie :
Vie de nostre vie, et mort de nostre mort.
Qui hait la seureté pour aimer le naufrage ?
Qui a jamais esté si friand de voyage,
Que la longueur en soit plus douce que le port ?

JEAN BERTAUT

CHANSON

LES Cieux inexorables
    Me sont si rigoureux,
Que les plus miserables
Se comparans à moy se trouveroient heureux.

Je ne fais à toute heure
Que souhaiter la mort,
Dont la longue demeure
Prolonge dessus moy l'insolence du Sort.

Mon lict est de mes larmes
Trempé toutes les nuits :
Et ne peuvent ses charmes,
Lors mesme que je dors, endormir mes ennuis.

Si je fay quelque songe
J'en suis espouvanté,
Car mesme son mensonge
Exprime de mes maux la triste verité.

Toute paix, toute joye
A pris de moy congé,
Laissant mon ame en proye
A cent mille soucis dont mon cœur est rongé.

La pitié, la justice,
La constance, et la foy,
Cedant à l'artifice,
Dedans les cœurs humains sont esteintes pour moy.

L'ingratitude paye
Ma fidelle amitié :
La calomnie essaye
A rendre mes tourments indignes de pitié.

En un cruel orage
On me laisse perir,
Et courant au naufrage
Je voy chacun me plaindre et nul me secourir.

Et ce qui rend plus dure
La misere où je vy,
C'est, es maux que j'endure,
La memoire de l'heur que le Ciel m'a ravi.

Felicité passée
Qui ne peux revenir :

Tourment de ma pensée,
Que n'ai-je en te perdant perdu le souvenir !

Helas ! il ne me reste
De mes contentements
Qu'un souvenir funeste,
Qui me les convertit à toute heure en tourments.

Le sort plein d'injustice
M'ayant en fin rendu
Ce reste un pur supplice,
Je serois plus heureux si j'avois plus perdu.

MATHURIN RÉGNIER

ODE

JAMAIS ne pourray-je bannir
   Hors de moy l'ingrat souvenir
De ma gloire si tost passée ?
Toujours pour nourrir mon soucy,
Amour, cet enfant sans mercy,
L'offrira-t-il à ma pensée !

Tyran implacable des cœurs,
De combien d'ameres langueurs
As-tu touché ma fantaisie !
De quels maux m'as-tu tourmenté !
Et dans mon esprit agité
Que n'a point fait la jalousie !

Mes yeux, aux pleurs accoutumez,
Du sommeil n'estoient plus fermez ;
Mon cœur fremissoit sous la peine :
A veu d'œil mon teint jaunissoit ;
Et ma bouche qui gemissoit,
De soupirs estoit toujours pleine.

Aux caprices abandonné,
J'errois d'un esprit forcené,
La raison cedant à la rage :
Mes sens, des desirs emportez,
Flottoient, confus, de tous costez,
Comme un vaisseau parmy l'orage.

Blasphemant la terre et les cieux,
Mesmes je m'estois odieux,
Tant la fureur troubloit mon ame :
Et bien que mon sang amassé
Autour de mon cœur fust glacé,
Mes propos n'estoient que de flame.

Pensif, frenetique et resvant,
L'esprit troublé, la teste au vent,
L'œil hagard, le visage blesme,
Tu me fis tous maux esprouver ;
Et sans jamais me retrouver,
Je m'allois cherchant en moy-mesme.

Cependant lors que je voulois,
Par raison enfraindre tes loix,
Rendant ma flame refroidie,
Pleurant, j'accusay ma raison
Et trouvay que la guerison
Est pire que la maladie.

Un regret pensif et confus
D'avoir esté, et n'estre plus,
Rend mon ame aux douleurs ouverte ;
A mes despens, las ! je vois bien
Qu'un bonheur comme estoit le mien
Ne se cognoist que par la perte.

FRANÇOIS DE MALHERBE

CONSOLATION A MONSIEUR DU PÉRIER

TA douleur, du Périer, sera donc éternelle,
    Et les tristes discours
Que te met en l'esprit l'amitié paternelle
    L'augmenteront toujours ?

Le malheur de ta fille, au tombeau descendue
    Par un commun trépas,
Est-ce quelque dédale où ta raison perdue
    Ne se retrouve pas ?

Je sais de quels appas son enfance était pleine,
    Et n'ai pas entrepris,
Injurieux ami, de soulager ta peine
    Avecque son mépris.

Mais elle était du monde, où les plus belles choses
    Ont le pire destin ;
Et, rose, elle a vécu ce que vivent les roses,
    L'espace d'un matin.

Puis quand ainsi serait que, selon ta prière,
    Elle aurait obtenu
D'avoir en cheveux blancs terminé sa carrière,
    Qu'en fût-il advenu ?

Penses-tu que, plus vieille, en la maison céleste .
    Elle eût eu plus d'accueil,
Ou qu'elle eût moins senti la poussière funeste
    Et les vers du cercueil ?

Non, non, mon du Périer ; aussitôt que la Parque
    Ote l'âme du corps,
L'âge s'évanouit au deçà de la barque,
    Et ne suit pas les morts.

Tithon n'a plus les ans qui le firent cigale,
    Et Pluton aujourd'hui,
Sans égard du passé, les mérites égale
    D'Archémore et de lui.

Ne te lasse donc plus d'inutiles complaintes ;
    Mais, sage à l'avenir,
Aime une ombre comme ombre, et des cendres éteintes
    Éteins le souvenir.

C'est bien, je le confesse, une juste coutume,
    Que le cœur affligé,
Par le canal des yeux vidant son amertume,
    Cherche d'être allégé.

Même quand il advient que la tombe sépare
    Ce que nature a joint,
Celui qui ne s'émeut a l'âme d'un barbare,
    Ou n'en a du tout point.

Mais d'être inconsolable, et dedans sa mémoire
    Enfermer un ennui,
N'est-ce pas se haïr pour acquérir la gloire
    De bien aimer autrui ?

Priam, qui vit ses fils abattus par Achille,
    Dénué de support
Et hors de tout espoir du salut de sa ville,
    Recut du réconfort.

François, quand la Castille, inégale à ses armes,
    Lui vola son Dauphin,
Sembla d'un si grand coup devoir jeter des larmes
    Qui n'eussent point de fin.

Il les sécha pourtant, et comme un autre Alcide
    Contre fortune instruit,
Fit qu'à ses ennemis d'un acte si perfide
    La honte fut le fruit.

Leur camp, qui la Durance avoit presque tarie
    De bataillons épais,
Entendant sa constance eut peur de sa furie,
    Et demanda la paix.

De moi, déjà deux fois d'une pareille foudre
    Je me suis vu perclus,
Et deux fois la raison m'a si bien fait résoudre
    Qu'il ne m'en souvient plus.

Non qu'il ne me soit grief que la terre possède
    Ce qui me fut si cher ;
Mais en un accident qui n'a point de remède,
    Il n'en faut point chercher.

La mort a des rigueurs à nulle autre pareilles ;
    On a beau la prier,
La cruelle qu'elle est se bouche les oreilles,
    Et nous laisse crier.

Le pauvre en sa cabane, où le chaume le couvre,
    Est sujet à ses lois ;
Et la garde qui veille aux barrières du Louvre
    N'en défend point nos Rois.

De murmurer contre elle et perdre patience
    Il est mal à propos ;
Vouloir ce que Dieu veut est la seule science
    Qui nous met en repos.

CHANSON

ILS s'en vont, ces rois de ma vie,
    Ces yeux, ces beaux yeux
Dont l'éclat fait pâlir d'envie
    Ceux même des cieux.
Dieux amis de l'innocence,
Qu'ai-je fait pour mériter
Les ennuis où cette absence
    Me va précipiter ?

    Elle s'en va, cette merveille
        Pour qui nuit et jour,
    Quoi que la raison me conseille,
        Je brûle d'amour.
    Dieux amis, etc.

    En quel effroi de solitude
        Assez écarté
    Mettrai-je mon inquiétude
        En sa liberté ?
    Dieux amis, etc.

    Les affligés ont en leurs peines
        Recours à pleurer ;
    Mais quand mes yeux seraient fontaines,
        Que puis-je espérer ?
    Dieux amis, etc.

PARAPHRASE DU PSAUME CXLV

N'ESPÉRONS plus, mon âme, aux promesses du
monde :
Sa lumière est un verre, et sa faveur une onde
Que toujours quelque vent empêche de calmer.
Quittons ces vanités, lassons-nous de les suivre ;
  C'est Dieu qui nous fait vivre,
  C'est Dieu qu'il faut aimer.

En vain, pour satisfaire à nos lâches envies,
Nous passons près des rois tout le temps de nos vies
A souffrir des mépris et ployer les genoux.
Ce qu'ils peuvent n'est rien ; ils sont comme nous som-
mes,
  Véritablement hommes,
  Et meurent comme nous.

Ont-ils rendu l'esprit, ce n'est plus que poussière
Que cette majesté si pompeuse et si fière
Dont l'éclat orgueilleux étonne l'univers ;
Et dans ces grands tombeaux où leurs âmes hautaines,
  Font encore les vaines,
  Ils sont mangés des vers.

Là se perdent ces noms de maîtres de la terre,
D'arbitres de la paix, de foudres de la guerre ;
Comme ils n'ont plus de sceptre, ils n'ont plus de flat-
teurs,
Et tombent avec eux d'une chute commune
  Tous ceux que leur fortune
  Faisait leurs serviteurs.

RACINE

CHŒUR D'ESTHER

TOUT LE CHŒUR

DIEU fait triompher l'innocence ;
Chantons, célébrons sa puissance.

UNE ISRAÉLITE

Il a vu contre nous les méchants s'assembler,
Et notre sang prêt à couler ;
Comme l'eau sur la terre ils allaient le répandre :
Du haut du ciel sa voix s'est fait entendre,
L'homme superbe est renversé,
Ses propres flèches l'ont percé.

UNE AUTRE

J'ai vu l'impie adoré sur la terre ;
Pareil au cèdre il cachait dans les cieux
Son front audacieux ;
Il semblait à son gré gouverner le tonnerre,
Foulait aux pieds ses ennemis vaincus :
Je n'ai fait que passer, il n'était déjà plus.

.   .   .   .   .   .

UNE AUTRE

Que le Seigneur est bon ! que son joug est aimable !
Heureux qui dès l'enfance en connaît la douceur !
Jeune peuple, courez à ce maître adorable ;
Les biens les plus charmants n'ont rien de comparable
Aux torrents de plaisirs qu'il répand dans un cœur.
Que le Seigneur est bon ! que son joug est aimable !
Heureux qui dès l'enfance en connaît la douceur !

UNE AUTRE

Il s'apaise, il pardonne;
Du cœur ingrat qui l'abandonne
  Il attend le retour;
Il excuse notre faiblesse;
A nous chercher même il s'empresse:
Pour l'enfant qu'elle a mis au jour
Une mère a moins de tendresse.
Ah! qui peut avec lui partager notre amour!

TROIS ISRAÉLITES

Il nous fait remporter une illustre victoire.

L'UNE DES TROIS

Il nous a révélé sa gloire.

TOUTES TROIS ENSEMBLE

Ah! qui peut avec lui partager notre amour!

TOUT LE CHŒUR

Que son nom soit béni; que son nom soit chanté;
  Que l'on célèbre ses ouvrages
  Au delà des temps et des âges,
  Au delà de l'éternité.

JEAN-BAPTISTE ROUSSEAU

ODE A LA FORTUNE

FORTUNE dont la main couronne
  Les forfaits les plus inouïs,
Du faux éclat qui t'environne
Serons-nous toujours éblouis?
Jusques à quand, trompeuse idole,
D'un culte honteux et frivole

Honorerons-nous tes autels ?
Verra-t-on toujours tes caprices
Consacrés par les sacrifices
Et par l'hommage des mortels ?

Apprends que la seule sagesse
Peut faire les héros parfaits ;
Qu'elle voit toute la bassesse
De ceux que ta faveur a faits ;
Qu'elle n'adopte point la gloire
Qui naît d'une injuste victoire
Que le sort remporte pour eux ;
Et que, devant ses yeux stoïques,
Leurs vertus les plus héroïques
Ne sont que des crimes heureux.

Quoi ! Rome et l'Italie en cendre
Me feront honorer Sylla ?
J'admirerai dans Alexandre
Ce que j'abhorre en Attila ?
J'appellerai vertu guerrière
Une vaillance meurtrière
Qui dans mon sang trempe ses mains ;
Et je pourrai forcer ma bouche
A louer un héros farouche,
Né pour le malheur des humains ?

Quels traits me présentent vos fastes,
Impitoyables conquérants !
Des vœux outrés, des projets vastes,
Des rois vaincus par des tyrans ;
Des murs que la flamme ravage,
Des vainqueurs fumants de carnage,
Un peuple au fer abandonné ;
Des mères pâles et sanglantes,

Arrachant leurs filles tremblantes
Des bras d'un soldat effréné.

Juges insensés que nous sommes,
Nous admirons de tels exploits !
Est-ce donc le malheur des hommes
Qui fait la vertu des grands rois ?
Leur gloire, féconde en ruines,
Sans le meurtre et sans les rapines
Ne saurait-elle subsister ?
Images des Dieux sur la terre,
Est-ce par des coups de tonnerre
Que leur grandeur doit éclater ?

Montrez-nous, guerriers magnanimes,
Votre vertu dans tout son jour,
Voyons comment vos cœurs sublimes
Du sort soutiendront le retour.
Tant que sa faveur vous seconde,
Vous êtes les maîtres du monde,
Votre gloire nous éblouit ;
Mais au moindre revers funeste,
Le masque tombe, l'homme reste,
Et le héros s'évanouit.

PARNY

SUR LA MORT D'UNE JEUNE FILLE

SON âge échappait à l'enfance ;
　　Riante comme l'innocence,
Elle avait les traits de l'Amour.
Quelques mois, quelques jours encore,
Dans ce cœur pur et sans détour
Le sentiment allait éclore.

Mais le ciel avait au trépas
Condamné ses jeunes appas ;
Au ciel elle a rendu sa vie,
Et doucement s'est endormie,
Sans murmurer contre ses lois.
Ainsi le sourire s'efface ;
Ainsi meurt sans laisser de trace
Le chant d'un oiseau dans les bois.

GILBERT

ADIEUX A LA VIE

J'AI révélé mon cœur au Dieu de l'innocence ;
    Il a vu mes pleurs pénitents :
Il guérit mes remords, il m'arme de constance ;
    Les malheureux sont ses enfants.

Mes ennemis, riant, ont dit dans leur colère :
    Qu'il meure et sa gloire avec lui !
Mais à mon cœur calmé le Seigneur dit en père :
    Leur haine sera ton appui.

A tes plus chers amis ils ont prêté leur rage :
    Tout trompe ta simplicité :
Celui que tu nourris court vendre ton image
    Noire de sa méchanceté.

Mais Dieu t'entend gémir ; Dieu, vers qui te ramène
    Un vrai remords né des douleurs ;
Dieu qui pardonne, enfin, à la nature humaine
    D'être faible dans les malheurs.

" J'éveillerai pour toi la pitié, la justice
    De l'incorruptible avenir.

Eux-même épureront, par un long artifice,
    Ton honneur qu'ils pensent ternir."

Soyez béni, mon Dieu, vous qui daignez me rendre
    L'innocence et son noble orgueil ;
Vous qui, pour protéger le repos de ma cendre,
    Veillerez près de mon cercueil !

Au banquet de la vie, infortuné convive,
    J'apparus un jour, et je meurs !
Je meurs, et sur ma tombe, où lentement j'arrive,
    Nul ne viendra verser des pleurs.

Salut, champs que j'aimais, et vous, douce verdure,
    Et vous, riant exil des bois !
Ciel, pavillon de l'homme, admirable nature,
    Salut pour la dernière fois !

Ah ! puissent voir longtemps votre beauté sacrée
    Tant d'amis sourds à mes adieux !
Qu'ils meurent pleins de jours, que leur mort soit pleurée,
    Qu'un ami leur ferme les yeux !

ROUGET DE L'ISLE

LA MARSEILLAISE

ALLONS, enfants de la patrie,
    Le jour de gloire est arrivé ;
Contre nous de la tyrannie
L'étendard sanglant est levé.
Entendez-vous dans ces campagnes
Mugir ces féroces soldats ?
Ils viennent jusque dans nos bras
Égorger nos fils, nos compagnes !

Aux armes, citoyens ! formez vos bataillons !
   Marchons, marchons !
Qu'un sang impur abreuve nos sillons !

   Que veut cette horde d'esclaves,
   De traîtres, de rois conjurés ?
   Pour qui ces ignobles entraves,
   Ces fers dès longtemps préparés ?
   Français, pour nous, ah ! quel outrage !
   Quels transports il doit exciter !
   C'est nous qu'on ose méditer
   De rendre à l'antique esclavage !
      Aux armes, citoyens ! etc.

   Quoi ! ces cohortes étrangères
   Feraient la loi dans nos foyers !
   Quoi ! ces phalanges mercenaires
   Terrasseraient nos fiers guerriers !
   Grand Dieu ! par des mains enchaînées
   Nos fronts sous le joug se ploieraient !
   De vils despotes deviendraient
   Les maîtres de nos destinées !
      Aux armes, citoyens ! etc.

   Tremblez, tyrans, et vous, perfides,
   L'opprobre de tous les partis ;
   Tremblez ! vos projets parricides,
   Vont enfin recevoir leur prix !
   Tout est soldat pour vous combattre ;
   S'ils tombent, nos jeunes héros,
   La France en produit de nouveaux
   Contre vous tout prêts à se battre !
      Aux armes, citoyens ! etc.

Français, en guerriers magnanimes,
Portez ou retenez vos coups ;
Épargnez ces tristes victimes
A regret s'armant contre nous ;
Mais ces despotes sanguinaires,
Mais les complices de Bouillé,
Tous ces tigres qui sans pitié
Déchirent le sein de leurs mères !
　　　Aux armes, citoyens, etc.

Amour sacré de la patrie,
Conduis, soutiens nos bras vengeurs.
Liberté, Liberté chérie,
Combats avec tes défenseurs !
Sous nos drapeaux que la Victoire
Accoure à tes mâles accents ;
Que tes ennemis expirants
Voient ton triomphe et notre gloire
　　　Aux armes, citoyens ! etc.

Nous entrerons dans la carrière
Quand nos aînés n'y seront plus ;
Nous y trouveront leur poussière
Et la trace de leurs vertus !
Bien moins jaloux de leur survivre
Que de partager leur cercueil,
Nous aurons le sublime orgueil
De les venger ou de les suivre !

Aux armes, citoyens ! formez vos bataillons !
　　　Marchons, marchons !
Qu'un sang impur abreuve nos sillons.

ANDRÉ CHÉNIER

LA JEUNE CAPTIVE

" L 'ÉPI naissant mûrit de la faux respecté ;
    Sans crainte du pressoir, le pampre tout l'été
      Boit les doux présents de l'aurore ;
Et moi, comme lui belle, et jeune comme lui,
Quoi que l'heure présente ait de trouble et d'ennui,
      Je ne veux pas mourir encore.

" Qu'un stoïque aux yeux secs vole embrasser la mort,
    Moi je pleure et j'espère ; au noir souffle du nord
      Je plie et relève ma tête.
S'il est des jours amers, il en est de si doux !
Hélas ! quel miel jamais n'a laissé de dégoûts ?
      Quelle mer n'a point de tempête ?

" L'illusion féconde habite dans mon sein :
    D'une prison sur moi les murs pèsent en vain,
      J'ai les ailes de l'espérance.
Échappée aux réseaux de l'oiseleur cruel,
Plus vive, plus heureuse, aux campagnes du ciel
      Philomèle chante et s'élance.

" Est-ce à moi de mourir ? Tranquille je m'endors,
    Et tranquille je veille, et ma veille aux remords
      Ni mon sommeil ne sont en proie.
Ma bienvenue au jour me rit dans tous les yeux ;
Sur des fronts abattus mon aspect dans ces lieux
      Ranime presque de la joie.

"Mon beau voyage encore est si loin de sa fin !
Je pars, et des ormeaux qui bordent le chemin
　　J'ai passé les premiers à peine.
Au banquet de la vie à peine commencé,
Un instant seulement mes lèvres ont pressé
　　La coupe en mes mains encor pleine.

"Je ne suis qu'au printemps, je veux voir la moisson ;
Et, comme le soleil, de saison en saison
　　Je veux achever mon année.
Brillante sur ma tige et l'honneur du jardin,
Je n'ai vu luire encor que les feux du matin,
　　Je veux achever ma journée.

"O mort ! tu peux attendre : éloigne, éloigne-toi ;
Va consoler les cœurs que la honte, l'effroi,
　　Le pâle désespoir dévore.
Pour moi Palès encore a des asiles verts,
Les Amours des baisers, les Muses des concerts ;
　　Je ne veux pas mourir encore."

Ainsi, triste et captif, ma lyre toutefois
S'éveillait, écoutant ces plaintes, cette voix,
　　Ces vœux d'une jeune captive ;
Et secouant le joug de mes jours languissants,
Aux douces lois des vers je pliais les accents
　　De sa bouche aimable et naïve.

Ces chants, de ma prison témoins harmonieux,
Feront à quelque amant des loisirs studieux
　　Chercher quelle fut cette belle :
La grâce décorait son front et ses discours,
Et, comme elle, craindront de voir finir leurs jours
　　Ceux qui les passeront près d'elle.

IAMBES

QUAND au mouton bêlant la sombre boucherie
  Ouvre ses cavernes de mort ;
Pauvres chiens et moutons, toute la bergerie
  Ne s'informe plus de son sort !
Les enfants qui suivaient ses ébats dans la plaine,
  Les vierges aux belles couleurs
Qui le baisaient en foule, et sur sa blanche laine
  Entrelaçaient rubans et fleurs,
Sans plus penser à lui, le mangent s'il est tendre.
  Dans cet abîme enseveli,
J'ai le même destin. Je m'y devais attendre.
  Accoutumons-nous à l'oubli.
Oubliés comme moi dans cet affreux repaire,
  Mille autres moutons, comme moi
Pendus aux crocs sanglants du charnier populaire,
  Seront servis au peuple-roi.
Que pouvaient mes amis ? Oui, de leur main chérie
  Un mot, à travers ces barreaux,
A versé quelque baume en mon âme flétrie ;
  De l'or peut-être à mes bourreaux....
Mais tout est précipice. Ils ont eu droit de vivre.
  Vivez, amis, vivez contents !
En dépit de Bavus, soyez lents à me suivre ;
  Peut-être en de plus heureux temps
J'ai moi-même, à l'aspect des pleurs de l'infortune,
  Détourné mes regards distraits ;
A mon tour, aujourd'hui, mon malheur importune ;
  Vivez, amis, vivez en paix.

MARIE-JOSEPH CHÉNIER

LE CHANT DU DÉPART

UN DÉPUTÉ DU PEUPLE.

L A victoire en chantant nous ouvre la barrière;
   La liberté guide nos pas,
Et du nord au midi la trompette guerrière
A sonné l'heure des combats.
   Tremblez, ennemis de la France,
   Rois ivres de sang et d'orgueil!
   Le peuple souverain s'avance;
   Tyrans, descendez au cercueil.

Chœur des guerriers.

La république nous appelle,
Sachons vaincre ou sachons périr;
Un Français doit vivre pour elle,
Pour elle un Français doit mourir.

UNE MÈRE DE FAMILLE.

De nos yeux maternels ne craignez pas les larmes:
   Loin de nous de lâches douleurs!
Nous devons triompher quand vous prenez les armes;
   C'est aux rois à verser des pleurs.
   Nous vous avons donné la vie,
   Guerriers, elle n'est plus à vous;
   Tous vos jours sont à la patrie;
   Elle est votre mère avant nous.

   Chœur des mères de famille—La république, etc.

DEUX VIEILLARDS.

Que le fer paternel arme la main des braves;
    Songez à nous au champ de Mars;
Consacrez dans le sang des rois et des esclaves
    Le fer béni par vos vieillards;
    Et, rapportant sous la chaumière
    Des blessures et des vertus,
    Venez fermer notre paupière
    Quand les tyrans ne seront plus.
    Chœurs des vieillards—La république, etc.

UN ENFANT.

De Barra, de Viala le sort nous fait envie;
    Ils sont morts, mais ils ont vaincu!
Le lâche accablé d'ans n'a point connu la vie!
    Qui meurt pour le peuple a vécu.
    Vous êtes vaillants, nous le sommes:
    Guidez-nous contre les tyrans;
    Les républicains sont des hommes,
    Les esclaves sont des enfants!
    Chœur des enfants—La république, etc.

UNE ÉPOUSE.

Partez, vaillants époux, les combats sont vos fêtes;
    Partez, modèles des guerriers;
Nous cueillerons des fleurs pour en ceindre vos têtes,
    Nos mains tresseront vos lauriers!
    Et si le temple de Mémoire
    S'ouvrait à vos mânes vainqueurs,
    Nos voix chanteront votre gloire,
    Nos flancs porteront vos vengeurs.
    Chœur des épouses—La république, etc.

UNE JEUNE FILLE.

Et nous, sœurs des héros, nous qui de l'hyménée
    Ignorons les aimables nœuds,
Si, pour s'unir un jour à notre destinée,
    Les citoyens forment des vœux,
    Qu'ils reviennent dans nos murailles,
    Beaux de gloire et de liberté,
    Et que leur sang dans les batailles
    Ait coulé pour l'égalité.
      Chœur des jeunes filles—La république, etc.

TROIS GUERRIERS.

Sur le fer, devant Dieu, nous jurons à nos pères,
    A nos épouses, à nos sœurs,
A nos représentants, à nos fils, à nos mères,
    D'anéantir les oppresseurs :
    En tous lieux, dans la nuit profonde
    Plongeant l'infâme royauté,
    Les Français donneront au monde
    Et la paix et la liberté !
      Chœur général—La république, etc.

ARNAULT

LA FEUILLE

" DE ta tige détachée,
    Pauvre feuille desséchée,
Où vas-tu ?"—Je n'en sais rien.
L'orage a brisé le chêne
Qui seul était mon soutien ;
De son inconstante haleine
Le zéphyr ou l'aquilon

Depuis ce jour me promène
De la forêt à la plaine,
De la montagne au vallon.
Je vais où le vent me mène,
Sans me plaindre ou m'effrayer ;
Je vais où va toute chose,
Où va la feuille de rose
Et la feuille de laurier !

CHATEAUBRIAND

LE MONTAGNARD EXILÉ

COMBIEN j'ai douce souvenance
    Du joli lieu de ma naissance !
Ma sœur, qu'ils étaient beaux les jours
    De France !
O mon pays, sois mes amours
    Toujours !

Te souvient-il que notre mère
Au foyer de notre chaumière
Nous pressait sur son cœur joyeux,
    Ma chère !
Et nous baisions ses blancs cheveux
    Tous deux.

Ma sœur, te souvient-il encore
Du château que baignait la Dore ?
Et de cette tant vieille tour
    Du Maure,
Où l'airain sonnait le retour
    Du jour ?

Te souvient-il du lac tranquille
Qu'effleurait l'hirondelle agile ;
Du vent qui courbait le roseau
    Mobile,
Et du soleil couchant sur l'eau
    Si beau ?

Oh ! qui me rendra mon Hélène
Et ma montagne et le grand chêne !
Leur souvenir fait tous les jours
    Ma peine :
Mon pays sera mes amours
    Toujours !

DÉSAUGIERS

MORALITÉ

ENFANTS de la folie,
    Chantons ;
Sur les maux de la vie
    Glissons ;
Plaisir jamais ne coûte
    De pleurs ;
Il sème notre route
    De fleurs.

Oui, portons son délire
    Partout....
Le bonheur est de rire
    De tout ;
Pour être aimé des belles,
    Aimons ;
Un beau jour changent-elles,
    Changeons.

La Jeune Fille

Déjà l'hiver de l'âge
    Accourt ;
Profitons d'un passage
    Si court ;
L'avenir peut-il être
    Certain ?
Nous finirons peut-être
    Demain.

CHARLES NODIER

LA JEUNE FILLE

ELLE était bien jolie, au matin, sans atours,
    De son jardin naissant visitant les merveilles,
Dans leur nid d'ambroisie épiant ses abeilles,
Et du parterre en fleurs suivant les longs détours.

Elle était bien jolie, au bal de la soirée,
Quand l'éclat des flambeaux illuminait son front,
Et que de bleus saphirs ou de roses parée
De la danse folâtre elle menait le rond.

Elle était bien jolie, à l'abri de son voile
Qu'elle livrait, flottant, au souffle de la nuit,
Quand pour la voir de loin, nous étions là sans bruit,
Heureux de la connaître au reflet d'une étoile.

Elle était bien jolie ; et de pensers touchants,
D'un espoir vague et doux chaque jour embellie,
L'amour lui manquait seul pour être plus jolie !...
Paix !... voilà son convoi qui passe dans les champs !...

LE BUISSON

S'IL est un buisson quelque part
   Bordé de blancs fraisiers ou de noires prunelles,
Ou de l'œil de la Vierge aux riantes prunelles,
Dans le creux des fossés, à l'abri d'un rempart !...

   Ah ! si son ombre printanière
Couvrait avec amour la pente d'un ruisseau,
D'un ruisseau qui bondit sans souci de son eau,
Et qui va réjouir l'espoir de la meunière !...

   Si la liane aux blancs cornets
Y roulait en nœuds verts sur la branche embellie !
S'il protégeait au loin le muguet, l'ancolie,
Dont les filles des champs couronnent leurs bonnets !

   Si ce buisson, nid de l'abeille,
Attirait quelque jour une vierge aux yeux doux,
Qui viendrait en dansant, et sans penser à nous,
De boutons demi-clos enrichir sa corbeille !...

   S'il était aimé des oiseaux ;
S'il voyait sautiller la mésange hardie ;
S'il surveillait parfois la linotte étourdie,
Échappée en boitant au piège des réseaux !

   S'il souriait, depuis l'aurore,
A l'abord inconstant d'un léger papillon,
Tout bigarré d'azur, d'or et de vermillon,
Qui va, vole et revient, vole et revient encore !

   Si dans la brûlante saison,
D'une nuit sans lumière éclaircissant les voiles,
Les vers luisants venaient y semer leurs étoiles,
Qui de rayons d'argent blanchissent le gazon !....

Si, longtemps, des feux du soleil
Il pouvait garantir une fosse inconnue !
Enfants ! dites-le-moi, l'heure est si bien venue !
Il fait froid.   Il est tard.   Je souffre, et j'ai sommeil.

BÉRANGER

LE ROI D'YVETOT

IL était un roi d'Yvetot
  Peu connu dans l'histoire,
Se levant tard, se couchant tôt,
  Dormant fort bien sans gloire,
Et couronné par Jeanneton
D'un simple bonnet de coton,
  Dit-on.
Oh ! oh ! oh ! oh ! ah ! ah ! ah ! ah !
Quel bon petit roi c'était là !
  La, la.

Il faisait ses quatre repas
  Dans son palais de chaume,
Et sur un âne, pas à pas,
  Parcourait son royaume.
Joyeux, simple et croyant le bien,
Pour toute garde il n'avait rien
  Qu'un chien.
Oh ! oh ! oh ! oh ! ah ! ah ! ah ! ah !
Quel bon petit roi c'était là !
  La, la.

Il n'avait de goût onéreux
  Qu'une soif un peu vive ;
Mais, en rendant son peuple heureux,
  Il faut bien qu'un roi vive.

Lui-même, à table et sans suppôt,
Sur chaque muid levait un pot
    D'impôt.
Oh! oh! oh! oh! ah! ah! ah! ah!
Quel bon petit roi c'était là!
    La, la.

Aux filles de bonnes maisons
    Comme il avait su plaire,
Ses sujets avaient cent raisons
    De le nommer leur père.
D'ailleurs il ne levait de ban
Que pour tirer, quatre fois l'an,
    Au blanc.
Oh! oh! oh! oh! ah! ah! ah! ah!
Quel bon petit roi c'était là!
    La, la.

Il n'agrandit point ses États,
    Fut un voisin commode,
Et, modèle des potentats,
    Prit le plaisir pour code.
Ce n'est que lorsqu'il expira
Que le peuple, qui l'enterra,
    Pleura.
Oh! oh! oh! oh! ah! ah! ah! ah!
Quel bon petit roi c'était là!
    La, la.

On conserve encor le portrait
    De ce digne et bon prince:
C'est l'enseigne d'un cabaret
    Fameux dans la province.

Les jours de fête, bien souvent,
La foule s'écrie en buvant
     Devant :
Oh ! oh ! oh ! oh ! ah ! ah ! ah ! ah !
Quel bon petit roi c'était là !
     La, la.

LE VILAIN

HÉ quoi ! j'apprends que l'on critique
    Le *de* qui précède mon nom.
Êtes-vous de noblesse antique ?
Moi, noble ? oh ! vraiment, messieurs, non.
Non, d'aucune chevalerie
Je n'ai le brevet sur velin.
Je ne sais qu'aimer ma patrie...
Je suis vilain et très vilain...
    Je suis vilain,
    Vilain, vilain.

Ah ! sans un *de* j'aurais dû naître ;
Car, dans mon sang si j'ai bien lu,
Jadis mes aïeux ont d'un maître
Maudit le pouvoir absolu.
Ce pouvoir, sur sa vieille base,
Étant la meule du moulin,
Ils étaient le grain qu'elle écrase.
Je suis vilain et très vilain,
    Je suis vilain,
    Vilain, vilain.

Jamais aux discordes civiles
Mes braves aïeux n'ont pris part ;
De l'Anglais aucun dans nos villes
N'introduisit le léopard ;

Et quand l'Église, par sa brigue,
Poussait l'État vers son déclin,
Aucun d'eux n'a signé la Ligue.
Je suis vilain et très vilain,
 Je suis vilain,
 Vilain, vilain.

Laissez-moi donc sous ma bannière,
Vous, messieurs, qui, le nez au vent,
Nobles par votre boutonnière,
Encensez tout soleil levant.
J'honore une race commune,
Car, sensible, quoique malin,
Je n'ai flatté que l'infortune.
Je suis vilain et très vilain,
 Je suis vilain,
 Vilain, vilain.

MON HABIT

SOIS-MOI fidèle, ô pauvre habit que j'aime !
 Ensemble nous devenons vieux.
Depuis dix ans je te brosse moi-même,
Et Socrate n'eût pas fait mieux.
Quand le sort à ta mince étoffe
Livrerait de nouveaux combats,
Imite-moi, résiste en philosophe :
Mon vieil ami, ne nous séparons pas.

Je me souviens, car j'ai bonne mémoire,
Du premier jour où je te mis.
C'était ma fête, et, pour comble de gloire,
Tu fus chanté par mes amis.

Ton indigence, qui m'honore,
Ne m'a point banni de leurs bras.
Tous ils sont prêts à nous fêter encore :
Mon vieil ami, ne nous séparons pas.

A ton revers j'admire une reprise :
C'est encore un doux souvenir.
Feignant un soir de fuir la tendre Lise,
Je sens sa main me retenir.
On te déchire, et cet outrage
Auprès d'elle enchaîne mes pas.
Lisette a mis deux jours à tant d'ouvrage :
Mon vieil ami, ne nous séparons pas.

T'ai-je imprégné des flots de musc et d'ambre
Qu'un fat exhale en se mirant ?
M'a-t-on jamais vu dans une antichambre
T'exposer au mépris d'un grand ?
Pour des rubans la France entière
Fut en proie à de longs débats ;
La fleur des champs brille à ta boutonnière :
Mon vieil ami, ne nous séparons pas.

Ne crains plus tant ces jours de courses vaines
Où notre destin fut pareil ;
Ces jours mêlés de plaisirs et de peines,
Mêlés de pluie et de soleil.
Je dois bientôt, il me le semble,
Mettre pour jamais habit bas.
Attends un peu ; nous finirons ensemble :
Mon vieil ami, ne nous séparons pas.

LES ÉTOILES QUI FILENT

BERGER, tu dis que notre étoile
Règle nos jours et brille aux cieux.
— Oui, mon enfant ; mais dans son voile
La nuit la dérobe à nos yeux.
— Berger, sur cet azur tranquille
De lire on te croit le secret :
Quelle est cette étoile qui file,
Qui file, file, et disparaît ?

— Mon enfant, un mortel expire ;
Son étoile tombe à l'instant.
Entre amis que la joie inspire,
Celui-ci buvait en chantant.
Heureux, il s'endort immobile
Auprès du vin qu'il célébrait...
— Encore une étoile qui file,
Qui file, file, et disparaît.

— Mon enfant, qu'elle est pure et belle !
C'est celle d'un objet charmant :
Fille heureuse, amante fidèle,
On l'accorde au plus tendre amant.
Des fleurs ceignent son front nubile,
Et de l'hymen l'autel est prêt...
— Encore une étoile qui file,
Qui file, file, et disparaît.

— Mon fils, c'est l'étoile rapide
D'un très grand seigneur nouveau-né.
Le berceau qu'il a laissé vide
D'or et de pourpre était orné.

Les Étoiles Qui Filent

Des poisons qu'un flatteur distille
C'était à qui le nourrirait...
— Encore une étoile qui file,
Qui file, file, et disparaît.

— Mon enfant, quel éclair sinistre !
C'était l'astre d'un favori
Qui se croyait un grand ministre
Quand de nos maux il avait ri.
Ceux qui servaient ce dieu fragile
Ont déjà caché son portrait...
— Encore une étoile qui file,
Qui file, file, et disparaît.

— Mon fils, quels pleurs seront les nôtres !
D'un riche nous perdons l'appui.
L'indigence glane chez d'autres,
Mais elle moissonnait chez lui.
Ce soir même, sûr d'un asile,
À son toit le pauvre accourait...
— Encore une étoile qui file,
Qui file, file, et disparaît.

— C'est celle d'un puissant monarque !...
Va, mon fils, garde ta candeur,
Et que ton étoile ne marque
Par l'éclat ni par la grandeur.
Si tu brillais sans être utile,
À ton dernier jour on dirait :
Ce n'est qu'une étoile qui file,
Qui file, file, et disparaît.

LES SOUVENIRS DU PEUPLE

ON parlera de sa gloire
    Sous le chaume bien longtemps,
L'humble toit, dans cinquante ans,
Ne connaîtra plus d'autre histoire.
Là viendront les villageois
Dire alors à quelque vieille :
Par des récits d'autrefois,
Mère, abrégez notre veille.
Bien, dit-on, qu'il nous ait nui,
Le peuple encor le révère,
        Oui, le révère.
Parlez-nous de lui, grand'mère,
        Parlez-nous de lui.

Mes enfants, dans ce village,
Suivi de rois, il passa.
Voilà bien longtemps de ça :
Je venais d'entrer en ménage.
A pied grimpant le coteau
Où pour voir je m'étais mise,
Il avait petit chapeau
Avec redingote grise.
Près de lui je me troublai ;
Il me dit : Bonjour, ma chère,
        Bonjour, ma chère.
— Il vous a parlé, grand'mère !
        Il vous a parlé !

L'an d'après, moi, pauvre femme,
A Paris étant un jour,
Je le vis avec sa cour :
Il se rendait à Notre-Dame.

Tous les cœurs étaient contents ;
On admirait son cortège.
Chacun disait : Quel beau temps !
Le ciel toujours le protège.
Son sourire était bien doux ;
D'un fils Dieu le rendait père,
    Le rendait père.
— Quel beau jour pour vous, grand'mère !
    Quel beau jour pour vous !

Mais quand la pauvre Champagne
Fut en proie aux étrangers,
Lui, bravant tous les dangers,
Semblait seul tenir la campagne.
Un soir, tout comme aujourd'hui,
J'entends frapper à la porte ;
J'ouvre. Bon Dieu ! c'était lui,
Suivi d'une faible escorte.
Il s'assoit où me voilà,
S'écriant : Oh ! quelle guerre !
    Oh ! quelle guerre !
— Il s'est assis là, grand'mère !
    Il s'est assis là !

J'ai faim, dit-il ; et bien vite
Je sers piquette et pain bis ;
Puis il sèche ses habits,
Même à dormir le feu l'invite.
Au réveil, voyant mes pleurs,
Il me dit : Bonne espérance !
Je cours de tous ses malheurs
Sous Paris venger la France.
Il part ; et, comme un trésor,
J'ai depuis gardé son verre,

Gardé son verre.
— Vous l'avez encor, grand'mère !
Vous l'avez encor !

Le voici. Mais à sa perte
Le héros fut entraîné.
Lui, qu'un pape a couronné,
Est mort dans une île déserte.
Longtemps aucun ne l'a cru ;
On disait : Il va paraître.
Par mer il est accouru ;
L'étranger va voir son maître.
Quand d'erreur on nous tira,
Ma douleur fut bien amère !
    Fut bien amère !
— Dieu vous bénira, grand'mère,
    Dieu vous bénira.

LES FOUS

VIEUX soldats de plomb que nous sommes,
    Au cordeau nous alignant tous,
Si des rangs sortent quelques hommes,
Tous nous crions : A bas les fous !
On les persécute, on les tue,
Sauf, après un lent examen,
A leur dresser une statue
Pour la gloire du genre humain.

Combien de temps une pensée,
Vierge obscure, attend son époux !
Les sots la traitent d'insensée ;
Le sage lui dit : Cachez-vous.

Mais, la rencontrant loin du monde,
Un fou qui croit au lendemain
L'épouse ; elle devient féconde
Pour le bonheur du genre humain.

J'ai vu Saint-Simon le prophète,
Riche d'abord, puis endetté,
Qui des fondements jusqu'au faîte
Refaisait la sociéte.
Plein de son œuvre commencée,
Vieux, pour elle il tendait la main,
Sûr qu'il embrassait la pensée
Qui doit sauver le genre humain.

Fourier nous dit : Sors de la fange,
Peuple en proie aux déceptions.
Travaille, groupé par phalange,
Dans un cercle d'attractions.
La terre, après tant de désastres,
Forme avec le ciel un hymen,
Et la loi qui régit les astres
Donne la paix au genre humain !

Enfantin affranchit la femme,
L'appelle à partager nos droits.
Fi ! dites-vous ; sous l'épigramme
Ces fous rêveurs tombent tous trois.
Messieurs, lorsqu'en vain notre sphère
Du bonheur cherche le chemin,
Honneur au fou qui ferait faire
Un rêve heureux au genre humain !

Qui découvrit un nouveau monde ?
Un fou qu'on raillait en tout lieu.

Sur la croix que son sang inonde
Un fou qui meurt nous lègue un Dieu.
Si demain, oubliant d'éclore,
Le jour manquait, eh bien ! demain
Quelque fou trouverait encore
Un flambeau pour le genre humain.

MILLEVOYE

LA CHUTE DES FEUILLES

DE la dépouille de nos bois
    L'automne avait jonché la terre ;
Le bocage était sans mystère,
Le rossignol était sans voix.
Triste et mourant à son aurore
Un jeune malade, à pas lents,
Parcourait une fois encore
Le bois cher à ses premiers ans.

" Bois que j'aime, adieu ! je succombe :
    Votre deuil me prédit mon sort,
Et dans chaque feuille qui tombe
Je lis un présage de mort !
Fatal oracle d'Épidaure,
Tu m'as dit : ' Les feuilles des bois
A tes yeux jauniront encore,
Et c'est pour la dernière fois.
La nuit du trépas t'environne ;
Plus pâle que la pâle automne,
Tu t'inclines vers le tombeau.
Ta jeunesse sera flétrie
Avant l'herbe de la prairie,

Avant le pampre du coteau.'
Et je meurs ! De sa froide haleine
Un vent funeste m'a touché,
Et mon hiver s'est approché
Quand mon printemps s'écoule à peine.
Arbuste en un seul jour détruit,
Quelques fleurs faisaient ma parure ;
Mais ma languissante verdure
Ne laisse après elle aucun fruit.
Tombe, tombe, feuille éphémère,
Voile aux yeux ce triste chemin,
Cache au désespoir de ma mère
La place où je serai demain !
Mais vers la solitaire allée
Si mon amante désolée
Venait pleurer quand le jour fuit,
Éveille par un léger bruit
Mon ombre un moment consolée."

Il dit, s'éloigne ... et sans retour !
La dernière feuille qui tombe
A signalé son dernier jour.
Sous le chêne on creusa sa tombe.
Mais son amante ne vint pas
Visiter la pierre isolée ;
Et le pâtre de la vallée
Troubla seul du bruit de ses pas
Le silence du mausolée.

MADAME DESBORDES-VALMORE

S'IL L'AVAIT SU

S'IL avait su quelle âme il a blessée,
    Larmes du cœur, s'il avait pu vous voir,
Ah ! si ce cœur, trop plein de sa pensée,
De l'exprimer eût gardé le pouvoir,
Changer ainsi n'eût pas été possible ;
Fier de nourrir l'espoir qu'il a déçu,
A tant d'amour il eût été sensible,
            S'il l'avait su.

S'il avait su tout ce qu'on peut attendre
D'une âme simple, ardente et sans détour,
Il eût voulu la mienne pour l'entendre.
Comme il l'inspire, il eût connu l'amour.
Mes yeux baissés recélaient cette flamme ;
Dans leur pudeur n'a-t-il rien aperçu ?
Un tel secret valait toute son âme,
            S'il l'avait su.

Si j'avais su, moi-même, à quel empire
On s'abandonne en regardant ses yeux,
Sans le chercher comme l'air qu'on respire
J'aurais porté mes jours sous d'autres cieux
Il est trop tard pour renouer ma vie ;
Ma vie était un doux espoir déçu :
Diras-tu pas, toi qui me l'as ravie,
            Si j'avais su ?

LES ROSES DE SAADI

J'AI voulu ce matin te rapporter des roses ;
  Mais j'en avais tant pris dans mes ceintures closes
Que les nœuds trop serrés n'ont pu les contenir.

Les nœuds ont éclaté. Les roses, envolées
Dans le vent, à la mer s'en sont toutes allées.
Elles ont suivi l'eau pour ne plus revenir.

La vague en a paru rouge et comme enflammée.
Ce soir, ma robe encore en est tout embaumée...
Respires-en sur moi l'odorant souvenir !

LE PREMIER AMOUR

VOUS souvient-il de cette jeune amie,
  Au regard tendre, au maintien sage et doux?
A peine, hélas ! au printemps de sa vie,
Son cœur sentit qu'il était fait pour vous.

Point de serment, point de vaine promesse ·
Si jeune encore, on ne les connaît pas ;
Son âme pure aimait avec ivresse,
Et se livrait sans honte et sans combats.

Elle a perdu son idole chérie ;
Bonheur si doux a duré moins qu'un jour !
Elle n'est plus au printemps de sa vie :
Elle est encore à son premier amour.

LAMARTINE

LE LAC

AINSI, toujours poussés vers de nouveaux rivages,
  Dans la nuit éternelle emportés sans retour,
Ne pourrons-nous jamais sur l'océan des âges
    Jeter l'ancre un seul jour?

O lac! l'année à peine a fini sa carrière,
Et près des flots chéris qu'elle devait revoir,
Regarde! je viens seul m'asseoir sur cette pierre
    Où tu la vis s'asseoir!

Tu mugissais ainsi sous ces roches profondes;
Ainsi tu te brisais sur leurs flancs déchirés;
Ainsi le vent jetait l'écume de tes ondes
    Sur ses pieds adorés.

Un soir, t'en souvient-il? nous voguions en silence,
On n'entendait au loin, sur l'onde et sous les cieux,
Que le bruit des rameurs qui frappaient en cadence
    Tes flots harmonieux.

Tout à coup des accents inconnus à la terre
Du rivage charmé frappèrent les échos;
Le flot fut attentif, et la voix qui m'est chère
    Laissa tomber ces mots:

" O temps, suspends ton vol! et vous, heures propices
    Suspendez votre cours!
Laissez-nous savourer les rapides délices
    Des plus beaux de nos jours!

« Assez de malheureux ici-bas vous implorent :
        Coulez, coulez pour eux ;
Prenez avec leurs jours les soins qui les dévorent ;
        Oubliez les heureux.

« Mais je demande en vain quelques moments encore,
        Le temps m'échappe et fuit ;
Je dis à cette nuit : Sois plus lente ; et l'aurore
        Va dissiper la nuit.

« Aimons donc, aimons donc ! de l'heure fugitive,
        Hâtons-nous, jouissons !
L'homme n'a point de port, le temps n'a point de rive ;
        Il coule, et nous passons ! »

Temps jaloux, se peut-il que ces moments d'ivresse,
Où l'amour à longs flots nous verse le bonheur,
S'envolent loin de nous de la même vitesse
        Que les jours de malheur ?

Eh quoi ! n'en pourrons-nous fixer au moins la trace ?
Quoi ! passés pour jamais ? quoi ! tout entiers perdus ?
Ce temps qui les donna, ce temps qui les efface,
        Ne nous les rendra plus ?

Éternité, néant, passé, sombres abîmes,
Que faites-vous des jours que vous engloutissez ?
Parlez : nous rendrez-vous ces extases sublimes
        Que vous nous ravissez ?

O lac ! rochers muets ! grottes ! forêt obscure !
Vous que le temps épargne ou qu'il peut rajeunir,
Gardez de cette nuit, gardez, belle nature,
        Au moins le souvenir !

Qu'il soit dans ton repos, qu'il soit dans tes orages,
Beau lac, et dans l'aspect de tes riants coteaux,
Et dans ces noirs sapins, et dans ces rocs sauvages
    Qui pendent sur tes eaux !

Qu'il soit dans le zéphyr qui frémit et qui passe,
Dans les bruits de tes bords par tes bords répétés,
Dans l'astre au front d'argent qui blanchit ta surface
    De ses molles clartés !

Que le vent qui gémit, le roseau qui soupire,
Que les parfums légers de ton air embaumé,
Que tout ce qu'on entend, l'on voit ou l'on respire,
    Tout dise : " Ils ont aimé ! "

L'AUTOMNE

SALUT, bois couronnés d'un reste de verdure !
    Feuillages jaunissants sur les gazons épars !
Salut, derniers beaux jours ! Le deuil de la nature
Convient à la douleur et plaît à mes regards.

Je suis d'un pas rêveur le sentier solitaire ;
J'aime à revoir encor, pour la dernière fois,
Ce soleil pâlissant, dont la faible lumière
Perce à peine à mes pieds l'obscurité des bois.

Oui, dans ces jours d'automne où la nature expire,
A ses regards voilés je trouve plus d'attraits :
C'est l'adieu d'un ami, c'est le dernier sourire
Des lèvres que la mort va fermer pour jamais.

Ainsi, prêt à quitter l'horizon de la vie,
Pleurant de mes longs jours l'espoir évanoui,
Je me retourne encore et d'un regard d'envie
Je contemple ces biens dont je n'ai pas joui.

Terre, soleil, vallons, belle et douce nature,
Je vous dois une larme au bord de mon tombeau,
L'air est si parfumé ! ia lumière est si pure !
Aux regards d'un mourant le soleil est si beau !

Je voudrais maintenant vider jusqu'à la lie
Ce calice mêlé de nectar et de fiel :
Au fond de cette coupe où je buvais la vie,
Peut-être restait-il une goutte de miel !

Peut-être l'avenir me gardait-il encore
Un retour de bonheur dont l'espoir est perdu !
Peut-être, dans la foule, une âme que j'ignore
Aurait compris mon âme, et m'aurait répondu ? ...

La fleur tombe en livrant ses parfums au zéphire ;
A la vie, au soleil, ce sont là ses adieux ;
Moi, je meurs ; et mon âme, au moment qu'elle expire,
S'exhale comme un son triste et mélodieux.

LE SOIR

L E soir ramène le silence.
    Assis sur ces rochers déserts,
Je suis dans le vague des airs
Le char de la nuit qui s'avance.

Vénus se lève à l'horizon ;
A mes pieds l'étoile amoureuse
De sa lueur mystérieuse
Blanchit les tapis de gazon.

De ce hêtre au feuillage sombre
J'entends frissonner les rameaux :
On dirait autour des tombeaux
Qu'on entend voltiger une ombre.

Tout à coup, détaché des cieux,
Un rayon de l'astre nocturne,
Glissant sur mon front taciturne,
Vient mollement toucher mes yeux.

Doux reflet d'un globe de flamme,
Charmant rayon, que me veux-tu?
Viens-tu dans mon sein abattu
Porter la lumière à mon âme?

Descends-tu pour me révéler
Des mondes le divin mystère,
Ces secrets cachés dans la sphère
Où le jour va te rappeler!

Une secrète intelligence
T'adresse-t-elle aux malheureux?
Viens-tu, la nuit, briller sur eux
Comme un rayon de l'espérance?

Viens-tu dévoiler l'avenir
Au cœur fatigué qui l'implore?
Rayon divin, es-tu l'aurore
Du jour qui ne doit pas finir?

Mon cœur à ta clarté s'enflamme,
Je sens des transports inconnus,
Je songe à ceux qui ne sont plus:
Douce lumière, es-tu leur âme?

Peut-être ces mânes heureux
Glissent ainsi sur le bocage.
Enveloppé de leur image,
Je crois me sentir plus près d'eux!

Ah! si c'est vous, ombres chéries,
Loin de la foule et loin du bruit,

Le Vallon

Revenez ainsi chaque nuit
Vous mêler à mes rêveries.

Ramenez la paix et l'amour
Au sein de mon âme épuisée,
Comme la nocturne rosée
Qui tombe après les feux du jour.

Venez !... Mais des vapeurs funèbres
Montent des bords de l'horizon :
Elles voilent le doux rayon,
Et tout rentre dans les ténèbres.

LE VALLON

MON cœur, lassé de tout, même de l'espérance,
    N'ira plus de ses vœux importuner le sort ;
Prêtez-moi seulement, vallon de mon enfance,
Un asile d'un jour pour attendre la mort.

Voici l'étroit sentier de l'obscure vallée :
Du flanc de ces coteaux pendent des bois épais
Qui, courbant sur mon front leur ombre entremêlée,
Me couvrent tout entier de silence et de paix.

Là, deux ruisseaux cachés sous des ponts de verdure
Tracent en serpentant les contours du vallon ;
Ils mêlent un moment leur onde et leur murmure,
Et non loin de leur source ils se perdent sans nom.

La source de mes jours comme eux s'est écoulée ;
Elle a passé sans bruit, sans nom et sans retour :
Mais leur onde est limpide, et mon âme troublée
N'aura pas réfléchi les clartés d'un beau jour.

La fraîcheur de leurs lits, l'ombre qui les couronne,
M'enchaînent tout le jour sur les bords des ruisseaux ;
Comme un enfant bercé par un chant monotone,
Mon âme s'assoupit au murmure des eaux.

Ah ! c'est là qu'entouré d'un rempart de verdure,
D'un horizon borné qui suffit à mes yeux,
J'aime à fixer mes pas, et, seul dans la nature,
An'entendre que l'onde, à ne voir que les cieux.

J'ai trop vu, trop senti, trop aimé dans ma vie ;
Je viens chercher vivant le calme du Léthé.
Beaux lieux, soyez pour moi ces bords où l'on oublie :
L'oubli seul désormais est ma félicité.

Mon cœur est en repos, mon âme est en silence ;
Le bruit lointain du monde expire en arrivant,
Comme un son éloigné qu'affaiblit la distance,
A l'oreille incertaine apporté par le vent.

D'ici je vois la vie, à travers un nuage,
S'évanouir pour moi dans l'ombre du passé ;
L'amour seul est resté, comme une grande image
Survit seule au réveil dans un songe effacé.

Repose-toi, mon âme, en ce dernier asile,
Ainsi qu'un voyageur qui, le cœur plein d'espoir,
S'assied, avant d'entrer, aux portes de la ville,
Et respire un moment l'air embaumé du soir.

Comme lui, de nos pieds secouons la poussière ;
L'homme par ce chemin ne repasse jamais :
Comme lui, respirons au bout de la carrière
Ce calme avant-coureur de l'éternelle paix.

Tes jours, sombres et courts comme les jours d'automne,
Déclinent comme l'ombre au penchant des coteaux ;

L'amitié te trahit, la pitié t'abandonne,
Et, seule, tu descends le sentier des tombeaux.

Mais la nature est là qui t'invite et qui t'aime ;
Plonge-toi dans son sein qu'elle t'ouvre toujours :
Quand tout change pour toi, la nature est la même,
Et le même soleil se lève sur tes jours.

De lumière et d'ombrage elle t'entoure encore ;
Détache ton amour des faux biens que tu perds ;
Adore ici l'écho qu'adorait Pythagore,
Prête avec lui l'oreille aux célestes concerts.

Suis le jour dans le ciel, suis l'ombre sur la terre ;
Dans les plaines de l'air vole avec l'aquilon ;
Avec le doux rayon de l'astre du mystère
Glisse à travers les bois dans l'ombre du vallon.

Dieu, pour le concevoir, a fait l'intelligence :
Sous la nature enfin découvre son auteur !
Une voix à l'esprit parle dans son silence :
Qui n'a pas entendu cette voix dans son cœur ?

L'ISOLEMENT

SOUVENT sur la montagne, à l'ombre du vieux chêne,
   Au coucher du soleil, tristement je m'assieds ;
Je promène au hasard mes regards sur la plaine,
Dont le tableau changeant se déroule à mes pieds.

Ici gronde le fleuve aux vagues écumantes ;
Il serpente, et s'enfonce en un lointain obscur ;
Là le lac immobile étend ses eaux dormantes
Où l'étoile du soir se lève dans l'azur.

Au sommet de ces monts couronnés de bois sombres,
Le crépuscule encor jette un dernier rayon ;

Et le char vaporeux de la reine des ombres
Monte, et blanchit déjà les bords de l'horizon.

Cependant, s'élançant de la flèche gothique,
Un son religieux se répand dans les airs :
Le voyageur s'arrête, et la cloche rustique
Aux derniers bruits du jour mêle de saints concerts.

Mais à ces doux tableaux mon âme indifférente
N'éprouve devant eux ni charme ni transports ;
Je contemple la terre ainsi qu'une ombre errante :
Le soleil des vivants n'échauffe plus les morts.

De colline en colline en vain portant ma vue,
Du sud à l'aquilon, de l'aurore au couchant,
Je parcours tous les points de l'immense étendue,
Et je dis : "Nulle part le bonheur ne m'attend."

Que me font ces vallons, ces palais, ces chaumières,
Vains objets dont pour moi le charme est envolé ?
Fleuves, rochers, forêts, solitudes si chères,
Un seul être vous manque, et tout est dépeuplé !

Que le tour du soleil ou commence ou s'achève,
D'un œil indifférent je le suis dans son cours ;
En un ciel sombre ou pur qu'il se couche ou se lève.
Qu'importe le soleil ? je n'attends rien des jours.

Quand je pourrais le suivre en sa vaste carrière,
Mes yeux verraient partout le vide et les déserts :
Je ne désire rien de tout ce qu'il éclaire ;
Je ne demande rien à l'immense univers.

Mais peut-être au delà des bornes de sa sphère,
Lieux où le vrai soleil éclaire d'autres cieux,
Si je pouvais laisser ma dépouille à la terre,
Ce que j'ai tant rêvé paraîtrait à mes yeux !

Là, je m'enivrerais à la source où j'aspire ;
Là, je retrouverais et l'espoir et l'amour,
Et ce bien idéal que toute âme désire,
Et qui n'a pas de nom au terrestre séjour !

Que ne puis-je, porté sur le char de l'Aurore,
Vague objet de mes vœux, m'élancer jusqu'à toi !
Sur la terre d'exil pourquoi resté-je encore ?
Il n'est rien de commun entre la terre et moi.

Quand la feuille des bois tombe dans la prairie,
Le vent du soir s'élève et l'arrache aux vallons ;
Et moi, je suis semblable à la feuille flétrie :
Emportez-moi comme elle, orageux aquilons !

LE CRUCIFIX

TOI que j'ai recueilli sur sa bouche expirante
   Avec son dernier souffle et son dernier adieu,
Symbole deux fois saint, don d'une main mourante,
     Image de mon Dieu ;

Que de pleurs ont coulé sur tes pieds que j'adore,
Depuis l'heure sacrée où, du sein d'un martyr,
Dans mes tremblantes mains tu passas, tiède encore
     De son dernier soupir !

Les saints flambeaux jetaient une dernière flamme ;
Le prêtre murmurait ces doux chants de la mort,
Pareils aux chants plaintifs que murmure une femme
     A l'enfant qui s'endort.

De son pieux espoir son front gardait la trace,
Et sur ses traits, frappés d'une auguste beauté,
La douleur fugitive avait empreint sa grâce,
     La mort sa majesté.

Le vent qui caressait sa tête échevelée
Me montrait tour à tour ou me voilait ses traits,
Comme l'on voit flotter sur un blanc mausolée
　　　L'ombre des noirs cyprès.

Un de ses bras pendait de la funèbre couche;
L'autre, languissamment replié sur son cœur,
Semblait chercher encore et presser sur sa bouche
　　　L'image du Sauveur.

Ses lèvres s'entr'ouvraient pour l'embrasser encore,
Mais son âme avait fui dans ce divin baiser,
Comme un léger parfum que la flamme dévore
　　　Avant de l'embraser.

Maintenant tout dormait sur sa bouche glacée,
Le souffle se taisait dans son sein endormi,
Et sur l'œil sans regard la paupière affaissée
　　　Retombait à demi.

Et moi, debout, saisi d'une terreur secrète,
Je n'osais m'approcher de ce reste adoré,
Comme si du trépas la majesté muette
　　　L'eût déjà consacré.

Je n'osais!... Mais le prêtre entendit mon silence,
Et, de ses doigts glacés prenant le crucifix:
"Voilà le souvenir, et voilà l'espérance:
　　　Emportez-les, mon fils!"

Oui, tu me resteras, ô funèbre héritage!
Sept fois, depuis ce jour, l'arbre que j'ai planté
Sur sa tombe sans nom a changé de feuillage:
　　　Tu ne m'as pas quitté.

Placé près de ce cœur, hélas! où tout s'efface,
Tu l'as contre le temps défendu de l'oubli,

Et mes yeux goutte à goutte ont imprimé leur trace
Sur l'ivoire amolli.

O dernier confident de l'âme qui s'envole,
Viens, reste sur mon cœur ! parle encore, et dis-moi
Ce qu'elle te disait quand sa faible parole
N'arrivait plus qu'à toi ;

A cette heure douteuse où l'âme recueillie,
Se cachant sous le voile épaissi sur nos yeux,
Hors de nos sens glacés pas à pas se replie,
Sourde aux derniers adieux ;

Alors qu'entre la vie et la mort incertaine,
Comme un fruit par son poids détaché du rameau,
Notre âme est suspendue et tremble à chaque halein
Sur la nuit du tombeau ;

Quand des chants, des sanglots la confuse harmonie
N'éveille déjà plus notre esprit endormi,
Aux lèvres du mourant collé dans l'agonie,
Comme un dernier ami :

Pour éclairer l'horreur de cet étroit passage,
Pour relever vers Dieu son regard abattu,
Divin consolateur, dont nous baisons l'image,
Réponds, que lui dis-tu ?

Tu sais, tu sais mourir ! et tes larmes divines,
Dans cette nuit terrible où tu prias en vain,
De l'olivier sacré baignèrent les racines
Du soir jusqu'au matin.

De la croix, où ton œil sonda ce grand mystère
Tu vis ta mère en pleurs et la nature en deuil ;
Tu laissas comme nous tes amis sur la terre,
Et ton corps au cercueil !

Au nom de cette mort, que ma faiblesse obtienne
De rendre sur ton sein ce douloureux soupir :
Quand mon heure viendra, souviens-toi de la tienne,
  O toi qui sais mourir !

Je chercherai la place où sa bouche expirante
Exhala sur tes pieds l'irrévocable adieu,
Et son âme viendra guider mon âme errante
  Au sein du même Dieu.

Ah ! puisse, puisse alors sur ma funèbre couche,
Triste et calme à la fois, comme un ange éploré,
Une figure en deuil recueillir sur ma bouche
  L'héritage sacré !

Soutiens ses derniers pas, charme sa dernière heure ;
Et, gage consacré d'espérance et d'amour,
De celui qui s'éloigne à celui qui demeure
  Passe ainsi tour à tour,

Jusqu'au jour où, des morts perçant la voûte sombre
Une voix dans le ciel, les appelant sept fois,
Ensemble éveillera ceux qui dorment à l'ombre
  De l'éternelle croix !

ADIEU A GRAZIELLA

A DIEU ! mot qu'une larme humecte sur la lèvre ;
  Mot qui finit la joie et qui tranche l'amour ;
Mot par qui le départ de délices nous sèvre ;
Mot que l'éternité doit effacer un jour !

Adieu !... Je t'ai souvent prononcé dans ma vie,
Sans comprendre, en quittant les êtres que j'aimais,
Ce que tu contenais de tristesse et de lie,
Quand l'homme dit : "Retour !" et que Dieu dit :
  " Jamais ! "

Mais aujourd'hui je sens que ma bouche prononce
Le mot qui contient tout, puisqu'il est plein de toi,
Qui tombe dans l'abîme, et qui n'a pour réponse
Que l'éternel silence entre une image et moi! ..

Et cependant mon cœur redit à chaque haleine
Ce mot qu'un sourd sanglot entrecoupe au milieu,
Comme si tous les sons dont la nature est pleine
N'avaient pour sens unique, hélas! qu'un grand adieu!

LES PRÉLUDES

O VALLONS paternels; doux champs; humble chaumière
Au bord penchant des bois suspendue aux coteaux,
Dont l'humble toit, caché sous des touffes de lierre,
        Ressemble au nid sous les rameaux;

Gazons entrecoupés de ruisseaux et d'ombrages;
Seuil antique où mon père, adoré comme un roi,
Comptait ses gras troupeaux rentrant des pâturages,
        Ouvrez-vous, ouvrez-vous! c'est moi!

Voilà du dieu des champs la rustique demeure.
J'entends l'airain frémir au sommet de ses tours;
Il semble que dans l'air une voix qui me pleure
        Me rappelle à mes premiers jours.

Oui, je reviens à toi, berceau de mon enfance,
Embrasser pour jamais tes foyers protecteurs.
Loin de moi les cités et leur vaine opulence!
        Je suis né parmi les pasteurs.

Enfant, j'aimais comme eux à suivre dans la plaine
Les agneaux pas à pas, égarés jusqu'au soir;
A revenir comme eux baigner leur blanche laine
        Dans l'eau courante du lavoir;

J'aimais à me suspendre aux lianes légères,
A gravir dans les airs de rameaux en rameaux,
Pour ravir, le premier, sous l'aile de leurs mères,
    Les tendres œufs des tourtereaux ;

J'aimais les voix du soir dans les airs répandues,
Le bruit lointain des chars gémissant sous leur poids,
Et le sourd tintement des cloches suspendues
    Au cou des chevreaux dans les bois.

Et depuis, exilé de ces douces retraites,
Comme un vase imprégné d'une première odeur,
Toujours, loin des cités, des voluptés secrètes
    Entraînaient mes yeux et mon cœur.

Beaux lieux, recevez-moi sous vos sacrés ombrages !
Vous qui couvrez le seuil de rameaux éplorés,
Saules contemporains, courbez vos longs feuillages
    Sur le frère que vous pleurez.

Reconnaissez mes pas, doux gazons que je foule,
Arbres que dans mes jeux j'insultais autrefois ;
Et toi qui loin de moi te cachais à la foule,
    Triste écho, réponds à ma voix.

Je ne viens pas traîner, dans vos riants asiles,
Les regrets du passé, les songes du futur :
J'y viens vivre, et, couché sous vos berceaux fertiles,
    Abriter mon repos obscur.

S'éveiller, le cœur pur, au réveil de l'aurore,
Pour bénir, au matin, le Dieu qui fait le jour ;
Voir les fleurs du vallon sous la rosée éclore,
    Comme pour fêter son retour ;

Respirer les parfums que la colline exhale,
Ou l'humide fraîcheur qui tombe des forêts ;

Voir onduler de loin l'haleine matinale
    Sur le sein flottant des guérets ;

Conduire la génisse à la source qu'elle aime,
Ou suspendre la chèvre au cytise embaumé,
Ou voir ses blancs taureaux venir tendre d'eux-même
    Leur front au joug accoutumé ;

Guider un soc tremblant dans le sillon qui crie,
Du pampre domestique émonder les berceaux,
Ou creuser mollement, au sein de la prairie,
    Les lits murmurants des ruisseaux ;

Le soir, assis en paix au seuil de la chaumière,
Tendre au pauvre qui passe un morceau de son pain,
Et, fatigué du jour, y fermer sa paupière
    Loin des soucis du lendemain ;

Sentir, sans les compter, dans leur ordre paisible,
Les jours suivre les jours, sans faire plus de bruit
Que ce sable léger dont la fuite insensible
    Nous marque l'heure qui s'enfuit ;

Voir de vos doux vergers sur vos fronts les fruits pendre,
Les fruits d'un chaste amour dans vos bras accourir,
Et, sur eux appuyé, doucement redescendre :
    C'est assez pour qui doit mourir.

HYMNE DE L'ENFANT A SON RÉVEIL

O PÈRE qu'adore mon père !
    Toi qu'on ne nomme qu'à genoux !
Toi, dont le nom terrible et doux
Fait courber le front de ma mère !

On dit que ce brillant soleil
N'est qu'un jouet de ta puissance ;

Que sous tes pieds il se balance
Comme une lampe de vermeil.

On dit que c'est toi qui fais naître
Les petits oiseaux, dans les champs,
Et qui donne aux petits enfants
Une âme aussi pour te connaître !

On dit que c'est toi qui produis
Les fleurs dont le jardin se pare,
Et que, sans toi, toujours avare,
Le verger n'aurait point de fruits.

Aux dons que ta bonté mesure
Tout l'univers est convié ;
Nul insecte n'est oublié
A ce festin de la nature.

L'agneau broute le serpolet,
La chèvre s'attache au cytise,
La mouche au bord du vase puise
Les blanches gouttes de mon lait !

L'alouette a la graine amère
Que laisse envoler le glaneur,
Le passereau suit le vanneur,
Et l'enfant s'attache à sa mère.

Et pour obtenir chaque don
Que chaque jour tu fais éclore,
A midi, le soir, à l'aurore,
Que faut-il ? prononcer ton nom !

O Dieu ! ma bouche balbutie
Ce nom des anges redouté.
Un enfant même est écouté
Dans le chœur qui te glorifie !

On dit qu'il aime à recevoir
Les vœux présentés par l'enfance,
A cause de cette innocence
Que nous avons sans le savoir.

On dit que leurs humbles louanges
A son oreille montent mieux ;
Que les anges peuplent les cieux,
Et que nous ressemblons aux anges !

Ah ! puisqu'il entend de si loin
Les vœux que notre bouche adresse,
Je veux lui demander sans cesse
Ce dont les autres ont besoin.

Mon Dieu, donne l'onde aux fontaines,
Donne la plume aux passereaux,
Et la laine aux petits agneaux,
Et l'ombre et la rosée aux plaines.

Donne au malade la santé,
Au mendiant le pain qu'il pleure,
A l'orphelin une demeure,
Au prisonnier la liberté.

Donne une famille nombreuse
Au père qui craint le Seigneur,
Donne à moi sagesse et bonheur,
Pour que ma mère soit heureuse !

Que je sois bon, quoique petit,
Comme cet enfant dans le temple,
Que chaque matin je contemple
Souriant au pied de mon lit.

Mets dans mon âme la justice,
Sur mes lèvres la vérité,

Qu'avec crainte et docilité
Ta parole en mon cœur mûrisse !

Et que ma voix s'élève à toi
Comme cette douce fumée
Que balance l'urne embaumée
Dans la main d'enfants comme moi !

LE PREMIER REGRET

SUR la plage sonore où la mer de Sorrente
   Déroule ses flots bleus, aux pieds de l'oranger,
Il est, près du sentier, sous la haie odorante,
Une pierre, petite, étroite, indifférente
      Aux pas distraits de l'étranger.

La giroflée y cache un seul nom sous ses gerbes,
Un nom que nul écho n'a jamais répété.
Quelquefois seulement le passant arrêté,
Lisant l'âge et la date en écartant les herbes
Et sentant dans ses yeux quelques larmes courir,
Dit : " Elle avait seize ans ; c'est bien tôt pour mourir !"

Mais pourquoi m'entraîner vers ces scènes passées ?
Laissons le vent gémir et le flot murmurer.
Revenez, revenez, ô mes tristes pensées !
      Je veux rêver, et non pleurer.

Dit : " Elle avait seize ans !"   Oui, seize ans ! et cet âge
N'avait jamais brillé sur un front plus charmant,
Et jamais tout l'éclat de ce brûlant rivage
Ne s'était réfléchi dans un œil plus aimant !
Moi seul je la revois, telle que la pensée
Dans l'âme, où rien ne meurt, vivante l'a laissée,
Vivante comme à l'heure où, les yeux sur les miens,
Prolongeant sur la mer nos premiers entretiens,

Ses cheveux noirs livrés au vent qui les dénoue,
Et l'ombre de la voile errante sur sa joue,
Elle écoutait le chant du nocturne pêcheur,
De la brise embaumée aspirait la fraîcheur,
Me montrait dans le ciel la lune épanouie
Comme une fleur des nuits dont l'aube est réjouie,
Et l'écume argentée, et me disait : " Pourquoi
Tout brille-t-il ainsi dans les airs et dans moi ?
Jamais ces champs d'azur semés de tant de flammes,
Jamais ces sables d'or où vont mourir les lames,
Ces monts dont les sommets tremblent au fond des cieux,
Ces golfes couronnés de bois silencieux,
Ces lueurs sur la côte, et ces chants sur les vagues,
N'avaient ému mes sens de voluptés si vagues !
Pourquoi comme ce soir n'ai-je jamais rêvé ?
Un astre dans mon cœur s'est-il aussi levé ?
Et toi, fils du matin, dis ! à ces nuits si belles
Les nuits de ton pays, sans moi, ressemblaient-elles ? "
Puis, regardant sa mère assise auprès de nous,
Posait pour s'endormir son front sur ses genoux.

Mais pourquoi m'entraîner vers ces scènes passées ?
Laissons le vent gémir et le flot murmurer.
Revenez, revenez, ô mes tristes pensées !
    Je veux rêver, et non pleurer.

Que son œil était pur, et sa lèvre candide !
Que son ciel inondait son âme de clarté !
Le beau lac de Némi, qu'aucun souffle ne ride,
A moins de transparence et de limpidité.
Dans cette âme, avant elle, on voyait ses pensées ;
Ses paupières jamais, sur ses beaux yeux baissées,
Ne voilaient son regard d'innocence rempli ;
Nul souci sur son front n'avait laissé son pli ;

Tout folâtrait en elle : et ce jeune sourire,
Qui plus tard sur la bouche avec tristesse expire,
Sur sa lèvre entr'ouverte était toujours flottant,
Comme un pur arc-en-ciel sur un jour éclatant.
Nulle ombre ne voilait ce ravissant visage,
Ce rayon n'avait pas traversé de nuage.
Son pas insouciant, indécis, balancé,
Flottait comme un flot libre où le jour est bercé,
Ou courait pour courir ; et sa voix argentine,
Écho limpide et pur de son âme enfantine,
Musique de cette âme où tout semblait chanter,
Égayait jusqu'à l'air qui l'entendait monter.

Mais pourquoi m'entraîner vers ces scènes passées ?
Laissons le vent gémir et le flot murmurer.
Revenez, revenez, ô mes tristes pensées !
　　　　Je veux rêver, et non pleurer.

Mon image en son cœur se grava la première,
Comme dans l'œil qui s'ouvre, au matin, la lumière ;
Elle ne regarda plus rien après ce jour :
De l'heure qu'elle aima, l'univers fut amour !
Elle me confondait avec sa propre vie,
Voyait tout dans mon âme ; et je faisais partie
De ce monde enchanté qui flottait sous ses yeux,
Du bonheur de la terre et de l'espoir des cieux.
Elle ne pensait plus au temps, à la distance,
L'heure seule absorbait toute son existence :
Avant moi, cette vie était sans souvenir,
Un soir de ces beaux jours était tout l'avenir !
Elle se confiait à la douce nature
Qui souriait sur nous, à la prière pure
Qu'elle allait, le cœur plein de joie et non de pleurs,
A l'autel qu'elle aimait répandre avec ses fleurs ;

Et sa main m'entraînait aux marches de son temple,
Et, comme un humble enfant, je suivais son exemple,
Et sa voix me disait tout bas : " Prie avec moi ;
Car je ne comprends pas le ciel même sans toi ! "

Mais pourquoi m'entraîner vers ces scènes passées ?
Laissons le vent gémir et le flot murmurer.
Revenez, revenez, ô mes tristes pensées !
    Je veux rêver, et non pleurer.

Voyez, dans son bassin, l'eau d'une source vive
S'arrondir comme un lac sous son étroite rive,
Bleue et claire, à l'abri du vent qui va courir
Et du rayon brûlant qui pourrait la tarir.
Un cygne blanc nageant sur la nappe limpide,
En y plongeant son cou qu'enveloppe la ride,
Orne sans le ternir le liquide miroir
Et s'y berce au milieu des étoiles du soir ;
Mais si, prenant son vol vers des sources nouvelles,
Il bat le flot tremblant de ses humides ailes,
Le ciel s'efface au sein de l'onde qui brunit,
La plume à blancs flocons y tombe et la ternit,
Comme si le vautour, ennemi de sa race,
De sa mort sur les flots avait semé la trace ;
Et l'azur éclatant de ce lac enchanté
N'est plus qu'une onde obscure où le sable a monté.
Ainsi, quand je partis, tout trembla dans cette âme ;
Le rayon s'éteignit, et sa mourante flamme
Remonta dans le ciel pour n'en plus revenir.
Elle n'attendit pas un second avenir,
Elle ne languit pas de doute en espérance,
Et ne disputa pas sa vie à la souffrance ;
Elle but d'un seul trait le vase de douleur,
Dans sa première larme elle noya son cœur ;

Et, semblable à l'oiseau, moins pur et moins beau qu'elle,
Qui le soir pour dormir met son cou sous son aile,
Elle s'enveloppa d'un muet désespoir,
Et s'endormit aussi ; mais, hélas ! loin du soir !

Mais pourquoi m'entraîner vers ces scènes passées ?
Laissons le vent gémir et le flot murmurer.
Revenez, revenez, ô mes tristes pensées !
    Je veux rêver, et non pleurer.

Elle a dormi quinze ans dans sa couche d'argile,
Et rien ne pleure plus sur son dernier asile ;
Et le rapide oubli, second linceul des morts,
A couvert le sentier qui menait vers ces bords.
Nul ne visite plus cette pierre effacée,
Nul n'y songe et n'y prie.... excepté ma pensée,
Quand, remontant le flot de mes jours révolus,
Je demande à mon cœur tous ceux qui n'y sont plus,
Et que, les yeux flottants sur de chères empreintes,
Je pleure dans mon ciel tant d'étoiles éteintes !
Elle fut la première, et sa douce lueur
D'un jour pieux et tendre éclaire encor mon cœur.

Mais pourquoi n'entraîner vers ces scènes passées ?
Laissons le vent gémir et le flot murmurer.
Revenez, revenez, ô mes tristes pensées !
    Je veux rêver, et non pleurer.

Un arbuste épineux, à la pâle verdure,
Est le seul monument que lui fit la nature :
Battu des vents de mer, du soleil calciné,
Comme un regret funèbre au cœur enraciné,
Il vit dans le rocher sans lui donner d'ombrage ;
La poudre du chemin y blanchit son feuillage ;
Il rampe près de terre, où ses rameaux penchés

Par la dent des chevreaux sont toujours retranchés ;
Une fleur, au printemps, comme un flocon de neige,
Y flotte un jour ou deux ; mais le vent qui l'assiège
L'effeuille avant qu'elle ait répandu son odeur,
Comme la vie, avant qu'elle ait charmé le cœur !
Un oiseau de tendresse et de mélancolie
S'y pose pour chanter sur le rameau qui plie.
Oh, dis ! fleur que la vie a fait si tôt flétrir !
N'est-il pas une terre où tout doit refleurir ?

Remontez, remontez à ces heures passées !
Vos tristes souvenirs m'aident à soupirer.
Allez où va mon âme, allez, ô mes pensées !
    Mon cœur est plein, je veux pleurer.

STANCES

ET j'ai dit dans mon cœur : Que faire de la vie ?
   Irai-je encor, suivant ceux qui m'ont devancé,
Comme l'agneau qui passe où sa mère a passé,
Imiter des mortels l'immortelle folie ?

L'un cherche sur les mers les trésors de Memnon,
Et la vague engloutit ses vœux et son navire ;
Dans le sein de la gloire où son génie aspire,
L'autre meurt enivré par l'écho d'un vain nom.

Avec nos passions formant sa vaste trame,
Celui-là fonde un trône, et monte pour tomber ;
Dans des pièges plus doux aimant à succomber,
Celui-ci lit son sort dans les yeux d'une femme.

Le paresseux s'endort dans les bras de la faim ;
Le laboureur conduit sa fertile charrue ;
Le savant pense et lit ; le guerrier frappe et tue ;
Le mendiant s'assied sur le bord du chemin.

Où vont-ils cependant ?   Ils vont où va la feuille
Que chasse devant lui le souffle des hivers.
Ainsi vont se flétrir dans leurs travaux divers
Ces générations que le temps sème et cueille.

Ils luttaient contre lui, mais le temps a vaincu :
Comme un fleuve engloutit le sable de ses rives,
Je l'ai vu dévorer leurs ombres fugitives,
Ils sont nés, ils sont morts : Seigneur, ont-ils vécu ?

Pour moi, je chanterai le Maître que j'adore,
Dans le bruit des cités, dans la paix des déserts,
Couché sur le rivage, ou flottant sur les mers,
Au déclin du soleil, au réveil de l'aurore.

La terre m'a crié : "Qui donc est le Seigneur ? "
Celui dont l'âme immense est partout répandue,
Celui dont un seul pas mesure l'étendue,
Celui dont le soleil emprunte sa splendeur,

Celui qui du néant a tiré la matière,
Celui qui sur le vide a fondé l'univers,
Celui qui sans rivage a renfermé les mers,
Celui qui d'un regard a lancé la lumière,

Celui qui ne connaît ni jour ni lendemain,
Celui qui de tout temps de soi-même s'enfante,
Qui vit dans l'avenir comme à l'heure présente,
Et rappelle les temps échappés de sa main :

C'est lui, c'est le Seigneur !... Que ma langue redise
Les cent noms de sa gloire aux enfants des mortels :
Comme la harpe d'or pendue à ses autels,
Je chanterai pour lui jusqu'à ce qu'il me brise...

LES RÉVOLUTIONS

MARCHEZ ! l'humanité ne vit pas d'une idée !
Elle éteint chaque soir celle qui l'a guidée,
Elle en allume une autre à l'immortel flambeau :
Comme ces morts vêtus de leur parure immonde,
Les générations emportent de ce monde
     Leurs vêtements dans le tombeau.

Là, c'est leurs dieux ; ici, les mœurs de leurs ancêtres,
Le glaive des tyrans, l'amulette des prêtres,
Vieux lambeaux, vils haillons de cultes ou de lois :
Et quand après mille ans dans leurs caveaux on fouille,
On est surpris de voir la risible dépouille
     De ce qui fut l'homme autrefois.

Robes, toges, turbans, tuniques, pourpre, bure,
Sceptres, glaives, faisceaux, haches, houlette, armure,
Symboles vermoulus fondent sous votre main,
Tour à tour au plus fort, au plus fourbe, au plus digne,
Et vous vous demandez vainement sous quel signe
     Monte ou baisse le genre humain.

Sous le vôtre, ô chrétiens ! L'homme en qui Dieu travaille
Change éternellement de formes et de taille :
Géant de l'avenir, à grandir destiné,
Il use en vieillissant ses vieux vêtements, comme
Des membres élargis font éclater sur l'homme
     Les langes où l'enfant est né.

L'humanité n'est pas le bœuf à courte haleine
Qui creuse à pas égaux son sillon dans la plaine

Et revient ruminer sur un sillon pareil :
C'est l'aigle rajeuni qui change son plumage,
Et qui monte affronter, de nuage en nuage,
    De plus hauts rayons du soleil.

Enfants de six mille ans qu'un peu de bruit étonne,
Ne vous troublez donc pas d'un mot nouveau qui tonne,
D'un empire éboulé, d'un siècle qui s'en va !
Que vous font les débris qui jonchent la carrière ?
Regardez en avant, et non pas en arrière :
    Le courant roule à Jéhovah !

Que dans vos cœurs étroits vos espérances vagues
Ne croulent pas sans cesse avec toutes les vagues :
Ces flots vous porteront, hommes de peu de foi !
Qu'importent bruit et vent, poussière et décadence,
Pourvu qu'au-dessus d'eux la haute Providence
    Déroule l'éternelle loi !

Vos siècles page à page épellent l'Évangile :
Vous n'y lisiez qu'un mot, et vous en lirez mille ;
Vos enfants plus hardis y liront plus avant !
Ce livre est comme ceux des sibylles antiques,
Dont l'augure trouvait les feuillets prophétiques
    Siècle à siècle arrachés au vent.

Dans la foudre et l'éclair votre Verbe aussi vole :
Montez à sa lueur, courez à sa parole,
Attendez sans effroi l'heure lente à venir,
Vous, enfants de celui qui, l'annonçant d'avance,
Du sommet d'une croix vit briller l'espérance
    Sur l'horizon de l'avenir !

Cet oracle sanglant chaque jour se révèle ;
L'esprit, en renversant, élève et renouvelle.

Passagers ballottés dans vos siècles flottants,
Vous croyez reculer sur l'océan des âges,
Et vous vous remontrez, après mille naufrages,
    Plus loin sur la route des temps !

Ainsi quand le vaisseau qui vogue entre deux mondes
A perdu tout rivage, et ne voit que les ondes
S'élever et crouler comme deux sombres murs ;
Quand le maître a brouillé les nœuds nombreux qu'il file,
Sur la plaine sans borne il se croit immobile
    Entre deux abîmes obscures.

" C'est toujours, se dit-il dans son cœur plein de doute,
Même onde que je vois, même bruit que j'écoute ;
Le flot que j'ai franchi revient pour me bercer ;
A les compter en vain mon esprit se consume,
C'est toujours de la vague, et toujours de l'écume :
    Les jours flottent sans avancer ! "

Et les jours et les flots semblent ainsi renaître,
Trop pareils pour que l'œil puisse les reconnaître,
Et le regard trompé s'use en les regardant ;
Et l'homme, que toujours leur ressemblance abuse,
Les brouille, les confond, les gourmande et t'accuse,
    Seigneur !... Ils marchent cependant !

Et quand sur cette mer, las de chercher sa route,
Du firmament splendide il explore la voûte,
Des astres inconnus s'y lèvent à ses yeux ;
Et, moins triste, aux parfums qui soufflent des rivages,
Au jour tiède et doré qui glisse des cordages,
    Il sent qu'il a changé de cieux.

Nous donc, si le sol tremble au vieux toit de nos pères,
Ensevelissons-nous sous des cendres si chères,

Tombons enveloppés de ces sacrés linceuls !
Mais ne ressemblons pas à ces rois d'Assyrie
Qui traînaient au tombeau femmes, enfants, patrie,
    Et ne savaient pas mourir seuls ;

Qui jetaient au bûcher, avant que d'y descendre,
Famille, amis, coursiers, trésors réduits en cendre,
Espoir ou souvenirs de leurs jours plus heureux,
Et, livrant leur empire et leurs dieux à la flamme,
Auraient voulu qu'aussi l'univers n'eût qu'une âme,
    Pour que tout mourût avec eux !

ALFRED DE VIGNY

LE COR

I.

J'AIME le son du cor, le soir, au fond des bois,
    Soit qu'il chante les pleurs de la biche aux abois,
Ou l'adieu du chasseur que l'écho faible accueille
Et que le vent du nord porte de feuille en feuille.

Que de fois, seul, dans l'ombre à minuit demeuré,
J'ai souri de l'entendre, et plus souvent pleuré !
Car je croyais ouïr de ces bruits prophétiques
Qui précédaient la mort des paladins antiques.

O montagnes d'azur ! ô pays adoré,
Rocs de la Frazona, cirque du Marboré,
Cascades qui tombez des neiges entraînées,
Sources, gaves, ruisseaux, torrents des Pyrénées ;

Monts gelés et fleuris, trônes des deux saisons,
Dont le front est de glace et le pied de gazons !
C'est là qu'il faut s'asseoir, c'est là qu'il faut entendre
Les airs lointains d'un cor mélancolique et tendre.

Souvent un voyageur, lorsque l'air est sans bruit,
De cette voix d'airain fait retentir la nuit ;
A ses chants cadencés autour de lui se mêle
L'harmonieux grelot du jeune agneau qui bêle.

Une biche attentive, au lieu de se cacher,
Se suspend immobile au sommet du rocher,
Et la cascade unit, dans une chute immense,
Son éternelle plainte aux chants de la romance.

Ames des chevaliers, revenez-vous encor ?
Est-ce vous qui parlez avec la voix du cor ?
Roncevaux ! Roncevaux ! dans ta sombre vallée
L'ombre du grand Roland n'est donc pas consolée ?

II.

Tous les preux étaient morts, mais aucun n'avait fui.
Il reste seul debout, Olivier près de lui ;
L'Afrique sur le mont l'entoure et tremble encore.
« Roland, tu vas mourir, rends-toi, criait le More ;

«Tous tes pairs sont couchés dans les eaux des torrents.»
Il rugit comme un tigre, et dit : « Si je me rends,
Africain, ce sera lorsque les Pyrénées
Sur l'onde avec leurs corps rouleront entraînées.

— Rends-toi donc, répond-il, ou meurs, car les voilà ; »
Et du plus haut des monts un grand rocher roula.
Il bondit, il roula jusqu'au fond de l'abime,
Et de ses pins, dans l'onde, il vint briser la cime.

« Merci ! cria Roland ; tu m'as fait un chemin.»
Et, jusqu'au pied des monts le roulant d'une main,
Sur le roc affermi comme un géant s'élance ;
Et, prête à fuir, l'armée à ce seul pas balance.

III.

Tranquilles cependant, Charlemagne et ses preux
Descendaient la montagne et se parlaient entre eux.
A l'horizon déjà, par leurs eaux signalées,
De Luz et d'Argelès se montraient les vallées.

L'armée applaudissait. Le luth du troubadour
S'accordait pour chanter les saules de l'Adour ;
Le vin français coulait dans la coupe étrangère ;
Le soldat, en riant, parlait à la bergère.

Roland gardait les monts : tous passaient sans effroi.
Assis nonchalamment sur un noir palefroi
Qui marchait revêtu de housses violettes,
Turpin disait, tenant les saintes amulettes :

" Sire, on voit dans le ciel des nuages de feu ;
Suspendez votre marche ; il ne faut tenter Dieu.
Par monsieur saint Denis ! certes ce sont des âmes
Qui passent dans les airs sur ces vapeurs de flammes.

" Deux éclairs ont relui, puis deux autres encor."
Ici l'on entendit le son lointain du cor.
L'empereur étonné, se jetant en arrière,
Suspend du destrier la marche aventurière.

" Entendez-vous ? dit-il. — Oui, ce sont des pasteurs
Rappelant les troupeaux épars sur les hauteurs,
Répondit l'archevêque, ou la voix étouffée
Du nain vert Obéron, qui parle avec sa fée."

Et l'empereur poursuit ; mais son front soucieux
Est plus sombre et plus noir que l'orage des cieux ;
Il craint la trahison, et, tandis qu'il y songe,
Le cor éclate et meurt, renaît et se prolonge.

" Malheur ! c'est mon neveu ! malheur ! car, si Roland
Appelle à son secours, ce doit être en mourant.
Arrière, chevaliers, repassons la montagne !
Tremble encor sous nos pieds, sol trompeur de l'Espagne !"

IV.

Sur le plus haut des monts s'arrêtent les chevaux ;
L'écume les blanchit ; sous leurs pieds, Roncevaux
Des feux mourants du jour à peine se colore.
A l'horizon lointain fuit l'étendard du More.

" Turpin, n'as-tu rien vu dans le fond du torrent ?
— J'y vois deux chevaliers : l'un mort, l'autre expirant.
Tous deux sont écrasés sous une roche noire ;
Le plus fort, dans sa main, élève un cor d'ivoire,
Son âme en s'exhalant nous appela deux fois."

Dieu ! que le son du cor est triste au fond des bois !

LA BOUTEILLE A LA MER

COURAGE, ô faible enfant de qui ma solitude
  Reçoit ces chants plaintifs, sans nom, que vous jetez
Sous mes yeux ombragés du camail de l'étude.
Oubliez les enfants par la mort arrêtés ;
Oubliez Chatterton, Gilbert et Malfilâtre ;
De l'œuvre d'avenir saintement idolâtre,
Enfin, oubliez l'homme en vous-même.— Écoutez :

Quand un grave marin voit que le vent l'emporte
Et que les mâts brisés pendent tous sur le pont,
Que dans son grand duel la mer est la plus forte

Et que par des calculs l'esprit en vain répond ;
Que le courant l'écrase et le roule en sa course,
Qu'il est sans gouvernail et, partant, sans ressource,
Il se croise les bras dans un calme profond.

Il voit les masses d'eau, les toise et les mesure,
Les méprise en sachant qu'il en est écrasé,
Soumet son âme au poids de la matière impure
Et se sent mort ainsi que son vaisseau rasé.
— A de certains moments, l'âme est sans résistance ;
Mais le penseur s'isole et n'attend d'assistance
Que de la forte foi dont il est embrasé.

Dans les heures du soir, le jeune Capitaine
A fait ce qu'il a pu pour le salut des siens.
Nul vaisseau n'apparaît sur la vague lointaine,
La nuit tombe, et le brick court aux rocs indiens.
— Il se résigne, il prie ; il se recueille, il pense
A celui qui soutient les pôles et balance
L'équateur hérissé des longs méridiens.

Son sacrifice est fait ; mais il faut que la terre
Recueille du travail le pieux monument.
C'est le journal savant, le calcul solitaire,
Plus rare que la perle et que le diamant ;
C'est la carte des flots faite dans la tempête,
La carte de l'écueil qui va briser sa tête :
Aux voyageurs futurs sublime testament.

Il écrit : "Aujourd'hui, le courant nous entraîne,
Désemparés, perdus, sur la Terre-de-Feu.
Le courant porte à l'est. Notre mort est certaine :
Il faut cingler au nord pour bien passer ce lieu.
— Ci-joint est mon journal, portant quelques études

Des constellations des hautes latitudes.
Qu'il aborde, si c'est la volonté de Dieu !"

Puis, immobile et froid, comme le cap des brumes
Qui sert de sentinelle au détroit Magellan,
Sombre comme ces rocs au front chargé d'écumes,
Ces pics noirs dont chacun porte un deuil castillan,
Il ouvre une Bouteille et la choisit très forte,
Tandis que son vaisseau que le courant emporte
Tourne en un cercle étroit comme un vol de milan.

Il tient dans une main cette vieille compagne,
Ferme, de l'autre main, son flanc noir et terni.
Le cachet porte encor le blason de Champagne,
De la mousse de Reims son col vert est jauni.
D'un regard, le marin en soi-même rappelle
Quel jour il assembla l'équipage autour d'elle,
Pour porter un grand toste au pavillon béni.

On avait mis en panne, et c'était grande fête ;
Chaque homme sur son mât tenait le verre en main ;
Chacun à son signal se découvrit la tête,
Et répondit d'en haut par un hourra soudain.
Le soleil souriant dorait les voiles blanches ;
L'air ému répétait ces voix mâles et franches,
Ce noble appel de l'homme à son pays lointain.

Après le cri de tous, chacun rêve en silence.
Dans la mousse d'Aï luit l'éclair d'un bonheur ;
Tout au fond de son verre il aperçoit la France.
La France est pour chacun ce qu'y laissa son cœur :
L'un y voit son vieux père assis au coin de l'âtre,
Comptant ses jours d'absence ; à la table du pâtre,
Il voit sa chaise vide à côté de sa sœur.

Un autre y voit Paris, où sa fille penchée
Marque avec les compas tous les souffles de l'air,
Ternit de pleurs la glace où l'aiguille est cachée,
Et cherche à ramener l'aimant avec le fer.
Un autre y voit Marseille.   Une femme se lève,
Court au port et lui tend un mouchoir de la grève,
Et ne sent pas ses pieds enfoncés dans la mer.

O superstition des amours ineffables,
Murmures de nos cœurs qui nous semblez des voix,
Calculs de la science, ô décevantes fables !
Pourquoi nous apparaître en un jour tant de fois ?
Pourquoi vers l'horizon nous tendre ainsi des pièges ?
Espérances roulant comme roulent les neiges ;
Globes toujours pétris et fondus sous nos doigts !

Où sont-ils à présent ? où sont ces trois cents braves ?
Renversés par le vent dans les courants maudits,
Aux harpons indiens ils portent pour épaves
Leurs habits déchirés sur leurs corps refroidis.
Les savants officiers, la hache à la ceinture,
Ont péri les premiers en coupant la mâture :
Ainsi, de ces trois cents, il n'en reste que dix !

Le capitaine encor jette un regard au pôle
Dont il vient d'explorer les détroits inconnus.
L'eau monte à ses genoux et frappe son épaule ;
Il peut lever au ciel l'un de ses deux bras nus.
Son navire est coulé, sa vie est révolue :
Il lance la Bouteille à la mer, et salue
Les jours de l'avenir qui pour lui sont venus.

Il sourit en songeant que ce fragile verre
Portera sa pensée et son nom jusqu'au port ;
Que d'une île inconnue il agrandit la terre ;

Qu'il marque un nouvel astre et le confie au sort ;
Que Dieu peut bien permettre à des eaux insensées
De perdre des vaisseaux, mais non pas des pensées ;
Et qu'avec un flacon il a vaincu la mort.

Tout est dit ! A présent, que Dieu lui soit en aide !
Sur le brick englouti l'onde a pris son niveau.
Au large flot de l'est le flot de l'ouest succède,
Et la Bouteille y roule en son vaste berceau.
Seule dans l'Océan la frêle passagère
N'a pas pour se guider une brise légère ;
Mais elle vient de l'arche et porte le rameau.
Les courants l'emportaient, les glaçons la retiennent
Et la couvrent des plis d'un épais manteau blanc.
Les noirs chevaux de mer la heurtent, puis reviennent
La flairer avec crainte, et passent en soufflant.
Elle attend que l'été, changeant ses destinées,
Vienne ouvrir le rempart des glaces obstinées,
Et vers la ligne ardente elle monte en roulant.

Un jour tout était calme et la mer Pacifique,
Par ses vagues d'azur, d'or et de diamant,
Renvoyait ses splendeurs au soleil du tropique.
Un navire y passait majestueusement ;
Il a vu la Bouteille aux gens de mer sacrée :
Il couvre de signaux sa flamme diaprée,
Lance un canot en mer et s'arrête un moment.

Mais on entend au loin le canon des Corsaires ;
Le Négrier va fuir s'il peut prendre le vent.
Alerte ! et coulez bas ces sombres adversaires !
Noyez or et bourreaux du couchant au levant !
La Frégate reprend ses canots et les jette
En son sein, comme fait la sarigue inquiète,
Et par voile et vapeur vole et roule en avant.

Seule dans l'Océan, seule toujours ! — Perdue
Comme un point invisible en un mouvant désert,
L'aventurière passe errant dans l'étendue,
Et voit tel cap secret qui n'est pas découvert.
Tremblante voyageuse à flotter condamnée,
Elle sent sur son col que depuis une année
L'algue et les goëmons lui font un manteau vert.

Un soir enfin, les vents qui soufflent des Florides
L'entraînent vers la France et ses bords pluvieux.
Un pêcheur accroupi sous des rochers arides
Tire dans ses filets le flacon précieux.
Il court, cherche un savant et lui montre sa prise,
Et, sans l'oser ouvrir, demande qu'on lui dise
Quel est cet élixir noir et mystérieux.

Quel est cet élixir ? Pêcheur, c'est la science,
C'est l'élixir divin que boivent les esprits,
Trésor de la pensée et de l'expérience ;
Et, si tes lourds filets, ô pêcheur, avaient pris
L'or qui toujours serpente aux veines du Mexique,
Les diamants de l'Inde et les perles d'Afrique,
Ton labeur de ce jour aurait eu moins de prix.

Regarde. — Quelle joie ardente et sérieuse !
Une gloire de plus luit dans la nation.
Le canon tout-puissant et la cloche pieuse
Font sur les toits tremblants bondir l'émotion.
Aux héros du savoir plus qu'à ceux des batailles
On va faire aujourd'hui de grandes funérailles.
Lis ce mot sur les murs : " Commémoration ! "

Souvenir éternel ! gloire à la découverte
Dans l'homme ou la nature égaux en profondeur,
Dans le Juste et le Bien, source à peine entr'ouverte,
Dans l'Art inépuisable, abime de splendeur !

Qu'importe oubli, morsure, injustice insensée,
Glaces et tourbillons de notre traversée ?
Sur la pierre des morts croît l'arbre de grandeur.

Cet arbre est le plus beau de la terre promise,
C'est votre phare à tous, Penseurs laborieux !
Voguez sans jamais craindre ou les flots ou la brise
Pour tout trésor scellé du cachet précieux.
L'or pur doit surnager, et sa gloire est certaine ;
Dites en souriant comme ce capitaine :
" Qu'il aborde, si c'est la volonté des dieux ! "

Le vrai Dieu, le Dieu fort est le Dieu des idées.
Sur nos fronts où le germe est jeté par le sort,
Répandons le Savoir en fécondes ondées ;
Puis, recueillant le fruit tel que de l'âme il sort,
Tout empreint des parfums des saintes solitudes,
Jetons l'œuvre à la mer, la mer des multitudes :
— Dieu la prendra du doigt pour la conduire au port.

VICTOR HUGO

LES DJINNS

Et come i gru van cantando lor lai
Facendo in aer di se lunga riga,
Cosi vid' io venir, traendo guai,
Ombre portate dalla detta briga.—DANTE.

Et comme les grues qui font dans l'air de longues files vont chantant
leur plainte, ainsi je vis venir traînant des gémissements des ombres
emportées par cette tempête.

M URS, ville,
　　Et port,
Asile
De mort,
Mer grise
Où brise
La brise,
Tout dort.

Dans la plaine
Naît un bruit.
C'est l'haleine
De la nuit.
Elle brame
Comme une âme
Qu'une flamme
Toujours suit.

La voix plus haute
Semble un grelot.
D'un nain qui saute
C'est le galop.
Il fuit, s'élance,
Puis en cadence
Sur un pied danse
Au bout d'un flot.

La rumeur approche,
L'écho la redit.
C'est comme la cloche
D'un couvent maudit,
Comme un bruit de foule
Qui tonne et qui roule,
Et tantôt s'écroule,
Et tantôt grandit.

Dieu ! la voix sépulcrale
Des Djinns ! Quel bruit ils font !
Fuyons sous la spirale
De l'escalier profond !
Déjà s'éteint ma lampe,
Et l'ombre de la rampe,
Qui le long du mur rampe,
Monte jusqu'au plafond.

Les Djinns

C'est l'essaim des Djinns qui passe
Et tourbillonne en sifflant.
Les ifs, que leur vol fracasse,
Craquent comme un pin brûlant.
Leur troupeau lourd et rapide,
Volant dans l'espace vide,
Semble un nuage livide
Qui porte un éclair au flanc.

Ils sont tout près ! — Tenons fermée
Cette salle où nous les narguons.
Quel bruit dehors ! Hideuse armée
De vampires et de dragons !
La poutre du toit descellée
Ploie ainsi qu'une herbe mouillée,
Et la vieille porte rouillée
Tremble à déraciner ses gonds.

Cris de l'enfer ! voix qui hurle et qui pleure !
L'horrible essaim, poussé par l'aquilon,
Sans doute, ô ciel ! s'abat sur ma demeure.
Le mur fléchit sous le noir bataillon.
La maison crie et chancelle penchée,
Et l'on dirait que, du sol arrachée,
Ainsi qu'il chasse une feuille séchée,
Le vent la roule avec leur tourbillon !

Prophète ! si ta main me sauve
De ces impurs démons des soirs,
J'irai prosterner mon front chauve
Devant tes sacrés encensoirs !
Fais que sur ces portes fidèles
Meure leur souffle d'étincelles,
Et qu'en vain l'ongle de leurs ailes
Grince et crie à ces vitraux noirs !

Ils sont passés ! — Leur cohorte
S'envole et fuit, et leurs pieds
Cessent de battre ma porte
De leurs coups multipliés.
L'air est plein d'un bruit de chaînes,
Et dans les forêts prochaines
Frissonnent tous les grands chênes,
Sous leur vol de feu pliés !

De leurs ailes lointaines
Le battement décroît,
Si confus dans les plaines,
Si faible, que l'on croit
Ouïr la sauterelle
Crier d'une voix grêle
Ou pétiller la grêle
Sur le plomb d'un vieux toit.

D'étranges syllabes
Nous viennent encor :
Ainsi, des arabes
Quand sonne le cor,
Un chant sur la grève
Par instants s'élève,
Et l'enfant qui rêve
Fait des rêves d'or.

Les Djinns funèbres,
Fils du trépas,
Dans les ténèbres
Pressent leurs pas ;
Leur essaim gronde :
Ainsi, profonde,
Murmure une onde
Qu'on ne voit pas.

Ce bruit vague
Qui s'endort,
C'est la vague
Sur le bord ;
C'est la plainte
Presque éteinte
D'une sainte
Pour un mort.

On doute
La nuit...
J'écoute :—
Tout fuit.
Tout passe ;
L'espace
Efface
Le bruit.

ATTENTE

Esperaba, desperada.

M ONTE, écureuil, monte au grand chêne,
 Sur la branche des cieux prochaine,
Qui plie et tremble comme un jonc.
Cigogne, aux vieilles tours fidèle,
Oh ! vole et monte à tire-d'aile
De l'église à la citadelle,
Du haut clocher au grand donjon.

Vieux aigle, monte de ton aire
A la montagne centenaire
Que blanchit l'hiver éternel.
Et toi qu'en ta couche inquiète

Jamais l'aube ne vit muette,
Monte, monte, vive alouette,
Vive alouette, monte au ciel.

Et maintenant, du haut de l'arbre,
Des flèches de la tour de marbre,
Du grand mont, du ciel enflammé,
A l'horizon, parmi la brume,
Voyez-vous flotter une plume,
Et courir un cheval qui fume,
Et revenir mon bien-aimé?

EXTASE

Et j'entendis une grande voix. Apocalypse.

J'ÉTAIS seul près des flots, par une nuit d'étoiles.
　Pas un nuage aux cieux, sur les mers pas de voiles.
Mes yeux plongeaient plus loin que le monde réel.
Et les bois, et les monts, et toute la nature,
Semblaient interroger dans un confus murmure
　　　Les flots des mers, les feux du ciel.

Et les étoiles d'or, légions infinies,
A voix haute, à voix basse, avec mille harmonies,
Disaient, en inclinant leurs couronnes de feu;
Et les flots bleus, que rien ne gouverne et n'arrête,
Disaient, en recourbant l'écume de leur crête:
　　　— C'est le Seigneur, le Seigneur Dieu!

LORSQUE L'ENFANT PARAÎT

LORSQUE l'enfant paraît, le cercle de famille
　Applaudit à grands cris.　Son doux regard qui brille
　　Fait briller tous les yeux,

Et les plus tristes fronts, les plus souillés peut-être,
Se dérident soudain à voir l'enfant paraître,
    Innocent et joyeux.

Soit que juin ait verdi mon seuil, ou que novembre
Fasse autour d'un grand feu vacillant dans la chambre
    Les chaises se toucher,
Quand l'enfant vient, la joie arrive et nous éclaire.
On rit, on se récrie, on l'appelle, et sa mère
    Tremble à le voir marcher.

Quelquefois nous parlons, en remuant la flamme,
De patrie et de Dieu, des poètes, de l'âme
    Qui s'élève en priant ;
L'enfant paraît, adieu le ciel et la patrie
Et les poètes saints ! la grave causerie
    S'arrête en souriant.

La nuit, quand l'homme dort, quand l'esprit rêve, à l'heure
Où l'on entend gémir, comme une voix qui pleure,
    L'onde entre les roseaux,
Si l'aube tout à coup là-bas luit comme un phare,
Sa clarté dans les champs éveille une fanfare
    De cloches et d'oiseaux.

Enfant, vous êtes l'aube et mon âme est la plaine
Qui des plus douces fleurs embaume son haleine
    Quand vous la respirez ;
Mon âme est la forêt dont les sombres ramures
S'emplissent pour vous seul de suaves murmures
    Et de rayons dorés.

Car vos beaux yeux sont pleins de douceurs infinies,
Car vos petites mains, joyeuses et bénies,
    N'ont point mal fait encor ;

Jamais vos jeunes pas n'ont touché notre fange,
Tête sacrée ! enfant aux cheveux blonds ! bel ange
    A l'auréole d'or !

Vous êtes parmi nous la colombe de l'arche.
Vos pieds tendres et purs n'ont point l'âge où l'on marche,
    Vos ailes sont d'azur.
Sans le comprendre encor vous regardez le monde.
Double virginité ! corps où rien n'est immonde,
    Ame où rien n'est impur !

Il est si beau, l'enfant, avec son doux sourire,
Sa douce bonne foi, sa voix qui veut tout dire,
    Ses pleurs vite apaisés,
Laissant errer sa vue étonnée et ravie,
Offrant de toutes parts sa jeune âme à la vie
    Et sa bouche aux baisers.

Seigneur ! préservez-moi, préservez ceux que j'aime,
Frères, parents, amis, et mes ennemis même
    Dans le mal triomphants,
De jamais voir, Seigneur, l'été sans fleurs vermeilles,
La cage sans oiseaux, la ruche sans abeilles,
    La maison sans enfants.

DANS L'ALCÔVE SOMBRE

Beau, frais, souriant d'aise à cette vie amère.—SAINTE-BEUVE.

DANS l'alcôve sombre,
    Près d'un humble autel,
L'enfant dort à l'ombre
Du lit maternel.
Tandis qu'il repose,
Sa paupière rose,
Pour la terre close,
S'ouvre pour le ciel.

Il fait bien des rêves.
Il voit par moments
Le sable des grèves
Plein de diamants,
Des soleils de flammes,
Et de belles dames
Qui portent des âmes
Dans leurs bras charmants.

Songe qui l'enchante !
Il voit des ruisseaux ;
Une voix qui chante
Sort du fond des eaux.
Ses sœurs sont plus belles ;
Son père est près d'elles ;
Sa mère a des ailes
Comme les oiseaux.

Il voit mille choses
Plus belles encor ;
Des lys et des roses
Plein le corridor ;
Des lacs de délice
Où le poisson glisse,
Où l'onde se plisse
A des roseaux d'or !

Enfant, rêve encore !
Dors, ô mes amours !
Ta jeune âme ignore
Où s'en vont tes jours.
Comme une algue morte
Tu vas, que t'importe ?
Le courant t'emporte,
Mais tu dors toujours !

Sans soin, sans étude,
Tu dors en chemin,
Et l'inquiétude
A la froide main,
De son ongle aride,
Sur ton front candide,
Qui n'a point de ride,
N'écrit pas : "Demain!"

Il dort, innocence!
Les anges sereins
Qui savent d'avance
Le sort des humains,
Le voyant sans armes,
Sans peur, sans alarmes,
Baisent avec larmes
Ses petites mains.

Leurs lèvres effleurent
Ses lèvres de miel.
L'enfant voit qu'ils pleurent
Et dit : "Gabriel!"
Mais l'ange le touche,
Et, berçant sa couche,
Un doigt sur sa bouche,
Lève l'autre au ciel!

Cependant sa mère,
Prompte à le bercer,
Croit qu'une chimère
Le vient oppresser!
Fière, elle l'admire,
L'entend qui soupire,
Et le fait sourire
Avec un baiser

NOUVELLE CHANSON SUR UN VIEIL AIR

S'IL est un charmant gazon
Que le ciel arrose,
Où brille en toute saison
Quelque fleur éclose,
Où l'on cueille à pleine main
Lys, chèvrefeuille et jasmin,
J'en veux faire le chemin
Où ton pied se pose.

S'il est un sein bien aimant
Dont l'honneur dispose,
Dont le ferme dévouement
N'ait rien de morose,
Si toujours ce noble sein
Bat pour un digne dessein,
J'en veux faire le coussin
Où ton front se pose !

S'il est un rêve d'amour
Parfumé de rose,
Où l'on trouve chaque jour
Quelque douce chose,
Un rêve que Dieu bénit,
Où l'âme à l'âme s'unit,
Oh ! j'en veux faire le nid
Où ton cœur se pose !

AUTRE CHANSON ˙

L'AUBE naît et ta porte est close ;
Ma belle, pourquoi sommeiller ?
A l'heure où s'éveille la rose
Ne vas-tu pas te réveiller ?

> O ma charmante,
> Écoute ici
> L'amant qui chante
> Et pleure aussi !

Tout frappe à ta porte bénie.
L'aurore dit : Je suis le jour !
L'oiseau dit : Je suis l'harmonie !
Et mon cœur dit : Je suis l'amour !

> O ma charmante,
> Écoute ici
> L'amant qui chante
> Et pleure aussi !

Je t'adore ange et t'aime femme.
Dieu qui par toi m'a complété
A fait mon amour pour ton âme
Et mon regard pour ta beauté.

> O ma charmante,
> Écoute ici
> L'amant qui chante
> Et pleure aussi !

PUISQU'ICI-BAS TOUTE AME

PUISQU'ICI-BAS toute âme
     Donne à quelqu'un
Sa musique, sa flamme,
     Ou son parfum ;

Puisqu'ici toute chose
     Donne toujours
Son épine ou sa rose
     A ses amours ;

Puisqu'avril donne aux chênes
    Un bruit charmant ;
Que la nuit donne aux peines
    L'oubli dormant ;

Puisque l'air à la branche
    Donne l'oiseau ;
Que l'aube à la pervenche
    Donne un peu d'eau ;

Puisque, lorsqu'elle arrive
    S'y reposer,
L'onde amère à la rive
    Donne un baiser ;

Je te donne à cette heure,
    Penché sur toi,
La chose la meilleure
    Que j'aie en moi !

Reçois donc ma pensée,
    Triste d'ailleurs,
Qui, comme une rosée,
    T'arrive en pleurs !

Reçois mes vœux sans nombre,
    O mes amours !
Reçois la flamme ou l'ombre
    De tous mes jours !

Mes transports pleins d'ivresses,
    Purs de soupçons,
Et toutes les caresses
    De mes chansons !

Mon esprit qui sans voile
Vogue au hasard,
Et qui n'a pour étoile
Que ton regard !

Ma muse que les heures
Bercent rêvant,
Qui, pleurant quand tu pleures,
Pleure souvent !

Reçois, mon bien céleste,
O ma beauté,
Mon cœur, dont rien ne reste,
L'amour ôté.

OCEANO NOX

OH ! combien de marins, combien de capitaines
Qui sont partis joyeux pour des courses lointaines,
Dans ce morne horizon se sont évanouis !
Combien ont disparu, dure et triste fortune !
Dans une mer sans fond, par une nuit sans lune,
Sous l'aveugle océan à jamais enfouis !

Combien de patrons morts avec leurs équipages !
L'ouragan de leur vie a pris toutes les pages,
Et d'un souffle il a tout dispersé sur les flots !
Nul ne saura leur fin dans l'abîme plongée.
Chaque vague en passant d'un butin s'est chargée ;
L'une a saisi l'esquif, l'autre les matelots !

Nul ne sait votre sort, pauvres têtes perdues !
Vous roulez à travers les sombres étendues,
Heurtant de vos fronts morts des écueils inconnus.
Oh ! que de vieux parents, qui n'avaient plus qu'un rêve,
Sont morts en attendant tous les jours sur la grève
Ceux qui ne sont pas revenus !

On s'entretient de vous parfois dans les veillées.
Maint joyeux cercle, assis sur des ancres rouillées,
Mêle encor quelque temps vos noms d'ombre couverts
Aux rires, aux refrains, aux récits d'aventures,
Aux baisers qu'on dérobe à vos belles futures,
Tandis que vous dormez dans les goëmons verts !

On demande :—Où sont-ils ? sont-ils rois dans quelque île ?
Nous ont-ils délaissés pour un bord plus fertile ?—
Puis votre souvenir même est enseveli.
Le corps se perd dans l'eau, le nom dans la mémoire.
Le temps, qui sur toute ombre en verse une plus noire,
Sur le sombre océan jette le sombre oubli.

Bientôt des yeux de tous votre ombre est disparue.
L'un n'a-t-il pas sa barque et l'autre sa charrue ?
Seules, durant ces nuits où l'orage est vainqueur,
Vos veuves aux fronts blancs, lasses de vous attendre,
Parlent encor de vous en remuant la cendre
      De leur foyer et de leur cœur !

Et quand la tombe enfin a fermé leur paupière,
Rien ne sait plus vos noms, pas même une humble pierre
Dans l'étroit cimetière où l'écho nous répond,
Pas même un saule vert qui s'effeuille à l'automne,
Pas même la chanson naïve et monotone
Que chante un mendiant à l'angle d'un vieux pont !

Où sont-ils, les marins sombrés dans les nuits noires ?
O flots, que vous savez de lugubres histoires !
Flots profonds redoutés des mères à genoux !
Vous vous les racontez en montant les marées,
Et c'est ce qui vous fait ces voix désespérées
Que vous avez le soir quand vous venez vers nous !

NUITS DE JUIN

L'ÉTE, lorsque le jour a fui, de fleurs couverte
 La plaine verse au loin un parfum enivrant ;
Les yeux fermés, l'oreille aux rumeurs entr'ouverte,
On ne dort qu'à demi d'un sommeil transparent.

Les astres sont plus purs, l'ombre paraît meilleure ;
Un vague demi-jour teint le dôme éternel ;
Et l'aube douce et pâle, en attendant son heure,
Semble toute la nuit errer au bas du ciel.

LA TOMBE DIT A LA ROSE

L A tombe dit à la rose :
 —Des pleurs dont l'aube t'arrose
Que fais-tu, fleur des amours ?
La rose dit à la tombe :
— Que fais-tu de ce qui tombe
Dans ton gouffre ouvert toujours ?

La rose dit : — Tombeau sombre,
De ces pleurs je fais dans l'ombre
Un parfum d'ambre et de miel.
La tombe dit : — Fleur plaintive,
De chaque âme qui m'arrive
Je fais un ange du ciel.

TRISTESSE D'OLYMPIO

L ES champs n'étaient point noirs, les cieux n'étaient pas
 mornes ;
Non, le jour rayonnait dans un azur sans bornes
 Sur la terre étendu,

L'air était plein d'encens et les prés de verdures,
Quand il revit ces lieux où par tant de blessures
     Son cœur s'est répandu.

L'automne souriait ; les coteaux vers la plaine
Penchaient leurs bois charmants qui jaunissaient à peine,
     Le ciel était doré ;
Et les oiseaux, tournés vers celui que tout nomme,
Disant peut-être à Dieu quelque chose de l'homme,
     Chantaient leur chant sacré.

Il voulut tout revoir, l'étang près de la source,
La masure où l'aumône avait vidé leur bourse,
     Le vieux frêne plié,
Les retraites d'amour au fond des bois perdues,
L'arbre où dans les baisers leurs âmes confondues
     Avaient tout oublié.

Il chercha le jardin, la maison isolée,
La grille d'où l'œil plonge en une oblique allée,
     Les vergers en talus.
Pâle, il marchait. — Au bruit de son pas grave et sombre
Il voyait à chaque arbre, hélas ! se dresser l'ombre
     Des jours qui ne sont plus.

Il entendait frémir dans la forêt qu'il aime
Ce doux vent qui, faisant tout vibrer en nous-même,
     Y réveille l'amour,
Et, remuant le chêne ou balançant la rose,
Semble l'âme de tout qui va sur chaque chose
     Se poser tour à tour.

Les feuilles qui gisaient dans le bois solitaire,
S'efforçant sous ses pas de s'élever de terre,
     Couraient dans le jardin ;

Ainsi, parfois, quand l'âme est triste, nos pensées
S'envolent un moment sur leurs ailes blessées,
    Puis retombent soudain.

Il contempla longtemps les formes magnifiques
Que la nature prend dans les champs pacifiques ;
    Il rêva jusqu'au soir ;
Tout le jour il erra le long de la ravine,
Admirant tour à tour le ciel, face divine,
    Le lac, divin miroir.

Hélas ! se rappelant ses douces aventures,
Regardant, sans entrer, par-dessus les clôtures,
    Ainsi qu'un paria,
Il erra tout le jour.   Vers l'heure où la nuit tombe,
Il se sentit le cœur triste comme une tombe,
    Alors il s'écria :

— "O douleur ! j'ai voulu, moi dont l'âme est troublée,
Savoir si l'urne encor conservait la liqueur,
Et voir ce qu'avait fait cette heureuse vallée
De tout ce que j'avais laissé là de mon cœur !

"Que peu de temps suffit pour changer toutes choses !
Nature au front serein, comme vous oubliez !
Et comme vous brisez dans vos métamorphoses
Les fils mystérieux où nos cœurs sont liés !

"Nos chambres de feuillage en halliers sont changées ;
L'arbre où fut notre chiffre est mort ou renversé ;
Nos roses dans l'enclos ont été ravagées
Par les petits enfants qui sautent le fossé.

"Un mur clôt la fontaine où, par l'heure échauffée,
Folâtre, elle buvait en descendant des bois ;
Elle prenait de l'eau dans sa main, douce fée,
Et laissait retomber des perles de ses doigts !

" On a pavé la route âpre et mal aplanie,
Où, dans le sable pur se dessinant si bien,
Et de sa petitesse étalant l'ironie,
Son pied charmant semblait rire à côté du mien.

" La borne du chemin, qui vit des jours sans nombre,
Où jadis pour m'attendre elle aimait à s'asseoir,
S'est usée en heurtant, lorsque la route est sombre,
Les grands chars gémissants qui reviennent le soir.

" La forêt ici manque et là s'est agrandie ...
De tout ce qui fut nous presque rien n'est vivant :
Et, comme un tas de cendre éteinte et refroidie,
L'amas des souvenirs se disperse à tout vent !

" N'existons-nous donc plus ? Avons-nous eu notre heure ?
Rien ne la rendra-t-il à nos cris superflus ?
L'air joue avec la branche au moment où je pleure ;
Ma maison me regarde et ne me connait plus.

" D'autres vont maintenant passer où nous passâmes.
Nous y sommes venus, d'autres vont y venir :
Et le songe qu'avaient ébauché nos deux âmes,
Ils le continueront sans pouvoir le finir !

" Car personne ici-bas ne termine et n'achève ;
Les pires des humains sont comme les meilleurs !
Nous nous réveillons tous au même endroit du rêve.
Tout commence en ce monde et tout finit ailleurs.

' Oui, d'autres à leur tour viendront, couples sans tache,
Puiser dans cet asile heureux, calme, enchanté,
Tout ce que la nature à l'amour qui se cache
Mêle de rêverie et de solennité !

" D'autres auront nos champs, nos sentiers, nos retraites.
Ton bois, ma bien-aimée, est à des inconnus.
D'autres femmes viendront, baigneuses indiscrètes,
Troubler le flot sacré qu'ont touché tes pieds nus.

" Quoi donc! c'est vainement qu'ici nous nous aimâmes!
Rien ne nous restera de ces coteaux fleuris
Où nous fondions notre être en y mêlant nos flammes!
L'impassible nature a déjà tout repris.

" Oh! dites-moi, ravins, frais ruisseaux, treilles mûres,
Rameaux chargés de nids, grottes, forêts, buissons,
Est-ce que vous ferez pour d'autres vos murmures?
Est-ce que vous direz à d'autres vos chansons?

" Nous vous comprenions tant! doux, attentifs, austères,
Tous nos échos s'ouvraient si bien à votre voix!
Et nous prêtions si bien, sans troubler vos mystères,
L'oreille aux mots profonds que vous dites parfois!

" Répondez, vallon pur, répondez, solitude,
O nature abritée en ce désert si beau,
Lorsque nous dormirons tous deux dans l'attitude
Que donne aux morts pensifs la forme du tombeau;

" Est-ce que vous serez à ce point insensible
De nous savoir couchés, morts avec nos amours,
Et de continuer votre fête paisible,
Et de toujours sourire et de chanter toujours?

" Est-ce que, nous sentant errer dans vos retraites,
Fantômes reconnus par vos monts et vos bois,
Vous ne nous direz pas de ces choses secrètes
Qu'on dit en revoyant des amis d'autrefois?

" Est-ce que vous pourrez, sans tristesse et sans plainte,
Voir nos ombres flotter où marchèrent nos pas,
Et la voir m'entraîner, dans une morne étreinte,
Vers quelque source en pleurs qui sanglote tout bas ?

" Et s'il est quelque part, dans l'ombre où rien ne veille,
Deux amants sous vos fleurs abritant leurs transports,
Ne leur irez-vous pas murmurer à l'oreille :
— Vous qui vivez, donnez une pensée aux morts ?

" Dieu nous prête un moment les prés et les fontaines,
Les grands bois frissonnants, les rocs profonds et sourds,
Et les cieux azurés et les lacs et les plaines,
Pour y mettre nos cœurs, nos rêves, nos amours ;

" Puis il nous les retire.   Il souffle notre flamme.
Il plonge dans la nuit l'antre où nous rayonnons,
Et dit à la vallée, où s'imprima notre âme,
D'effacer notre trace et d'oublier nos noms.

" Eh bien ! oubliez-nous, maison, jardin, ombrages ;
Herbe, use notre seuil ! ronce, cache nos pas !
Chantez, oiseaux ! ruisseaux, coulez ! croissez, feuillages !
Ceux que vous oubliez ne vous oublieront pas.

" Car vous êtes pour nous l'ombre de l'amour même,
Vous êtes l'oasis qu'on rencontre en chemin !
Vous êtes, ô vallon, la retraite suprême
Où nous avons pleuré nous tenant par la main !

"Toutes les passions s'éloignent avec l'âge,
L'une emportant son masque et l'autre son couteau,
Comme un essaim chantant d'histrions en voyage
Dont le groupe décroît derrière le coteau.

" Mais toi, rien ne t'efface, Amour ! toi qui nous charmes !
Toi qui, torche ou flambeau, luis dans notre brouillard !
Tu nous tiens par la joie, et surtout par les larmes ;
Jeune homme on te maudit, on t'adore vieillard.

" Dans ces jours où la tête au poids des ans s'incline,
Où l'homme, sans projets, sans but, sans visions,
Sent qu'il n'est déjà plus qu'une tombe en ruine
Où gisent ses vertus et ses illusions ;

" Quand notre âme en rêvant descend dans nos entrailles,
Comptant dans notre cœur, qu'enfin la glace atteint,
Comme on compte les morts sur un champ de batailles,
Chaque douleur tombée et chaque songe éteint,

" Comme quelqu'un qui cherche en tenant une lampe,
Loin des objets réels, loin du monde rieur,
Elle arrive à pas lents par une obscure rampe
Jusqu'au fond désolé du gouffre intérieur ;

" Et là, dans cette nuit qu'aucun rayon n'étoile,
L'âme, en un repli sombre où tout semble finir,
Sent quelque chose encor palpiter sous un voile... —
C'est toi qui dors dans l'ombre, ô sacré souvenir ! "

A QUOI BON ENTENDRE

A QUOI bon entendre
   Les oiseaux des bois ?
L'oiseau le plus tendre
Chante dans ta voix.

Que Dieu montre ou voile
Les astres des cieux !
La plus pure étoile
Brille dans tes yeux.

Qu'avril renouvelle
Le jardin en fleur !
La fleur la plus belle
Fleurit dans ton cœur.

Cet oiseau de flamme,
Cet astre du jour,
Cette fleur de l'âme,
S'appelle l'amour.

CHANSON

SI vous n'avez rien à me dire,
    Pourquoi venir auprès de moi ?
Pourquoi me faire ce sourire
Qui tournerait la tête au roi ?
Si vous n'avez rien à me dire,
Pourquoi venir auprès de moi ?

Si vous n'avez rien à m'apprendre,
Pourquoi me pressez-vous la main ?
Sur le rêve angélique et tendre,
Auquel vous songez en chemin,
Si vous n'avez rien à m'apprendre,
Pourquoi me pressez-vous la main ?

Si vous voulez que je m'en aille,
Pourquoi passez-vous par ici ?
Lorsque je vous vois, je tressaille,
C'est ma joie et c'est mon souci.
Si vous voulez que je m'en aille,
Pourquoi passez-vous par ici ?

QUAND NOUS HABITIONS TOUS ENSEMBLE

QUAND nous habitions tous ensemble
    Sur nos collines d'autrefois,
Où l'eau court, où le buisson tremble,
Dans la maison qui touche aux bois,

Elle avait dix ans, et moi trente ;
J'étais pour elle l'univers.
Oh ! comme l'herbe est odorante
Sous les arbres profonds et verts !

Elle faisait mon sort prospère,
Mon travail léger, mon ciel bleu.
Lorsqu'elle me disait : Mon père,
Tout mon cœur s'écriait : Mon Dieu !

A travers mes songes sans nombre,
J'écoutais son parler joyeux,
Et mon front s'éclairait dans l'ombre
A la lumière de ses yeux.

Elle avait l'air d'une princesse
Quand je la tenais par la main.
Elle cherchait des fleurs sans cesse
Et des pauvres dans le chemin.

Elle donnait comme on dérobe,
En se cachant aux yeux de tous.
Oh ! la belle petite robe
Qu'elle avait, vous rappelez-vous ?

Le soir, auprès de ma bougie,
Elle jasait à petit bruit,
Tandis qu'à la vitre rougie
Heurtaient les papillons de nuit.

Les anges se miraient en elle.
Que son bonjour était charmant !
Le ciel mettait dans sa prunelle
Ce regard qui jamais ne ment.

Oh ! je l'avais, si jeune encore,
Vue apparaître en mon destin !
C'était l'enfant de mon aurore,
Et mon étoile du matin !

Quand la lune claire et sereine
Brillait aux cieux, dans ces beaux mois,
Comme nous allions dans la plaine !
Comme nous courions dans les bois !

Puis, vers la lumière isolée
Étoilant le logis obscur,
Nous revenions par la vallée
En tournant le coin du vieux mur ;

Nous revenions, cœurs pleins de flamme,
En parlant des splendeurs du ciel.
Je composais cette jeune âme
Comme l'abeille fait son miel.

Doux ange aux candides pensées,
Elle était gaie en arrivant... —
Toutes ces choses sont passées
Comme l'ombre et comme le vent !

O SOUVENIRS ! PRINTEMPS ! AURORE !

O SOUVENIRS ! printemps ! aurore !
  Doux rayon triste et réchauffant !
— Lorsqu'elle était petite encore,
  Que sa sœur était tout enfant... —

Connaissez-vous sur la colline
Qui joint Montlignon à Saint-Leu,
Une terrasse qui s'incline
Entre un bois sombre et le ciel bleu?

C'est là que nous vivions. — Pénètre,
Mon cœur, dans ce passé charmant ! —
Je l'entendais sous ma fenêtre
Jouer le matin doucement.

Elle courait dans la rosée,
Sans bruit, de peur de m'éveiller ;
Moi, je n'ouvrais pas ma croisée,
De peur de la faire envoler.

Ses frères riaient ... — Aube pure !
Tout chantait sous ces frais berceaux,
Ma famille avec la nature,
Mes enfants avec les oiseaux !

Je toussais, on devenait brave.
Elle montait à petits pas,
Et me disait d'un air très grave :
J'ai laissé les enfants en bas.

Qu'elle fût bien ou mal coiffée,
Que mon cœur fût triste ou joyeux
Je l'admirais. C'était ma fée,
Et le doux astre de mes yeux !

Nous jouions toute la journée.
O jeux charmants ! chers entretiens !
Le soir, comme elle était l'aînée,
Elle me disait : — Père, viens !

Nous allons t'apporter ta chaise,
Conte-nous une histoire, dis ! —
Et je voyais rayonner d'aise
Tous ces regards du paradis.

Alors, prodiguant les carnages,
J'inventais un conte profond
Dont je trouvais les personnages
Parmi les ombres du plafond.

Toujours, ces quatre douces têtes
Riaient, comme à cet âge on rit,
De voir d'affreux géants très bêtes
Vaincus par des nains pleins d'esprit.

J'étais l'Arioste et l'Homère
D'un poème éclos d'un seul jet :
Pendant que je parlais, leur mère
Les regardait rire, et songeait.

Leur aïeul, qui lisait dans l'ombre,
Sur eux parfois levait les yeux,
Et moi, par la fenêtre sombre,
J'entrevoyais un coin des cieux !

DEMAIN, DÈS L'AUBE

DEMAIN, dès l'aube, à l'heure où blanchit la campagne,
   Je partirai. Vois-tu, je sais que tu m'attends.
J'irai par la forêt, j'irai par la montagne.
Je ne puis demeurer loin de toi plus longtemps.

Je marcherai les yeux fixés sur mes pensées,
Sans rien voir au dehors, sans entendre aucun bruit,
Seul, inconnu, le dos courbé, les mains croisées,
Triste, et le jour pour moi sera comme la nuit.

Je ne regarderai ni l'or du soir qui tombe,
Ni les voiles au loin descendant vers Harfleur,
Et quand j'arriverai, je mettrai sur ta tombe
Un bouquet de houx vert et de bruyère en fleur.

VENI, VIDI, VIXI

J'AI bien assez vécu, puisque dans mes douleurs
   Je marche sans trouver de bras qui me secourent,
Puisque je ris à peine aux enfants qui m'entourent,
Puisque je ne suis plus réjoui par les fleurs ;

Puisqu'au printemps, quand Dieu met la nature en fête,
J'assiste, esprit sans joie, à ce splendide amour ;
Puisque je suis à l'heure où l'homme fuit le jour,
Hélas ! et sent de tout la tristesse secrète ;

Puisque l'espoir serein dans mon âme est vaincu ;
Puisqu'en cette saison des parfums et des roses,
O ma fille ! j'aspire à l'ombre où tu reposes,
Puisque mon cœur est mort, j'ai bien assez vécu.

Je n'ai pas refusé ma tâche sur la terre.
Mon sillon ?   Le voilà.   Ma gerbe ?   La voici.
J'ai vécu souriant, toujours plus adouci,
Debout, mais incliné du côté du mystère.

J'ai fait ce que j'ai pu : j'ai servi, j'ai veillé,
Et j'ai vu bien souvent qu'on riait de ma peine.
Je me suis étonné d'être un objet de haine,
Ayant beaucoup souffert et beaucoup travaillé. .

Dans ce bagne terrestre où ne s'ouvre aucune aile,
Sans me plaindre, saignant, et tombant sur les mains,
Morne, épuisé, raillé par les forçats humains,
J'ai porté mon chaînon de la chaîne éternelle.

Maintenant mon regard ne s'ouvre qu'à demi :
Je ne me tourne plus même quand on me nomme ;
Je suis plein de stupeur et d'ennui, comme un homme
Qui se lève avant l'aube et qui n'a pas dormi.

Je ne daigne plus même, en ma sombre paresse,
Répondre à l'envieux dont la bouche me nuit.
O Seigneur ! ouvrez-moi les portes de la nuit,
Afin que je m'en aille et que je disparaisse !

LE CHANT DE CEUX QUI S'EN VONT SUR MER

(Air breton.)

ADIEU, patrie !
  L'onde est en furie.
Adieu, patrie,
  Azur !

Adieu, maison, treille au fruit mûr,
Adieu, les fleurs d'or du vieux mur !

  Adieu, patrie !
Ciel, forêt, prairie,
  Adieu, patrie,
    Azur !

  Adieu, patrie !
L'onde est en furie.
  Adieu, patrie,
    Azur !

Adieu, fiancée au front pur,
Le ciel est noir, le vent est dur.

  Adieu, patrie !
Lise, Anna, Marie !
  Adieu, patrie,
    Azur !

Adieu, patrie.
L'onde est en furie.
Adieu, patrie,
Azur !

Notre œil que voile un deuil futur
Va du flot sombre au sort obscur.

Adieu, patrie !
Pour toi mon cœur prie.
Adieu, patrie,
Azur !

LUNA

O FRANCE, quoique tu sommeilles,
  Nous t'appelons, nous, les proscrits !
Les ténèbres ont des oreilles,
Et les profondeurs ont des cris.

Le despotisme âpre et sans gloire
Sur les peuples découragés
Ferme la grille épaisse et noire
Des erreurs et des préjugés ;

Il tient sous clef l'essaim fidèle
Des fermes penseurs, des héros,
Mais l'Idée avec un coup d'aile
Écartera les durs barreaux,

Et, comme en l'an quatre-vingt-onze,
Reprendra son vol souverain ;
Car briser la cage de bronze,
C'est facile à l'oiseau d'airain.

L'obscurité couvre le monde,
Mais l'Idée illumine et luit ;
De sa clarté blanche elle inonde
Les sombres azurs de la nuit.

Elle est le fanal solitaire,
Le rayon providentiel.
Elle est la lampe de la terre
Qui ne peut s'allumer qu'au ciel.

Elle apaise l'âme qui souffre,
Guide la vie, endort la mort ;
Elle montre aux méchants le gouffre,
Elle montre aux justes le port.

En voyant dans la brume obscure
L'Idée, amour des tristes yeux,
Monter calme, sereine et pure,
Sur l'horizon mystérieux,

Les fanatismes et les haines
Rugissent devant chaque seuil
Comme hurlent les chiens obscènes
Quand apparaît la lune en deuil.

Oh ! contemplez l'Idée altière,
Nations ! son front surhumain
A, dès à présent, la lumière
Qui vous éclairera demain !

LE CHASSEUR NOIR

QU'ES-TU, passant ?   Le bois est sombre,
　　Les corbeaux volent en grand nombre,
　　　　Il va pleuvoir.
Je suis celui qui va dans l'ombre,
　　　　Le chasseur noir !

Les feuilles des bois, du vent remuées,
Sifflent... on dirait
Qu'un sabbat nocturne emplit de huées
Toute la forêt ;
Dans une clairière, au sein des nuées,
La lune apparaît.

Chasse le daim, chasse la biche,
Cours dans les bois, cours dans la friche,
Voici le soir.
Chasse le czar, chasse l'Autriche,
O chasseur noir !

Les feuilles des bois, etc.

Souffle en ton cor, boucle ta guêtre,
Chasse les cerfs qui viennent paître
Près du manoir.
Chasse le roi, chasse le prêtre,
O chasseur noir.

Les feuilles des bois, etc.

Il tonne, il pleut, c'est le déluge.
Le renard fuit, pas de refuge
Et pas d'espoir !
Chasse l'espion, chasse le juge,
O chasseur noir.

Les feuilles des bois, etc.

Tous les démons de saint Antoine
Bondissent dans la folle avoine
Sans t'émouvoir ;
Chasse l'abbé, chasse le moine,
O chasseur noir !

Les feuilles des bois, etc.

Chasse les ours ! Ta meute jappe.
Que pas un sanglier n'échappe !
    Fais ton devoir !
Chasse César, chasse le pape,
    O chasseur noir !

Les feuilles des bois, etc.

Le loup de ton sentier s'écarte.
Que ta meute à sa suite parte !
    Cours ! Fais-le choir !
Chasse le brigand Bonaparte,
    O chasseur noir !

Les feuilles des bois, du vent remuées,
    Tombent... on dirait
Que le sabbat sombre aux rauques huées
    A fui la forêt ;
Le clair chant du coq perce les nuées ;
    Ciel ! L'aube apparaît !

Tout reprend sa force première.
Tu redeviens la France altière
    Si belle à voir,
L'ange blanc vêtu de lumière,
    O chasseur noir !

Les feuilles des bois, du vent remuées,
    Tombent... on dirait
Que le sabbat sombre aux rauques huées
    A fui la forêt !
Le clair chant du coq perce les nuées ;
    Ciel ! L'aube apparaît !

LUX

TEMPS futurs! vision sublime!
    Les peuples sont hors de l'abîme.
Le désert morne est traversé.
Après les sables, la pelouse;
Et la terre est comme une épouse,
Et l'homme est comme un fiancé!

Oh! voyez! la nuit se dissipe.
Sur le monde qui s'émancipe,
Oubliant Césars et Capets,
Et sur les nations nubiles,
S'ouvrent dans l'azur, immobiles,
Les vastes ailes de la paix!

O libre France enfin surgie!
O robe blanche après l'orgie!
O triomphe après les douleurs!
Le travail bruit dans les forges,
Le ciel rit, et les rouges-gorges
Chantent dans l'aubépine en fleurs!

Les rancunes sont effacées;
Tous les cœurs, toutes les pensées,
Qu'anime le même dessin
Ne font plus qu'un faisceau superbe
Dieu prend pour lier cette gerbe
La vieille corde du tocsin.

Au fond des cieux un point scintille.
Regardez, il grandit, il brille,
Il approche, énorme et vermeil.
O République universelle,
Tu n'es encor que l'étincelle,
Demain tu seras le soleil.

ULTIMA VERBA

. . . .

OH ! tant qu'on le verra trôner, ce gueux, ce prince,
   Par le pape béni, monarque malandrin,
Dans une main le sceptre et dans l'autre la pince,
Charlemagne taillé par Satan dans Mandrin ;

Tant qu'il se vautrera, broyant dans ses mâchoires
Le serment, la vertu, l'honneur religieux,
Ivre, affreux, vomissant sa honte sur nos gloires ;
Tant qu'on verra cela sous le soleil des cieux ;

Quand même grandirait l'abjection publique
A ce point d'adorer l'exécrable trompeur ;
Quand même l'Angleterre et même l'Amérique
Diraient à l'exilé : — Va-t'en ! nous avons peur !

Quand même nous serions comme la feuille morte ;
Quand, pour plaire à César, on nous renîrait tous ;
Quand le proscrit devrait s'enfuir de porte en porte,
Aux hommes déchiré comme un haillon aux clous ;

Quand le désert, où Dieu contre l'homme proteste,
Bannirait les bannis, chasserait les chassés ;
Quand même, infâme aussi, lâche comme le reste,
Le tombeau jetterait dehors les trépassés ;

Je ne fléchirai pas ! Sans plainte dans la bouche,
Calme, le deuil au cœur, dédaignant le troupeau,
Je vous embrasserai dans mon exil farouche,
Patrie, ô mon autel ! liberté, mon drapeau !

Mes nobles compagnons, je garde votre culte ;
Bannis, la république est là qui nous unit.
J'attacherai la gloire à tout ce qu'on insulte ;
Je jetterai l'opprobre à tout ce qu'on bénit !

Je serai, sous le sac de cendre qui me couvre,
La voix qui dit : malheur ! la bouche qui dit : non !
Tandis que tes valets te montreront ton Louvre,
Moi, je te montrerai, César, ton cabanon.

Devant les trahisons et les têtes courbées,
Je croiserai les bras, indigné, mais serein.
Sombre fidélité pour les choses tombées,
Sois ma force et ma joie et mon pilier d'airain !

Oui, tant qu'il sera là, qu'on cède ou qu'on persiste,
O France ! France aimée et qu'on pleure toujours,
Je ne reverrai pas ta terre douce et triste,
Tombeau de mes aïeux et nid de mes amours !

Je ne reverrai pas ta rive qui nous tente,
France ! hors le devoir, hélas ! j'oublîrai tout.
Parmi les éprouvés je planterai ma tente.
Je resterai proscrit, voulant rester debout.

J'accepte l'âpre exil, n'eût-il ni fin ni terme,
Sans chercher à savoir et sans considérer
Si quelqu'un a plié qu'on aurait cru plus ferme,
Et si plusieurs s'en vont qui devraient demeurer.

Si l'on n'est plus que mille, eh bien, j'en suis ! Si même
Ils ne sont plus que cent, je brave encor Sylla ;
S'il en demeure dix, je serai le dixième ;
Et s'il n'en reste qu'un, je serai celui-là !

CHANSON

Proscrit, regarde les roses ;
  Mai joyeux, de l'aube en pleurs
Les reçoit toutes écloses ;
Proscrit, regarde les fleurs.

— Je pense
Aux roses que je semai.
Le mois de mai sans la France,
Ce n'est pas le mois de mai.

Proscrit, regarde les tombes ;
Mai, qui rit aux cieux si beaux,
Sous les baisers des colombes
Fait palpiter les tombeaux.

— Je pense
Aux yeux chers que je fermai.
Le mois de mai sans la France
Ce n'est pas le mois de mai.

Proscrit, regarde les branches,
Les branches où sont les nids ;
Mai les remplit d'ailes blanches
Et de soupirs infinis.

— Je pense
Aux nids charmants où j'aimai.
Le mois de mai sans la France,
Ce n'est pas le mois de mai.

EXIL

SI je pouvais voir, ô patrie,
  Tes amandiers et tes lilas,
Et fouler ton herbe fleurie,
        Hélas !

Si je pouvais, — mais ô mon père,
O ma mère, je ne peux pas, —
Prendre pour chevet votre pierre,
        Hélas !

Dans le froid cercueil qui vous gêne,
Si je pouvais vous parler bas,
Mon frère Abel, mon frère Eugène,
    Hélas !

Si je pouvais, ô ma colombe,
Et toi, mère, qui t'envolas,
M'agenouiller sur votre tombe,
    Hélas !

Oh ! vers l'étoile solitaire,
Comme je lèverais les bras !
Comme je baiserais la terre,
    Hélas !

Loin de vous, ô morts que je pleure,
Des flots noirs j'écoute le glas ;
Je voudrais fuir, mais je demeure,
    Hélas !

Pourtant le sort, caché dans l'ombre,
Se trompe si, comptant mes pas,
Il croit que le vieux marcheur sombre
    Est las.

SAISON DES SEMAILLES

LE SOIR

C'EST le moment crépusculaire.
    J'admire, assis sous un portail,
Ce reste de jour dont s'éclaire
La dernière heure du travail.

Dans les terres, de nuit baignées,
Je contemple, ému, les haillons
D'un vieillard qui jette à poignées
La moisson future aux sillons.

Sa haute silhouette noire
Domine les profonds labours.
On sent à quel point il doit croire
A la fuite utile des jours.

Il marche dans la plaine immense,
Va, vient, lance la graine au loin,
Rouvre sa main et recommence,
Et je médite, obscur témoin,

Pendant que, déployant ses voiles,
L'ombre, où se mêle une rumeur,
Semble élargir jusqu'aux étoiles
Le geste auguste du semeur.

UN HYMNE HARMONIEUX

UN hymne harmonieux sort des feuilles du tremble ;
    Les voyageurs craintifs, qui vont la nuit ensemble,
Haussent la voix dans l'ombre où l'on doit se hâter.
            Laissez tout ce qui tremble
                Chanter !

Les marins fatigués sommeillent sur le gouffre.
La mer bleue où Vésuve épand ses flots de soufre
Se tait dès qu'il s'éteint, et cesse de gémir.
            Laissez tout ce qui souffre
                Dormir !

Quand la vie est mauvaise on la rêve meilleure.
Les yeux en pleurs au ciel se lèvent à toute heure ;
L'espoir vers Dieu se tourne et Dieu l'entend crier.
            Laissez tout ce qui pleure
                Prier !

C'est pour renaître ailleurs qu'ici-bas on succombe.
Tout ce qui tourbillonne appartient à la tombe.
Il faut dans le grand tout tôt ou tard s'absorber.
Laissez tout ce qui tombe
Tomber!

PROMENADES DANS LES ROCHERS

I.

UN tourbillon d'écume, au centre de la baie,
Formé par de secrets et profonds entonnoirs,
Se berce mollement sur l'onde qu'il égaie,
Vasque immense d'albâtre au milieu des flots noirs.

Seigneur, que faites-vous de cette urne de neige?
Qu'y versez-vous dès l'aube et qu'en sort-il la nuit?
La mer lui jette en vain sa vague qui l'assiège,
Le nuage sa brume et l'ouragan son bruit.

L'orage avec son bruit, le flot avec sa fange,
Passent; le tourbillon, vénéré du pêcheur,
Reparaît, conservant, dans l'abîme où tout change,
Toujours la même place et la même blancheur.

Le pêcheur dit: "C'est là qu'en une onde bénie,
Les petits enfants morts, chaque nuit de Noël,
Viennent blanchir leur aile au souffle humain ternie,
Avant de s'envoler pour être anges au ciel."

Moi, je dis: "Dieu mit là cette coupe si pure,
Blanche en dépit des flots et des rochers penchants,
Pour être dans le sein de la grande nature,
La figure du juste au milieu des méchants."

II.

La mer donne l'écume et la terre le sable.
L'or se mêle à l'argent dans les plis du flot vert.
J'entends le bruit que fait l'éther infranchissable,
Bruit immense et lointain, de silence couvert.

Un enfant chante auprès de la mer qui murmure.
Rien n'est grand, ni petit. Vous avez mis, mon Dieu,
Sur la création et sur la créature
Les mêmes astres d'or et le même ciel bleu.

Notre sort est chétif ; nos visions sont belles.
L'esprit saisit le corps et l'enlève au grand jour.
L'homme est un point qui vole avec deux grandes ailes,
Dont l'une est la pensée et dont l'autre est l'amour.

Sérénité de tout ! majesté ! force et grâce !
La voile rentre au port et les oiseaux aux nids.
Tout va se reposer, et j'entends dans l'espace
Palpiter vaguement des baisers infinis.

Le vent courbe les joncs sur le rocher superbe,
Et de l'enfant qui chante il emporte la voix.
O vent ! que vous courbez à la fois de brins d'herbe
Et que vous emportez de chansons à la fois !

Qu'importe ! Ici tout berce, et rassure, et caresse.
Plus d'ombre dans le cœur ! plus de soucis amers !
Une ineffable paix monte et descend sans cesse
Du bleu profond de l'âme au bleu profond des mers.

III.

Le soleil déclinait ; le soir prompt à le suivre
Brunissait l'horizon ; sur la pierre d'un champ,
Un vieillard, qui n'a plus que peu de temps à vivre,
S'était assis pensif, tourné vers le couchant.

C'était un vieux pasteur, berger dans la montagne,
Qui jadis, jeune et pauvre, heureux, libre et sans lois,
A l'heure où le mont fuit sous l'ombre qui le gagne,
Faisait gaîment chanter sa flûte dans les bois.

Maintenant riche et vieux, l'âme du passé pleine,
D'une grande famille aïeul laborieux,
Tandis que ses troupeaux revenaient dans la plaine,
Détaché de la terre, il contemplait les cieux.

Le jour qui va finir vaut le jour qui commence.
Le vieux penseur rêvait sous cet azur si beau.
L'Océan devant lui se prolongeait, immense,
Comme l'espoir du juste aux portes du tombeau.

O moment solennel! les monts, la mer farouche,
Les vents faisaient silence et cessaient leur clameur.
Le vieillard regardait le soleil qui se couche;
Le soleil regardait le vieillard qui se meurt.

IV.

Dieu! que les monts sont beaux avec ces taches d'ombre!
Que la mer a de grâce et le ciel de clarté!
De mes jours passagers que m'importe le nombre!
Je touche l'infini, je vois l'éternité.

Orages! passions! taisez-vous dans mon âme!
Jamais si près de Dieu mon cœur n'a pénétré.
Le couchant me regarde avec ses yeux de flamme,
La vaste mer me parle, et je me sens sacré.

Béni soit qui me hait et béni soit qui m'aime!
A l'amour, à l'esprit donnons tous nos instants.
Fou qui poursuit la gloire ou qui creuse un problème!
Moi, je ne veux qu'aimer, car j'ai si peu de temps!

L'étoile sort des flots où le soleil se noie ;
Le nid chante ; la vague à mes pieds retentit ;
Dans toute sa splendeur le soleil se déploie.
Mon Dieu, que l'âme est grande et que l'homme est petit !

Tous les objets créés, feu qui luit, mer qui tremble,
Ne savent qu'à demi le grand nom du Très-Haut.
Ils jettent vaguement des sons que seul j'assemble ;
Chacun dit sa syllabe, et moi je dis le mot.

Ma voix s'élève aux cieux, comme la tienne, abîme !
Mer, je rêve avec toi ! Monts, je prie avec vous !
La nature est l'encens, pur, éternel, sublime ;
Moi je suis l'encensoir intelligent et doux.

BRIZEUX

LE LIVRE BLANC

J'ENTRAIS dans mes seize ans, léger de corps et d'âme,
Mes cheveux entouraient mon front d'un filet d'or,
Tout mon être était vierge et pourtant plein de flamme,
Et vers mille bonheurs je tentais mon essor.

Lors m'apparut mon ange, aimante créature ;
Un beau livre brillait sur sa robe de lin,
Livre blanc ; chaque feuille était unie et pure :
"C'est à toi, me dit-il, d'en remplir le vélin.

" Tâche de n'y laisser aucune page vide,
Que l'an, le mois, le jour, attestent ton labeur.
Point de ligne surtout et tremblante et livide
Que l'œil fuit, que la main ne tourne qu'avec peur.

" Fais une histoire calme et doucement suivie ;
Pense, chaque matin, à la page du soir :
Vieillard, tu souriras au livre de ta vie,
Et Dieu te sourira lui-même en ton miroir."

AUGUSTE BARBIER

L'IDOLE

O CORSE à cheveux plats ! que ta France était belle
　　Au grand soleil de messidor !
C'était une cavale indomptable et rebelle,
　　Sans freins d'acier ni rênes d'or ;
Une jument sauvage à la croupe rustique,
　　Fumante encor du sang des rois,
Mais fière, et d'un pied fort heurtant le sol antique,
　　Libre pour la première fois.
Jamais aucune main n'avait passé sur elle
　　Pour la flétrir et l'outrager ;
Jamais ses larges flancs n'avaient porté la selle
　　Et le harnais de l'étranger ;
Tout son poil était vierge, et, belle vagabonde,
　　L'œil haut, la croupe en mouvement,
Sur ses jarrets dressée, elle effrayait le monde
　　Du bruit de son hennissement.
Tu parus, et sitôt que tu vis son allure,
　　Ses reins si souples et dispos,
Centaure impétueux, tu pris sa chevelure,
　　Tu montas botté sur son dos.
Alors, comme elle aimait les rumeurs de la guerre,
　　La poudre, les tambours battants,
Pour champ de course, alors, tu lui donnas la terre
　　Et des combats pour passe-temps :
Alors, plus de repos, plus de nuits, plus de sommes ;
　　Toujours l'air, toujours le travail,
Toujours comme du sable écraser des corps d'hommes,
　　Toujours du sang jusqu'au poitrail ;

Quinze ans son dur sabot, dans sa course rapide,
　　Broya les générations ;
Quinze ans elle passa, fumante, à toute bride,
　　Sur le ventre des nations ;
Enfin, lasse d'aller sans finir sa carrière,
　　D'aller sans user son chemin,
De pétrir l'univers, et comme une poussière
　　De soulever le genre humain ;
Les jarrets épuisés, haletante et sans force,
　　Près de fléchir à chaque pas,
Elle demanda grâce à son cavalier corse ;
　　Mais, bourreau, tu n'écoutas pas !
Tu la pressas plus fort de ta cuisse nerveuse ;
　　Pour étouffer ses cris ardents,
Tu retournas le mors dans sa bouche baveuse,
　　De fureur tu brisas ses dents ;
Elle se releva : mais un jour de bataille,
　　Ne pouvant plus mordre ses freins,
Mourante, elle tomba sur un lit de mitraille
　　Et du coup te cassa les reins.

MME. D'AGOULT

L'ADIEU

NON, tu n'entendras pas, de ta lèvre trop fière,
　　Dans l'adieu déchirant un reproche, un regret,
Nul trouble, nul remords pour ton âme légère
　　En cet adieu muet.

Tu croiras qu'elle aussi, d'un vain bruit enivrée,
Et des larmes d'hier oublieuse demain,
Elle a d'un ris moqueur rompu la foi jurée
　　Et passé son chemin ;

Et tu ne sauras pas qu'implacable et fidèle,
Pour un sombre voyage elle part sans retour,
Et qu'en fuyant l'amant, dans la nuit éternelle
Elle emporte l'amour.

ARVERS
UN SECRET

MON âme a son secret, ma vie a son mystère :
  Un amour éternel en un moment conçu.
Le mal est sans espoir, aussi j'ai dû le taire,
Et celle qui l'a fait n'en a jamais rien su.

Hélas ! j'aurai passé près d'elle inaperçu,
Toujours à ses côtés et toujours solitaire ;
Et j'aurai jusqu'au bout fait mon temps sur la terre,
N'osant rien demander et n'ayant rien reçu.

Pour elle, quoique Dieu l'ait faite douce et tendre,
Elle suit son chemin, distraite et sans entendre
Ce murmure d'amour élevé sur ses pas.

A l'austère devoir pieusement fidèle,
Elle dira, lisant ces vers tout remplis d'elle :
" Quelle est donc cette femme ?" et ne comprendra pas.

GÉRARD DE NERVAL
FANTASIE

IL est un air pour qui je donnerais
  Tout Rossini, tout Mozart, tout Weber,
Un air très vieux, languissant et funèbre,
Qui pour moi seul a des charmes secrets.

Or, chaque fois que je viens à l'entendre,
De deux cents ans mon âme rajeunit ;
C'est sous Louis treize . . . et je crois voir s'étendre
Un coteau vert que le couchant jaunit.

Puis un château de brique à coins de pierres,
Aux vitraux teints de rougeâtres couleurs,
Ceint de grands parcs, avec une rivière
Baignant ses pieds, qui coule entre les fleurs.

Puis une dame à sa haute fenêtre,
Blonde, aux yeux noirs, en ses habits anciens . . .
Que dans une autre existence, peut-être,
J'ai déjà vue ! . . . et dont je me souviens.

VERS DORÉS

HOMME, libre penseur ! te crois-tu seul pensant
   Dans ce monde où la vie éclate en toute chose ?
Des forces que tu tiens ta liberté dispose,
Mais de tous tes conseils l'univers est absent.

Respecte dans la bête un esprit agissant.
Chaque fleur est une âme à la nature éclose ;
Un mystère d'amour dans le métal repose.
" Tout est sensible ! " et tout sur ton être est puissant.

Crains, dans le mur aveugle, un regard qui t'épie ;
A la matière même un verbe est attaché . . .
Ne le fais pas servir à quelque usage impie !

Souvent, dans l'être obscur habite un Dieu caché ;
Et comme un œil naissant couvert par ses paupières,
Un pur esprit s'accroît sous l'écorce des pierres.

HÉGÉSIPPE MOREAU

LA FERMIÈRE

AMOUR à la fermière ! elle est
   Si gentille et si douce !
C'est l'oiseau des bois qui se plaît
   Loin du bruit dans la mousse.

Vieux vagabond qui tends la main,
    Enfant pauvre et sans mère,
Puissiez-vous trouver en chemin
    La ferme et la fermière !

De l'escabeau vide au foyer,
    Là, le pauvre s'empare,
Et le grand bahut de noyer
    Pour lui n'est point avare ;
C'est là qu'un jour je vins m'asseoir,
    Les pieds blancs de poussière ;
Un jour . . . puis en marche ! et bonsoir,
    La ferme et la fermière !

Mon seul beau jour a dû finir,
    Finir dès son aurore ;
Mais pour moi ce doux souvenir
    Est du bonheur encore :
En fermant les yeux, je revois
    L'enclos plein de lumière,
La haie en fleur, le petit bois,
    La ferme et la fermière !

Si Dieu, comme notre curé
    Au prône le répète,
Paie un bienfait (même égaré),
    Ah ! qu'il songe à ma dette !
Qu'il prodigue au vallon les fleurs,
    La joie à la chaumière,
Et garde des vents et des pleurs
    La ferme et la fermière !

Chaque hiver, qu'un groupe d'enfants
    A son fuseau sourie,
Comme les anges aux fils blancs
    De la Vierge Marie ;

Que tous, par la main, pas à pas,
  Guidant un petit frère,
Réjouissent de leurs ébats
  La ferme et la fermière !

ENVOI.

Ma chansonnette, prends ton vol !
  Tu n'es qu'un faible hommage ;
Mais qu'en avril le rossignol
  Chante, et la dédommage ;
Qu'effrayé par ses chants d'amour,
  L'oiseau du cimetière
Longtemps, longtemps, se taise pour
  La ferme et la fermière !

ALFRED DE MUSSET

AU LECTEUR

CE livre est toute ma jeunesse ;
  Je l'ai fait sans presque y songer.
Il y paraît, je le confesse,
Et j'aurais pu le corriger.

Mais quand l'homme change sans cesse,
Au passé pourquoi rien changer ?
Va-t'en, pauvre oiseau passager ;
Que Dieu te mène à ton adresse !

Qui que tu sois, qui me liras,
Lis-en le plus que tu pourras,
Et ne me condamne qu'en somme.

Mes premiers vers sont d'un enfant,
Les seconds d'un adolescent,
Les derniers à peine d'un homme.

STANCES

QUE j'aime à voir, dans la vallée
    Désolée,
Se lever comme un mausolée
Les quatre ailes d'un noir moutier !
Que j'aime à voir, près de l'austère
    Monastère,
Au seuil du baron feudataire,
La croix blanche et le bénitier !

Vous, des antiques Pyrénées
    Les aînées,
Vieilles églises décharnées,
Maigres et tristes monuments,
Vous que le temps n'a pu dissoudre,
    Ni la foudre,
De quelques grands monts mis en poudre
N'êtes-vous pas les ossements ?

J'aime vos tours à tête grise,
    Où se brise
L'éclair qui passe avec la brise.
J'aime vos profonds escaliers
Qui, tournoyant dans les entrailles
    Des murailles,
A l'hymne éclatant des ouailles
Font répondre tous les piliers !

Oh ! lorsque l'ouragan qui gagne
    La campagne,
Prend par les cheveux la montagne,
Que le temps d'automne jaunit,
Que j'aime, dans le bois qui crie
    Et se plie,

Les vieux clochers de l'abbaye,
Comme deux arbres de granit !

Que j'aime à voir dans les vesprées
        Empourprées,
Jaillir en veines diaprées
Les rosaces d'or des couvents !
Oh ! que j'aime, aux voûtes gothiques
        Des portiques,
Les vieux saints de pierre athlétiques
Priant tout bas pour les vivants !

LA NUIT DE MAI

LA MUSE.

POÈTE, prends ton luth et me donne un baiser ;
    La fleur de l'églantier sent ses bourgeons éclore.
Le printemps naît ce soir ; les vents vont s'embraser ;
Et la bergeronnette, en attendant l'aurore,
Aux premiers buissons verts commence à se poser.
Poète, prends ton luth, et me donne un baiser.

LE POÈTE.

Comme il fait noir dans la vallée !
J'ai cru qu'une forme voilée
Flottait là-bas sur la forêt.
Elle sortait de la prairie ;
Son pied rasait l'herbe fleurie ;
C'est une étrange rêverie ;
Elle s'efface et disparaît.

LA MUSE.

Poète, prends ton luth ; la nuit, sur la pelouse,
Balance le zéphyr dans son voile odorant.
La rose, vierge encor, se referme jalouse
Sur le frelon nacré qu'elle enivre en mourant.

Écoute ! tout se tait ; songe à ta bien-aimée.
Ce soir, sous les tilleuls, à la sombre ramée
Le rayon du couchant laisse un adieu plus doux.
Ce soir, tout va fleurir : l'immortelle nature
Se remplit de parfums, d'amour et de murmure
Comme le lit joyeux de deux jeunes époux.

LE POÈTE.

Pourquoi mon cœur bat-il si vite ?
Qu'ai-je donc en moi qui s'agite
Dont je me sens épouvanté ?
Ne frappe-t-on pas à ma porte ?
Pourquoi ma lampe à demi morte
M'éblouit-elle de clarté ?
Dieu puissant ! tout mon corps frissonne.
Qui vient ? qui m'appelle ?—Personne.
Je suis seul ; c'est l'heure qui sonne ;
O solitude ! ô pauvreté !

LA MUSE.

Poète, prends ton luth ; le vin de la jeunesse
Fermente cette nuit dans les veines de Dieu.
Mon sein est inquiet ; la volupté l'oppresse,
Et les vents altérés m'ont mis la lèvre en feu.
O paresseux enfant ! regarde, je suis belle.
Notre premier baiser, ne t'en souviens-tu pas,
Quand je te vis si pâle au toucher de mon aile,
Et que, les yeux en pleurs, tu tombas dans mes bras ?
Ah ! je t'ai consolé d'une amère souffrance !
Hélas ! bien jeune encor, tu te mourais d'amour.
Console-moi ce soir, je me meurs d'espérance :
J'ai besoin de prier pour vivre jusqu'au jour.

LE POÈTE.

Est-ce toi dont la voix m'appelle,
O ma pauvre Muse ! est-ce toi ?
O ma fleur ! ô mon immortelle !
Seul être pudique et fidèle
Où vive encor l'amour de moi !
Oui, te voilà, c'est toi, ma blonde,
C'est toi, ma maîtresse et ma sœur !
Et je sens, dans la nuit profonde,
De ta robe d'or qui m'inonde
Les rayons glisser dans mon cœur.

LA MUSE.

Poète, prends ton luth ; c'est moi, ton immortelle,
Qui t'ai vu cette nuit triste et silencieux,
Et qui, comme un oiseau que sa couvée appelle,
Pour pleurer avec toi descends du haut des cieux.
Viens, tu souffres, ami. Quelque ennui solitaire
Te ronge, quelque chose a gémi dans ton cœur ;
Quelque amour t'est venu, comme on en voit sur terre,
Une ombre de plaisir, un semblant de bonheur.
Viens, chantons devant Dieu ; chantons dans tes pensées ;
Dans tes plaisirs perdus, dans tes peines passées ;
Partons, dans un baiser, pour un monde inconnu.
Éveillons au hasard les échos de ta vie,
Parlons-nous de bonheur, de gloire et de folie,
Et que ce soit un rêve, et le premier venu.
Inventons quelque part des lieux où l'on oublie ;
Partons, nous sommes seuls, l'univers est à nous.
Voici la verte Écosse et la brune Italie,
Et la Grèce, ma mère, où le miel est si doux,
Argos, et Ptéléon, ville des hécatombes,
Et Messa, la divine, agréable aux colombes ;
Et le front chevelu du Pélion changeant ;

Et le bleu Titarèse, et le golfe d'argent
Qui montre dans ses eaux, où le cygne se mire,
La blanche Oloossone à la blanche Camyre.
Dis-moi, quel songe d'or nos chants vont-ils bercer ?
D'où vont venir les pleurs que nous allons verser ?
Ce matin, quand le jour a frappé ta paupière,
Quel séraphin pensif, courbé sur ton chevet,
Secouait des lilas dans sa robe légère,
Et te contait tout bas les amours qu'il rêvait ?
Chanterons-nous l'espoir, la tristesse ou la joie ?
Tremperons-nous de sang les bataillons d'acier ?
Suspendrons-nous l'amant sur l'échelle de soie ?
Jetterons-nous au vent l'écume du coursier ?
Dirons-nous quelle main, dans les lampes sans nombre
De la maison céleste, allume nuit et jour
L'huile sainte de vie et d'éternel amour ?
Crierons-nous à Tarquin : " Il est temps, voici l'ombre !"
Descendrons-nous cueillir la perle au fond des mers ?
Mènerons-nous la chèvre aux ébéniers amers ?
Montrerons-nous le ciel à la Mélancolie ?
Suivrons-nous le chasseur sur les monts escarpés ?
La biche le regarde ; elle pleure et supplie ;
Sa bruyère l'attend ; ses faons sont nouveau-nés ;
Il se baisse, il l'égorge, il jette à la curée
Sur les chiens en sueur son cœur encor vivant.
Peindrons-nous une vierge à la joue empourprée,
S'en allant à la messe, un page la suivant,
Et d'un regard distrait, à côté de sa mère,
Sur sa lèvre entr'ouverte oubliant sa prière ?
Elle écoute en tremblant, dans l'écho du pilier,
Résonner l'éperon d'un hardi cavalier.
Dirons-nous aux héros des vieux temps de la France
De monter tout armés aux créneaux de leurs tours,
Et de ressusciter la naïve romance

Que leur gloire oubliée apprit aux troubadours ?
Vêtirons-nous de blanc une molle élégie ?
L'homme de Waterloo nous dira-t-il sa vie,
Et ce qu'il a fauché du troupeau des humains
Avant que l'envoyé de la nuit éternelle
Vînt sur son tertre vert l'abattre d'un coup d'aile,
Et sur son cœur de fer lui croiser les deux mains ?
Clouerons-nous au poteau d'une satire altière
Le nom sept fois vendu d'un pâle pamphlétaire,
Qui, poussé par la faim, du fond de son oubli,
S'en vient, tout grelottant d'envie et d'impuissance,
Sur le front du génie insulter l'espérance,
Et mordre le laurier que son souffle a sali ?
Prends ton luth ! prends ton luth ! je ne peux plus me taire ;
Mon aile me soulève au souffle du printemps.
Le vent va m'emporter ; je vais quitter la terre.
Une larme de toi ! Dieu m'écoute ; il est temps.

LE POÈTE.

S'il ne te faut, ma sœur chérie,
Qu'un baiser d'une lèvre amie
Et qu'une larme de mes yeux,
Je te les donnerai sans peine ;
De nos amours qu'il te souvienne,
Si tu remontes dans les cieux.
Je ne chante ni l'espérance,
Ni la gloire, ni le bonheur,
Hélas ! pas même la souffrance.
La bouche garde le silence
Pour écouter parler le cœur.

LA MUSE.

Crois-tu donc que je sois comme le vent d'automne,
Qui se nourrit de pleurs jusque sur un tombeau,
Et pour qui la douleur n'est qu'une goutte d'eau ?

O poète ! un baiser, c'est moi qui te le donne.
L'herbe que je voulais arracher de ce lieu,
C'est ton oisiveté ; ta douleur est à Dieu.
Quel que soit le souci que ta jeunesse endure,
Laisse-la s'élargir, cette sainte blessure
Que les noirs séraphins t'ont faite au fond du cœur ;
Rien ne nous rend si grands qu'une grande douleur.
Mais, pour en être atteint, ne crois pas, ô poète,
Que ta voix ici-bas doive rester muette.
Les plus désespérés sont les chants les plus beaux,
Et j'en sais d'immortels qui sont de purs sanglots.
Lorsque le pélican, lassé d'un long voyage,
Dans les brouillards du soir retourne à ses roseaux,
Ses petits affamés courent sur le rivage
En le voyant au loin s'abattre sur les eaux.
Déjà, croyant saisir et partager leur proie,
Ils courent à leur père avec des cris de joie
En secouant leurs becs sur leurs goîtres hideux.
Lui, gagnant à pas lents une roche élevée,
De son aile pendante abritant sa couvée,
Pêcheur mélancolique, il regarde les cieux.
Le sang coule à longs flots de sa poitrine ouverte ;
En vain il a des mers fouillé la profondeur :
L'Océan était vide et la plage déserte ;
Pour toute nourriture il apporte son cœur.
Sombre et silencieux, étendu sur la pierre,
Partageant à ses fils ses entrailles de père,
Dans son amour sublime il berce sa douleur,
Et, regardant couler sa sanglante mamelle,
Sur son festin de mort il s'affaisse et chancelle,
Ivre de volupté, de tendresse et d'horreur.
Mais parfois, au milieu du divin sacrifice,
Fatigué de mourir dans un trop long supplice,
Il craint que ses enfants ne le laissent vivant ;

Alors il se soulève, ouvre son aile au vent,
Et se frappant le cœur avec un cri sauvage,
Il pousse dans la nuit un si funèbre adieu,
Que les oiseaux de mer désertent le rivage,
Et que le voyageur attardé sur la plage,
Sentant passer la mort, se recommande à Dieu.
Poète, c'est ainsi que font les grands poètes.
Ils laissent s'égayer ceux qui vivent un temps ;
Mais les festins humains qu'ils servent à leurs fêtes
Ressemblent la plupart à ceux des pélicans.
Quand ils parlent ainsi d'espérances trompées,
De tristesse et d'oubli, d'amour et de malheur,
Ce n'est pas un concert à dilater le cœur.
Leurs déclamations sont comme des épées :
Elles tracent dans l'air un cercle éblouissant,
Mais il y pend toujours quelque goutte de sang.

LE POÈTE.

O Muse ! spectre insatiable,
Ne m'en demande pas si long.
L'homme n'écrit rien sur le sable
A l'heure où passe l'aquilon.
J'ai vu le temps où ma jeunesse
Sur mes lèvres était sans cesse
Prête à chanter comme un oiseau ;
Mais j'ai souffert un dur martyre,
Et le moins que j'en pourrais dire,
Si je l'essayais sur ma lyre,
La briserait comme un roseau.

LA NUIT DE DÉCEMBRE

DU temps que j'étais écolier,
    Je restais un soir à veiller
Dans notre salle solitaire.

Devant ma table vint s'asseoir
Un pauvre enfant vêtu de noir,
Qui me ressemblait comme un frère.

Son visage était triste et beau :
À la lueur de mon flambeau,
Dans mon livre ouvert il vint lire.
Il pencha son front sur ma main,
Et resta jusqu'au lendemain,
Pensif, avec un doux sourire.

Comme j'allais avoir quinze ans,
Je marchais un jour, à pas lents,
Dans un bois, sur une bruyère.
Au pied d'un arbre vint s'asseoir
Un jeune homme vêtu de noir,
Qui me ressemblait comme un frère.

Je lui demandai mon chemin ;
Il tenait un luth d'une main,
De l'autre un bouquet d'églantine.
Il me fit un salut d'ami,
Et, se détournant à demi,
Me montra du doigt la colline.

A l'âge où l'on croit à l'amour,
J'étais seul dans ma chambre un jour,
Pleurant ma première misère.
Au coin de mon feu vint s'asseoir
Un étranger vêtu de noir,
Qui me ressemblait comme un frère.

Il était morne et soucieux ;
D'une main il montrait les cieux,
Et de l'autre il tenait un glaive.

De ma peine il semblait souffrir,
Mais il ne poussa qu'un soupir,
Et s'évanouit comme un rêve.

A l'âge où l'on est libertin,
Pour boire un toast en un festin,
Un jour je soulevai mon verre.
En face de moi vint s'asseoir
Un convive vêtu de noir,
Qui me ressemblait comme un frère.

Il secouait sous son manteau
Un haillon de pourpre en lambeau,
Sur sa tête un myrte stérile.
Son bras maigre cherchait le mien,
Et mon verre, en touchant le sien,
Se brisa dans ma main débile.

Un an après, il était nuit,
J'étais à genoux près du lit
Où venait de mourir mon père.
Au chevet du lit vint s'asseoir
Un orphelin vêtu de noir,
Qui me ressemblait comme un frère.

Ses yeux étaient noyés de pleurs ;
Comme les anges de douleurs,
Il était couronné d'épine ;
Son luth à terre était gisant,
Sa pourpre de couleur de sang,
Et son glaive dans sa poitrine.

Je m'en suis si bien souvenu,
Que je l'ai toujours reconnu
A tous les instants de ma vie.

C'est une étrange vision,
Et cependant, ange ou démon,
J'ai vu partout cette ombre amie.

Lorsque plus tard, las de souffrir,
Pour renaître ou pour en finir,
J'ai voulu m'exiler de France ;
Lorsqu' impatient de marcher,
J'ai voulu partir, et chercher
Les vestiges d'une espérance ;

A Pise, au pied de l'Apennin ;
A Cologne, en face du Rhin ;
A Nice, au penchant des vallées ;
A Florence, au fond des palais ;
A Brigues, dans les vieux chalets ;
Au sein des Alpes désolées ;

A Gênes sous les citronniers ;
A Vevay, sous les verts pommiers ;
Au Havre, devant l'Atlantique ;
A Venise, à l'affreux Lido,
Où vient sur l'herbe d'un tombeau
Mourir la pâle Adriatique ;

Partout où, sous ces vastes cieux,
J'ai lassé mon cœur et mes yeux,
Saignant d'une éternelle plaie ;
Partout où le boiteux Ennui,
Traînant ma fatigue après lui,
M'a promené sur une claie ;

Partout où, sans cesse altéré
De la soif d'un monde ignoré,
J'ai suivi l'ombre de mes songes ;

Partout où, sans avoir vécu,
J'ai revu ce que j'avais vu,
La face humaine et ses mensonges ;

Partout où, le long des chemins,
J'ai posé mon front dans mes mains,
Et sangloté comme une femme ;
Partout où j'ai, comme un mouton,
Qui laisse sa laine au buisson,
Senti se dénuer mon âme ;

Partout où j'ai voulu dormir,
Partout où j'ai voulu mourir,
Partout où j'ai touché la terre,
Sur ma route est venu s'asseoir
Un malheureux vêtu de noir,
Qui me ressemblait comme un frère.

Qui donc es-tu, toi que dans cette vie
    Je vois toujours sur mon chemin ?
Je ne puis croire, à ta mélancolie,
    Que tu sois mon mauvais Destin.
Ton doux sourire a trop de patience,
    Tes larmes ont trop de pitié.
En te voyant, j'aime la Providence.
Ta douleur même est sœur de ma souffrance ;
    Elle ressemble à l'Amitié.

Qui donc es-tu ?—Tu n'es pas mon bon ange ;
    Jamais tu ne viens m'avertir.
Tu vois mes maux (c'est une chose étrange !),
    Et tu me regardes souffrir.

Depuis vingt ans tu marches dans ma voie,
        Et je ne saurais t'appeler.
Qui donc es-tu, si c'est Dieu qui t'envoie ?
Tu me souris sans partager ma joie,
        Tu me plains sans me consoler !

Ce soir encor je t'ai vu m'apparaître.
        C'était par une triste nuit.
L'aile des vents battait à ma fenêtre ;
        J'étais seul, courbé sur mon lit.
J'y regardais une place chérie,
        Tiède encor d'un baiser brûlant ;
Et je songeais comme la femme oublie,
Et je sentais un lambeau de ma vie,
        Qui se déchirait lentement.

Je rassemblais des lettres de la veille,
        Des cheveux, des débris d'amour.
Tout ce passé me criait à l'oreille
        Ses éternels serments d'un jour.
Je contemplais ces reliques sacrées,
        Qui me faisaient trembler la main :
Larmes du cœur par le cœur dévorées,
Et que les yeux qui les avaient pleurées
        Ne reconnaîtront plus demain !

J'enveloppais dans un morceau de bure
        Ces ruines des jours heureux.
Je me disais qu'ici-bas ce qui dure,
        C'est une mèche de cheveux.
Comme un plongeur dans une mer profonde,
        Je me perdais dans tant d'oubli.
De tous côtés j'y retournais la sonde,
Et je pleurais seul, loin des yeux du monde,
        Mon pauvre amour enseveli.

J'allais poser le sceau de cire noire
    Sur ce fragile et cher trésor.
J'allais le rendre, et n'y pouvant pas croire,
    En pleurant j'en doutais encor.
Ah ! faible femme, orgueilleuse insensée,
    Malgré toi, tu t'en souviendras !
Pourquoi, grand Dieu ! mentir à sa pensée ?
Pourquoi ces pleurs, cette gorge oppressée,
    Ces sanglots, si tu n'aimais pas ?

Oui, tu languis, tu souffres, et tu pleures ;
    Mais ta chimère est entre nous.
Eh bien, adieu ! Vous compterez les heures
    Qui me sépareront de vous.
Partez, partez, et dans ce cœur de glace
    Emportez l'orgueil satisfait.
Je sens encor le mien jeune et vivace,
Et bien des maux pourront y trouver place
    Sur le mal que vous m'avez fait.

Partez, partez ! la Nature immortelle
    N'a pas tout voulu nous donner.
Ah ! pauvre enfant, qui voulez être belle,
    Et ne savez pas pardonner !
Allez, allez, suivez la destinée ;
    Qui vous perd n'a pas tout perdu.
Jetez au vent notre amour consumée ;—
Éternel Dieu ! toi que j'ai tant aimée,
    Si tu pars, pourquoi m'aimes-tu ?

Mais tout à coup j'ai vu dans la nuit sombre
    Une forme glisser sans bruit.
Sur mon rideau j'ai vu passer une ombre ;
    Elle vient s'asseoir sur mon lit.

Qui donc es-tu, morne et pâle visage,
 Sombre portrait vêtu de noir ?
Que me veux-tu, triste oiseau de passage ?
Est-ce un vain rêve ? est-ce ma propre image
 Que j'aperçois dans ce miroir ?

Qui donc es-tu, spectre de ma jeunesse,
 Pèlerin que rien n'a lassé ?
Dis-moi pourquoi je te trouve sans cesse
 Assis dans l'ombre où j'ai passé.
Qui donc es-tu, visiteur solitaire,
 Hôte assidu de mes douleurs ?
Qu'as-tu donc fait pour me suivre sur terre ?
Qui donc es-tu, qui donc es-tu, mon frère,
 Qui n'apparais qu'au jour des pleurs ?

LA VISION.

Ami, notre père est le tien.
Je ne suis ni l'ange gardien,
Ni le mauvais destin des hommes.
Ceux que j'aime, je ne sais pas
De quel côté s'en vont leurs pas
Sur ce peu de fange où nous sommes.

Je ne suis ni dieu ni démon,
Et tu m'as nommé par mon nom
Quand tu m'as appelé ton frère ;
Où tu vas, j'y serai toujours,
Jusques au dernier de tes jours,
Où j'irai m'asseoir sur ta pierre.

Le ciel m'a confié ton cœur.
Quand tu seras dans la douleur,

Viens à moi sans inquiétude,
Je te suivrai sur le chemin ;
Mais je ne puis toucher ta main ;
Ami, je suis la Solitude.

STANCES À LA MALIBRAN

SANS doute il est trop tard pour parler encor d'elle ;
   Depuis qu'elle n'est plus quinze jours sont passés,
Et dans ce pays-ci quinze jours, je le sais,
Font d'une mort récente une vieille nouvelle.
De quelque nom d'ailleurs que le regret s'appelle,
L'homme, par tout pays, en a bien vite assez.

O Maria-Félicia ! le peintre et le poète
Laissent, en expirant, d'immortels héritiers ;
Jamais l'affreuse nuit ne les prend tout entiers.
A défaut d'action, leur grande âme inquiète
De la mort et du temps entreprend la conquête,
Et, frappés dans la lutte, ils tombent en guerriers.

Celui-là sur l'airain a gravé sa pensée ;
Dans un rhythme doré l'autre l'a cadencée ;
Du moment qu'on l'écoute, on lui devient ami.
Sur sa toile, en mourant, Raphaël l'a laissée ;
Et, pour que le néant ne touche point à lui,
C'est assez d'un enfant sur sa mère endormi.

Comme dans une lampe une flamme fidèle,
Au fond du Parthénon le marbre inhabité
Garde de Phidias la mémoire éternelle,
Et la jeune Vénus, fille de Praxitèle,
Sourit encor, debout dans sa divinité,
Aux siècles impuissants qu'a vaincus sa beauté.

Recevant d'âge en âge une nouvelle vie,
Ainsi s'en vont à Dieu les gloires d'autrefois ;
Ainsi le vaste écho de la voix du génie
Devient du genre humain l'universelle voix . . .
Et de toi, morte hier, de toi, pauvre Marie,
Au fond d'une chapelle il nous reste une croix !

Une croix ! et l'oubli, la nuit et le silence !
Écoutez ! c'est le vent, c'est l'Océan immense ;
C'est un pêcheur qui chante au bord du grand chemin.
Et de tant de beauté, de gloire et d'espérance,
De tant d'accords si doux d'un instrument divin,
Pas un faible soupir, pas un écho lointain !

Une croix, et ton nom écrit sur une pierre,
Non pas même le tien, mais celui d'un époux,
Voilà ce qu'après toi tu laisses sur la terre ;
Et ceux qui t'iront voir à ta maison dernière,
N'y trouvant pas ce nom qui fut aimé de nous,
Ne sauront pour prier où poser les genoux.

O Ninette ! où sont-ils, belle muse adorée,
Ces accents pleins d'amour, de charme et de terreur,
Qui voltigeaient le soir sur ta lèvre inspirée,
Comme un parfum léger sur l'aubépine en fleur ?
Où vibre maintenant cette voix éplorée,
Cette harpe vivante attachée à ton cœur ?

N'était-ce pas hier, fille joyeuse et folle,
Que ta verve railleuse animait Corilla,
Et que tu nous lançais avec la Rosina
La roulade amoureuse et l'œillade espagnole ?
Ces pleurs sur tes bras nus, quand tu chantais *le Saule*,
N'était-ce pas hier, pâle Desdemona ?

N'était-ce pas hier qu'à la fleur de ton âge
Tu traversais l'Europe, une lyre à la main ;
Dans la mer, en riant, te jetant à la nage,
Chantant la tarentelle au ciel napolitain,
Cœur d'ange et de lion, libre oiseau de passage,
Espiègle enfant ce soir, sainte artiste demain ?

N'était-ce pas hier qu'enivrée et bénie
Tu traînais à ton char un peuple transporté,
Et que Londre et Madrid, la France et l'Italie
Apportaient à tes pieds cet or tant convoité,
Cet or deux fois sacré qui payait ton génie,
Et qu'à tes pieds souvent laissa ta charité ?

Qu'as-tu fait pour mourir, ô noble créature,
Belle image de Dieu, qui donnais en chemin
Au riche un peu de joie, au malheureux du pain ?
Ah ! qui donc frappe ainsi dans la mère nature,
Et quel faucheur aveugle, affamé de pâture,
Sur les meilleurs de nous ose porter la main ?

Ne suffit-il donc pas à l'ange des ténèbres
Qu'à peine de ce temps il nous reste un grand nom ?
Que Géricault, Cuvier, Schiller, Gœthe et Byron
Soient endormis d'hier sous les dalles funèbres,
Et que nous ayons vu tant d'autres morts célèbres
Dans l'abîme entr'ouvert suivre Napoléon ?

Nous faut-il perdre encor nos têtes les plus chères,
Et venir en pleurant leur fermer les paupières,
Dès qu'un rayon d'espoir a brillé dans leurs yeux ?
Le ciel de ses élus devient-il envieux ?
Ou faut-il croire, hélas ! ce que disaient nos pères,
Que lorsqu'on meurt si jeune on est aimé des dieux ?

Ah ! combien, depuis peu, sont partis pleins de vie !
Sous les cyprès anciens que de saules nouveaux !
La cendre de Robert à peine refroidie,
Bellini tombe et meurt !—Une lente agonie
Traîne Carrel sanglant à l'éternel repos.
Le seuil de notre siècle est pavé de tombeaux.

Que nous restera-t-il si l'ombre insatiable,
Dès que nous bâtissons, vient tout ensevelir ?
Nous qui sentons déjà le sol si variable,
Et, sur tant de débris, marchons vers l'avenir,
Si le vent, sous nos pas, balaye ainsi le sable,
De quel deuil le Seigneur veut-il donc nous vêtir ?

Hélas ! Marietta, tu nous restais encore.
Lorsque, sur le sillon, l'oiseau chante à l'aurore,
Le laboureur s'arrête, et, le front en sueur,
Aspire dans l'air pur un souffle de bonheur.
Ainsi nous consolait ta voix fraîche et sonore,
Et tes chants dans les cieux emportaient la douleur.

Ce qu'il nous faut pleurer sur ta tombe hâtive,
Ce n'est pas l'art divin, ni ses savants secrets :
Quelque autre étudiera cet art que tu créais ;
C'est ton âme, Ninette, et ta grandeur naïve,
C'est cette voix du cœur qui seule au cœur arrive,
Que nul autre, après toi, ne nous rendra jamais.

Ah ! tu vivrais encor sans cette âme indomptable.
Ce fut là ton seul mal, et le secret fardeau
Sous lequel ton beau corps plia comme un roseau.
Il en soutint longtemps la lutte inexorable.
C'est le Dieu tout-puissant, c'est la Muse implacable
Qui dans ses bras en feu t'a portée au tombeau.

Que ne l'étouffais-tu, cette flamme brûlante
Que ton sein palpitant ne pouvait contenir!
Tu vivrais, tu verrais te suivre et t'applaudir
De ce public blasé la foule indifférente,
Qui prodigue aujourd'hui sa faveur inconstante
A des gens dont pas un, certes, n'en doit mourir.

Connaissais-tu si peu l'ingratitude humaine ?
Quel rêve as-tu donc fait de te tuer pour eux !
Quelques bouquets de fleurs te rendaient-ils si vaine,
Pour venir nous verser de vrais pleurs sur la scène,
Lorsque tant d'histrions et d'artistes fameux,
Couronnés mille fois, n'en ont pas dans les yeux ?

Que ne détournais-tu la tête pour sourire,
Comme on en use ici quand on feint d'être ému ?
Hélas ! on t'aimait tant, qu'on n'en aurait rien vu.
Quand tu chantais *le Saule*, au lieu de ce délire,
Que ne t'occupais-tu de bien porter ta lyre ?
La Pasta fait ainsi : que ne l'imitais-tu ?

Ne savais-tu donc pas, comédienne imprudente,
Que ces cris insensés qui te sortaient du cœur
De ta joue amaigrie augmentaient la pâleur ?
Ne savais-tu donc pas que, sur ta tempe ardente,
Ta main de jour en jour se posait plus tremblante,
Et que c'est tenter Dieu que d'aimer la douleur ?

Ne sentais-tu donc pas que ta belle jeunesse
De tes yeux fatigués s'écoulait en ruisseaux,
Et de ton noble cœur s'exhalait en sanglots?
Quand de ceux qui t'aimaient tu voyais la tristesse,
Ne sentais-tu donc pas qu'une fatale ivresse
Berçait ta vie errante à ses derniers rameaux ?

Oui, oui, tu le savais, qu'au sortir du théâtre,
Un soir dans ton linceul il faudrait te coucher.
Lorsqu'on te rapportait plus froide que l'albâtre,
Lorsque le médecin, de ta veine bleuâtre,
Regardait goutte à goutte un sang noir s'épancher,
Tu savais quelle main venait de te toucher.

Oui, oui, tu le savais, et que, dans cette vie,
Rien n'est bon que d'aimer, n'est vrai que de souffrir.
Chaque soir dans tes chants tu te sentais pâlir.
Tu connaissais le monde, et la foule et l'envie,
Et, dans ce corps brisé concentrant ton génie,
Tu regardais aussi la Malibran mourir.

Meurs donc ! ta mort est douce et ta tâche est remplie.
Ce que l'homme ici-bas appelle le génie,
C'est le besoin d'aimer ; hors de là tout est vain.
Et, puisque tôt ou tard l'amour humain s'oublie,
Il est d'une grande âme et d'un heureux destin
D'expirer comme toi pour un amour divin !

CHANSON DE BARBERINE

BEAU chevalier qui partez pour la guerre,
　　Qu'allez-vous faire
　　Si loin d'ici ?
Voyez-vous pas que la nuit est profonde,
　　Et que le monde
　　N'est que souci ?

Vous qui croyez qu'une amour délaissée
　　De la pensée
　　S'enfuit ainsi,
Hélas ! hélas ! chercheurs de renommée,
　　Votre fumée
　　S'envole aussi.

Beau chevalier qui partez pour la guerre,
　　Qu'allez-vous faire
　　Si loin de nous?
J'en vais pleurer, moi qui me laissais dire
　　Que mon sourire
　　Était si doux.

CHANSON DE FORTUNIO

SI vous croyez que je vais dire
　　Qui j'ose aimer,
Je ne saurais, pour un empire,
　　Vous la nommer.

Nous allons chanter à la ronde,
　　Si vous voulez,
Que je l'adore et qu'elle est blonde
　　Comme les blés.

Je fais ce que sa fantaisie
　　Veut m'ordonner,
Et je puis, s'il lui faut ma vie,
　　La lui donner.

Du mal qu'une amour ignorée
　　Nous fait souffrir,
J'en porte l'âme déchirée
　　Jusqu'à mourir.

Mais j'aime trop pour que je die
　　Qui j'ose aimer,
Et je veux mourir pour ma mie
　　Sans la nommer.

TRISTESSE

J'AI perdu ma force et ma vie,
  Et mes amis et ma gaîté ;
J'ai perdu jusqu' à la fierté
Qui faisait croire à mon génie.

Quand j'ai connu la Vérité,
J'ai cru que c'était une amie ;
Quand je l'ai comprise et sentie,
J'en étais déjà dégoûté.

Et pourtant elle est éternelle,
Et ceux qui se sont passés d'elle
Ici-bas ont tout ignoré.

Dieu parle, il faut qu'on lui réponde ;
Le seul bien qui me reste au monde
Est d'avoir quelquefois pleuré.

RAPPELLE-TOI

(*Vergiss mein nicht.*)

PAROLES FAITES SUR LA MUSIQUE DE MOZART.

RAPPELLE-TOI, quand l'Aurore craintive
  Ouvre au Soleil son palais enchanté ;
Rappelle-toi, lorsque la nuit pensive
Passe en rêvant sous son voile argenté :
A l'appel du plaisir lorsque ton sein palpite,
Aux doux songes du soir lorsque l'ombre t'invite.
    Écoute au fond des bois
    Murmurer une voix :
      Rappelle-toi.

Rappelle-toi, lorsque les destinées
M'auront de toi pour jamais séparé,
Quand le chagrin, l'exil et les années
Auront flétri ce cœur désespéré ;
Songe à mon triste amour, songe à l'adieu suprême !
L'absence ni le temps ne sont rien quand on aime.
     Tant que mon cœur battra,
     Toujours il te dira :
     Rappelle-toi.

Rappelle-toi, quand sous la froide terre
Mon cœur brisé pour toujours dormira ;
Rappelle-toi, quand la fleur solitaire
Sur mon tombeau doucement s'ouvrira.
Je ne te verrai plus ; mais mon âme immortelle
Reviendra près de toi comme une sœur fidèle.
     Écoute, dans la nuit,
     Une voix qui gémit :
     Rappelle-toi.

SOUVENIR

J'ESPÉRAIS bien pleurer, mais je croyais souffrir
   En osant te revoir, place à jamais sacrée,
O la plus chère tombe et la plus ignorée
     Où dorme un souvenir !

Que redoutiez-vous donc de cette solitude,
Et pourquoi, mes amis, me preniez-vous la main ?
Alors qu'une si douce et si vieille habitude
     Me montrait ce chemin ?

Les voilà, ces coteaux, ces bruyères fleuries,
Et ces pas argentins sur le sable muet,
Ces sentiers amoureux, remplis de causeries,
     Où son bras m'enlaçait.

Les voilà, ces sapins à la sombre verdure,
Cette gorge profonde aux nonchalants détours,
Ces sauvages amis, dont l'antique murmure
    A bercé mes beaux jours.

Les voilà, ces buissons où toute ma jeunesse,
Comme un essaim d'oiseaux, chante au bruit de mes pas.
Lieux charmants, beau désert où passa ma maîtresse,
    Ne m'attendiez-vous pas?

Ah! laissez-les couler, elles me sont bien chères,
Ces larmes que soulève un cœur encor blessé!
Ne les essuyez pas, laissez sur mes paupières
    Ce voile du passé!

Je ne viens point jeter un regret inutile
Dans l'écho de ces bois témoins de mon bonheur.
Fière est cette forêt dans sa beauté tranquille,
    Et fier aussi mon cœur.

Que celui-là se livre à des plaintes amères,
Qui s'agenouille et prie au tombeau d'un ami.
Tout respire en ces lieux; les fleurs des cimetières
    Ne poussent point ici.

Voyez! la lune monte à travers ces ombrages.
Ton regard tremble encor, belle reine des nuits;
Mais du sombre horizon déjà tu te dégages,
    Et tu t'épanouis.

Ainsi de cette terre, humide encor de pluie,
Sortent, sous tes rayons, tous les parfums du jour;
Aussi calme, aussi pur, de mon âme attendrie
    Sort mon ancien amour.

Que sont-ils devenus, les chagrins de ma vie?
Tout ce qui m'a fait vieux est bien loin maintenant;
Et rien qu'en regardant cette vallée amie,
   Je redeviens enfant.

O puissance du temps! ô légères années!
Vous emportez nos pleurs, nos cris et nos regrets;
Mais la pitié vous prend, et sur nos fleurs fanées
   Vous ne marchez jamais.

Tout mon cœur te bénit, bonté consolatrice!
Je n'aurais jamais cru que l'on pût tant souffrir
D'une telle blessure, et que sa cicatrice
   Fût si douce à sentir.

Loin de moi les vains mots, les frivoles pensées, ·
Des vulgaires douleurs linceul accoutumé,
Que viennent étaler sur leurs amours passées
   Ceux qui n'ont point aimé!

Dante, pourquoi dis-tu qu'il n'est pire misère
Qu'un souvenir heureux dans les jours de douleur?
Quel chagrin t'a dicté cette parole amère,
   Cette offense au malheur?

En est-il donc moins vrai que la lumière existe,
Et faut-il l'oublier du moment qu'il fait nuit?
Est-ce bien toi, grande âme immortellement triste,
   Est-ce toi qui l'as dit?

Non, par ce pur flambeau dont la splendeur m'éclaire,
Ce blasphème vanté ne vient pas de ton cœur.
Un souvenir heureux est peut-être sur terre
   Plus vrai que le bonheur.

Eh quoi ! l'infortuné qui trouve une étincelle
Dans la cendre brûlante où dorment ses ennuis,
Qui saisit cette flamme et qui fixe sur elle
      Ses regards éblouis ;

Dans ce passé perdu quand son âme se noie,
Sur ce miroir brisé lorsqu'il rêve en pleurant,
Tu lui dis qu'il se trompe, et que sa faible joie
      N'est qu'un affreux tourment !

Et c'est à ta Françoise, à ton ange de gloire,
Que tu pouvais donner ces mots à prononcer,
Elle qui s'interrompt, pour conter son histoire,
      D'un éternel baiser !

Qu'est-ce donc, juste Dieu, que la pensée humaine,
Et qui pourra jamais aimer la vérité,
S'il n'est joie ou douleur si juste et si certaine
      Dont quelqu'un n'ait douté ?

Comment vivez-vous donc, étranges créatures ?
Vous riez, vous chantez, vous marchez à grands pas ;
Le ciel et sa beauté, le monde et ses souillures
      Ne vous dérangent pas ;

Mais, lorsque par hasard le destin vous ramène
Vers quelque monument d'un amour oublié,
Ce caillou vous arrête, et cela vous fait peine
      Qu'il vous heurte le pié.

Et vous criez alors que la vie est un songe ;
Vous vous tordez les bras comme en vous réveillant,
Et vous trouvez fâcheux qu'un si joyeux mensonge
      Ne dure qu'un instant.

Malheureux ! cet instant où votre âme engourdie
A secoué les fers qu'elle traîne ici-bas,
Ce fugitif instant fut toute votre vie ;
        Ne le regrettez pas !

Regrettez la torpeur qui vous cloue à la terre,
Vos agitations dans la fange et le sang,
Vos nuits sans espérance et vos jours sans lumière :
        C'est là qu'est le néant !

Mais que vous revient-il de vos froides doctrines ?
Que demandent au ciel ces regrets inconstants
Que vous allez semant sur vos propres ruines,
        A chaque pas du Temps ?

Oui, sans doute, tout meurt ; ce monde est un grand rêve,
Et le peu de bonheur qui nous vient en chemin,
Nous n'avons pas plus tôt ce roseau dans la main,
        Que le vent nous l'enlève.

Oui, les premiers baisers, oui, les premiers serments
Que deux êtres mortels échangèrent sur terre,
Ce fut au pied d'un arbre effeuillé par les vents,
        Sur un roc en poussière.

Ils prirent à témoin de leur joie éphémère
Un ciel toujours voilé qui change à tout moment,
Et des astres sans nom que leur propre lumière
        Dévore incessamment.

Tout mourait autour d'eux, l'oiseau dans le feuillage,
La fleur entre leurs mains, l'insecte sous leurs piés,
La source desséchée où vacillait l'image
        De leurs traits oubliés ;

Et su² tous ces débris joignant leurs mains d'argile,
Étourdis des éclairs d'un instant de plaisir,
Ils croyaient échapper à cet Être immobile
    Qui regarde mourir !

—Insensés ! dit le sage. —Heureux ! dit le poète,
Et quels tristes amours as-tu donc dans le cœur,
Si le bruit du torrent te trouble et t'inquiète,
    Si le vent te fait peur ?

J'ai vu sous le soleil tomber bien d'autres choses
Que les feuilles des bois et l'écume des eaux,
Bien d'autres s'en aller que le parfum des roses
    Et le chant des oiseaux.

Mes yeux ont contemplé des objets plus funèbres
Que Juliette morte au fond de son tombeau,
Plus affreux que le toast à l'ange des ténèbres
    Porté par Roméo.

J'ai vu ma seule amie, à jamais la plus chère,
Devenue elle-même un sépulcre blanchi,
Une tombe vivante où flottait la poussière
    De notre mort chéri,

De notre pauvre amour, que, dans la nuit profonde,
Nous avions sur nos cœurs si doucement bercé !
C'était plus qu'une vie, hélas ! c'était un monde
    Qui s'était effacé !

Oui, jeune et belle encor, plus belle, osait-on dire,
Je l'ai vue, et ses yeux brillaient comme autrefois.
Ses lèvres s'entr'ouvraient, et c'était un sourire,
    Et c'était une voix ;

Mais non plus cette voix, non plus ce doux langage,
Ces regards adorés dans les miens confondus ;
Mon cœur, encor plein d'elle, errait sur son visage,
    Et ne la trouvait plus.

Et pourtant j'aurais pu marcher alors vers elle ;
Entourer de mes bras ce sein vide et glacé,
Et j'aurais pu crier : " Qu'as-tu fait, infidèle,
    Qu'as-tu fait du passé ? "

Mais non : il me semblait qu'une femme inconnue
Avait pris par hasard cette voix et ces yeux ;
Et je laissai passer cette froide statue
    En regardant les cieux.

Eh bien ! ce fut sans doute une horrible misère
Que ce riant adieu d'un être inanimé.
Eh bien ! qu'importe encore ? O nature ! ô ma mère !
    En ai-je moins aimé ?

La foudre maintenant peut tomber sur ma tête ;
Jamais ce souvenir ne peut m'être arraché !
Comme le matelot brisé par la tempête,
    Je m'y tiens attaché.

Je ne veux rien savoir, ni si les champs fleurissent,
Ni ce qu'il adviendra du simulacre humain,
Ni si ces vastes cieux éclaireront demain
    Ce qu'ils ensevelissent.

Je me dis seulement : " A cette heure, en ce lieu,
Un jour, je fus aimé, j'aimais, elle était belle.
J'enfouis ce trésor dans mon âme immortelle,
    Et je l'emporte à Dieu ! "

SUR UNE MORTE

ELLE était belle si la Nuit
  Qui dort dans la sombre chapelle
Où Michel-Ange a fait son lit,
Immobile peut être belle.

Elle était bonne, s'il suffit
Qu'en passant la main s'ouvre et donne,
Sans que Dieu n'ait rien vu, rien dit :
Si l'or sans pitié fait l'aumône.

Elle pensait, si le vain bruit
D'une voix douce et cadencée,
Comme le ruisseau qui gémit,
Peut faire croire à la pensée.

Elle priait, si deux beaux yeux,
Tantôt s'attachant à la terre,
Tantôt se levant vers les cieux,
Peuvent s'appeler la prière.

Elle aurait souri, si la fleur
Qui ne s'est point épanouie,
Pouvait s'ouvrir à la fraîcheur
Du vent qui passe et qui l'oublie.

Elle aurait pleuré, si sa main,
Sur son cœur froidement posée,
Eût jamais dans l'argile humain
Senti la céleste rosée.

Elle aurait aimé, si l'orgueil,
Pareil à la lampe inutile
Qu'on allume près d'un cercueil,
N'eût veillé sur son cœur stérile.

Elle est morte et n'a point vécu.
Elle faisait semblant de vivre.
De ses mains est tombé le livre
Dans lequel elle n'a rien lu.

A M. VICTOR HUGO

IL faut, dans ce bas monde, aimer beaucoup de choses,
   Pour savoir, après tout, ce qu'on aime le mieux :
Les bonbons, l'Océan, le jeu, l'azur des cieux,
Les femmes, les chevaux, les lauriers et les roses.

Il faut fouler aux pieds des fleurs à peine écloses ;
Il faut beaucoup pleurer, dire beaucoup d'adieux.
Puis le cœur s'aperçoit qu'il est devenu vieux,
Et l'effet qui s'en va nous découvre les causes.

De ces biens passagers que l'on goûte à demi,
Le meilleur qui nous reste est un ancien ami.
On se brouille, on se fuit. — Qu'un hasard nous rassemble,

On s'approche, on sourit, la main touche la main,
Et nous nous souvenons que nous marchions ensemble,
Que l'âme est immortelle, et qu'hier c'est demain.

ADIEU, SUZON

CHANSON.

ADIEU, Suzon, ma rose blonde,
   Qui m'as aimé pendant huit jours :
Les plus courts plaisirs de ce monde
Souvent font les meilleurs amours.
Sais-je, au moment où je te quitte,
Où m'entraîne mon astre errant ?

Je m'en vais pourtant, ma petite,
     Bien loin, bien vite,
     Toujours courant.

Paf! C'est mon cheval qu'on apprête.
Enfant, que ne puis-je en chemin
Emporter ta mauvaise tête,
Qui m'a tout embaumé la main !
Tu souris, petite hypocrite,
Comme la nymphe, en t'enfuyant.
Je m'en vais pourtant, ma petite,
     Bien loin, bien vite,
     Tout en riant.

Que de tristesse et que de charmes,
Tendre enfant, dans tes doux adieux !
Tout m'enivre, jusqu'à tes larmes,
Lorsque ton cœur est dans tes yeux.
A vivre ton regard m'invite ;
Il me consolerait mourant.
Je m'en vais pourtant, ma petite,
     Bien loin, bien vite,
     Tout en pleurant.

Que notre amour, si tu m'oublies,
Suzon, dure encore un moment ;
Comme un bouquet de fleurs pâlies,
Cache-le dans ton sein charmant !
Adieu ! le bonheur reste au gîte ;
Le souvenir part avec moi :
Je l'emporterai, ma petite,
     Bien loin, bien vite,
     Toujours à toi.

THÉOPHILE GAUTIER

VOYAGE

> Il me faut du nouveau n'en fût-il
> plus au monde.
> > JEAN DE LA FONTAINE.
>
> Jam mens prætrepidans avet vagari,
> Jam læti studio pedes vigescunt.
> > CATULLE.

AU travers de la vitre blanche
   Le soleil rit, et sur les murs
Traçant de grands angles, épanche
Ses rayons splendides et purs :
Par un si beau temps, à la ville
Rester parmi la foule vile !
Je veux voir des sites nouveaux :
Postillons, sellez vos chevaux.

Au sein d'un nuage de poudre,
Par un galop précipité,
Aussi promptement que la foudre
Comme il est doux d'être emporté !
Le sable bruit sous la roue,
Le vent autour de vous se joue ;
Je veux voir des sites nouveaux :
Postillons, pressez vos chevaux.

Les arbres qui bordent la route
Paraissent fuir rapidement,
Leur forme obscure dont l'œil doute
Ne se dessine qu'un moment ;
Le ciel, tel qu'une banderole,
Par-dessus les bois roule et vole ;
Je veux voir des sites nouveaux :
Postillons, pressez vos chevaux.

Chaumières, fermes isolées,
Vieux châteaux que flanque **une tour,**
Monts arides, fraîches vallées,
Forêts se suivent tour à tour;
Parfois au milieu d'une brume,
Un ruisseau dont la chute écume;
Je veux voir des sites nouveaux:
Postillons, pressez vos chevaux.

Puis, une hirondelle qui passe,
Rasant la grève au sable d'or,
Puis, semés dans un large espace,
Les moutons d'un berger qui dort;
De grandes perspectives bleues,
Larges et longues de vingt lieues;
Je veux voir des sites nouveaux:
Postillons, pressez vos chevaux.

Une montagne: l'on enraye,
Au bord du rapide penchant
D'un mont dont la hauteur effraye:
Les chevaux glissent en marchant,
L'essieu grince, le pavé fume,
Et la roue un instant s'allume;
Je veux voir des sites nouveaux:
Postillons, pressez vos chevaux.

La côte raide est descendue,
Recouverte de sable fin,
La route, à chaque instant perdue,
S'étend comme un ruban sans fin.
Que cette plaine est monotone!
On dirait un matin d'automne;
Je veux voir des sites nouveaux:
Postillons, pressez vos chevaux.

Une viile d'un aspect sombre,
Avec ses tours et ses clochers
Qui montent dans les airs, sans nombre,
Comme des mâts ou des rochers,
Où mille lumières flamboient
Au sein des ombres qui la noient ;
Je veux voir des sites nouveaux :
Postillons, pressez vos chevaux.

Mais ils sont las, et leurs narines,
Rouges de sang, soufflent du feu ;
L'écume inonde leurs poitrines,
Il faut nous arrêter un peu.
Halte ! demain, plus vite encore,
Aussitôt que poindra l'aurore,
Postillons, pressez vos chevaux,
Je veux voir des sites nouveaux.

TOMBÉE DU JOUR

LE jour tombait, une pâle nuée
   Du haut du ciel laissait nonchalamment,
Dans l'eau du fleuve à peine remuée,
Tremper les plis de son blanc vêtement.

La nuit parut, la nuit morne et sereine,
Portant le deuil de son frère le jour,
Et chaque étoile à son trône de reine,
En habits d'or s'en vint faire sa cour.

On entendait pleurer les tourterelles,
Et les enfants rêver dans leurs berceaux ;
C'était dans l'air comme un frôlement d'ailes,
Comme le bruit d'invisibles oiseaux.

Le ciel parlait à voix basse à la terre ;
Comme au vieux temps ils parlaient en hébreu,
Et répétaient un acte de mystère ;
Je n'y compris qu'un seul mot : c'était Dieu.

NOËL

L E ciel est noir, la terre est blanche ;
    —Cloches, carillonnez gaîment !—
Jésus est né ;—la Vierge penche
Sur lui son visage charmant.

Pas de courtines festonnées
Pour préserver l'enfant du froid ;
Rien que les toiles d'araignées
Qui pendent des poutres du toit.

Il tremble sur la paille fraîche,
Ce cher petit enfant Jésus,
Et pour l'échauffer dans sa crèche
L'âne et le bœuf soufflent dessus.

La neige au chaume coud ses franges,
Mais sur le toit s'ouvre le ciel
Et, tout en blanc, le chœur des anges
Chante aux bergers : "*Noël ! Noël !*"

FUMÉE

L A-BAS, sous les arbres s'abrite
    Une chaumière au dos bossu ;
Le toit penche, le mur s'effrite,
Le seuil de la porte est moussu.

La fenêtre, un volet la bouche ;
Mais du taudis, comme au temps froid
La tiède haleine d'une bouche,
La respiration se voit.

Un tire-bouchon de fumée,
Tournant son mince filet bleu,
De l'âme en ce bouge enfermée
Porte des nouvelles à Dieu.

CHOC DE CAVALIERS

HIER il m'a semblé (sans doute j'étais ivre)
   Voir sur l'arche d'un pont un choc de cavaliers
Tout cuirassés de fer, tout imbriqués de cuivre,
Et caparaçonnés de harnois singuliers.

Des dragons accroupis grommelaient sur leurs casques,
Des Méduses d'airain ouvraient leurs yeux hagards
Dans leurs grands boucliers aux ornements fantasques,
Et des nœuds de serpents écaillaient leurs brassards.

Par moment, du rebord de l'arcade géante,
Un cavalier blessé perdant son point d'appui,
Un cheval effaré tombait dans l'eau béante,
Gueule de crocodile entr'ouverte sous lui.

C'était vous, mes désirs, c'était vous, mes pensées,
Qui cherchiez à forcer le passage du pont,
Et vos corps tout meurtris sous leurs armes faussées,
Dorment ensevelis dans le gouffre profond.

LES COLOMBES

SUR le coteau, là-bas où sont les tombes,
    Un beau palmier, comme un panache vert,
Dresse sa tête, où le soir les colombes
Viennent nicher et se mettre à couvert.

Mais le matin elles quittent les branches :
Comme un collier qui s'égrène, on les voit
S'éparpiller dans l'air bleu, toutes blanches,
Et se poser plus loin sur quelque toit.

Mon âme est l'arbre où tous les soirs, comme elles,
De blancs essaims de folles visions
Tombent des cieux, en palpitant des ailes,
Pour s'envoler dès les premiers rayons.

LAMENTO

MA belle amie est morte,
    Je pleurerai toujours ;
Sous la tombe elle emporte
Mon âme et mes amours.
Dans le ciel, sans m'attendre,
Elle s'en retourna ;
L'ange qui l'emmena
Ne voulut pas me prendre.
Que mon sort est amer !
Ah ! sans amour, s'en aller sur la mer !

La blanche créature
Est couchée au cercueil.
Comme dans la nature
Tout me paraît en deuil !

La colombe oubliée
Pleure et songe à l'absent ;
Mon âme pleure et sent
Qu'elle est dépareillée.
Que mon sort est amer !
Ah ! sans amour, s'en aller sur la mer !

Sur moi la nuit immense
S'étend comme un linceul ;
Je chante ma romance
Que le ciel entend seul.
Ah ! comme elle était belle
Et comme je l'aimais !
Je n'aimerai jamais
Une femme autant qu'elle ;
Que mon sort est amer !
Ah ! sans amour, s'en aller sur la mer !

TRISTESSE

AVRIL est de retour.
   La première des roses,
De ses lèvres mi-closes,
Rit au premier beau jour ;
La terre bienheureuse
S'ouvre et s'épanouit ;
Tout aime, tout jouit.
Hélas ! j'ai dans le cœur une tristesse affreuse.

Les buveurs en gaîté,
Dans leurs chansons vermeilles,
Célébrent sous les treilles
Le vin et la beauté ;

La musique joyeuse,
Avec leur rire clair,
S'éparpille dans l'air.
Hélas ! j'ai dans le cœur une tristesse affreuse.

En déshabillés blancs,
Les jeunes demoiselles
S'en vont sous les tonnelles
Au bras de leurs galants ;
La lune langoureuse
Argente leurs baisers
Longuement appuyés.
Hélas ! j'ai dans le cœur une tristesse affreuse.

Moi, je n'aime plus rien,
Ni l'homme ni la femme,
Ni mon corps, ni mon âme,
Pas même mon vieux chien.
Allez dire qu'on creuse,
Sous le pâle gazon,
Une fosse sans nom.
Hélas ! j'ai dans le cœur une tristesse affreuse.

LA CARAVANE

L A caravane humaine au Sahara du monde,
  Par ce chemin des ans qui n'a pas de retour,
S'en va traînant le pied, brûlée aux feux du jour,
Et buvant sur ses bras la sueur qui l'inonde.

Le grand lion rugit et la tempête gronde ;
A l'horizon fuyard, ni minaret, ni tour ;
La seule ombre qu'on ait, c'est l'ombre du vautour,
Qui traverse le ciel cherchant sa proie immonde.

L'on avance toujours, et voici que l'on voit
Quelque chose de vert que l'on se montre au doigt :
C'est un bois de cyprès, semé de blanches pierres.

Dieu, pour vous reposer, dans le désert du temps,
Comme des oasis, a mis les cimetières :
Couchez-vous et dormez, voyageurs haletants.

PLAINTIVE TOURTERELLE

PLAINTIVE tourterelle,
   Qui roucoules toujours,
Veux-tu prêter ton aile
Pour servir mes amours ?

Comme toi, pauvre amante,
Bien loin de mon ramier,
Je pleure et me lamente
Sans pouvoir l'oublier.

Vole et que ton pied rose
Sur l'arbre ou sur la tour
Jamais ne se repose,
Car je languis d'amour.

Évite, ô ma colombe,
La halte des palmiers
Et tous les toits où tombe
La neige des ramiers.

Va droit sur sa fenêtre,
Près du palais du roi,
Donne-lui cette lettre
Et deux baisers pour moi.

Puis sur mon sein en flamme,
Qui ne peut s'apaiser,
Reviens, avec son âme,
Reviens te reposer,

PREMIER SOURIRE DU PRINTEMPS

TANDIS qu'à leurs œuvres perverses
   Les hommes courent haletants,
Mars qui rit, malgré les averses,
Prépare en secret le printemps.

Pour les petites pâquerettes,
Sournoisement lorsque tout dort,
Il repasse des collerettes
Et cisèle des boutons d'or.

Dans le verger et dans la vigne,
Il s'en va, furtif perruquier,
Avec une houppe de cygne,
Poudrer à frimas l'amandier.

La nature au lit se repose ;
Lui, descend au jardin désert
Et lace les boutons de rose
Dans leur corset de velours vert.

Tout en composant des solfèges,
Qu'aux merles il siffle à mi-voix,
Il sème aux prés les perce-neiges
Et les violettes aux bois.

Sur le cresson de la fontaine
Où le cerf boit, l'oreille au guet,
De sa main cachée il égrène
Les grelots d'argent du muguet.

Sous l'herbe, pour que tu la cueilles,
Il met la fraise au teint vermeil,
Et te tresse un chapeau de feuilles
Pour te garantir du soleil.

Puis, lorsque sa besogne est faite,
Et que son règne va finir,
Au seuil d'avril tournant la tête,
Il dit : " Printemps, tu peux venir ! "

L'AVEUGLE

UN aveugle au coin d'une borne,
    Hagard comme au jour un hibou,
Sur son flageolet, d'un air morne,
Tâtonne en se trompant de trou,

Et joue un ancien vaudeville
Qu'il fausse imperturbablement ;
Son chien le conduit par la ville,
Spectre diurne à l'œil dormant.

Les jours sur lui passent sans luire ;
Sombre, il entend le monde obscur
Et la vie invisible bruire
Comme un torrent derrière un mur !

Dieu sait quelles chimères noires
Hantent cet opaque cerveau !
Et quels illisibles grimoires
L'idée écrit en ce caveau !

Ainsi dans les puits de Venise,
Un prisonnier à demi fou,
Pendant sa nuit qui s'éternise,
Grave des mots avec un clou.

Mais peut-être aux heures funèbres,
Quand la mort souffle le flambeau,
L'âme habituée aux ténèbres
Y verra clair dans le tombeau !

LA SOURCE

TOUT près du lac filtre une source,
    Entre deux pierres, dans un coin ;
Allégrement l'eau prend sa course
Comme pour s'en aller bien loin.

Elle murmure : Oh ! quelle joie !
Sous la terre il faisait si noir !
Maintenant ma rive verdoie,
Le ciel se mire à mon miroir.

Les myosotis aux fleurs bleues
Me disent : Ne m'oubliez pas !
Les libellules de leurs queues
M'égratignent dans leurs ébats :

A ma coupe l'oiseau s'abreuve ;
Qui sait ? —Après quelques détours
Peut-être deviendrai-je un fleuve
Baignant vallons, rochers et tours.

Je broderai de mon écume
Ponts de pierre, quais de granit,
Emportant le steamer qui fume
A l'Océan où tout finit.

Ainsi la jeune source jase,
Formant cent projets d'avenir;
Comme l'eau qui bout dans un vase,
Son flot ne peut se contenir;

Mais le berceau touche à la tombe;
Le géant futur meurt petit;
Née à peine, la source tombe
Dans le grand lac qui l'engloutit!

LE MERLE

UN oiseau siffle dans les branches
    Et sautille gai, plein d'espoir,
Sur les herbes, de givre blanches,
En bottes jaunes, en frac noir.

C'est un merle, chanteur crédule,
Ignorant du calendrier,
Qui rêve soleil, et module
L'hymne d'avril en février.

Pourtant il vente, il pleut à verse;
L'Arve jaunit le Rhône bleu,
Et le salon, tendu de perse,
Tient tous ses hôtes près du feu.

Les monts sur l'épaule ont l'hermine,
Comme des magistrats siégeant;
Leur blanc tribunal examine
Un cas d'hiver se prolongeant.

Lustrant son aile qu'il essuie,
L'oiseau persiste en sa chanson,
Malgré neige, brouillard et pluie,
Il croit à la jeune saison.

Il gronde l'aube paresseuse
De rester au lit si longtemps
Et, gourmandant la fleur frileuse,
Met en demeure le printemps.

Il voit le jour derrière l'ombre ;
Tel un croyant, dans le saint lieu,
L'autel désert, sous la nef sombre,
Avec sa foi voit toujours Dieu.

A la nature il se confie,
Car son instinct pressent la loi.
Qui rit de ta philosophie,
Beau merle, est moins sage que toi !

L'ART

OUI, l'œuvre sort plus belle
    D'une forme au travail
        Rebelle,
Vers, marbre, onyx, émail.

Point de contraintes fausses !
Mais que, pour marcher droit,
        Tu chausses,
Muse, un cothurne étroit.

Fi du rhythme commode,
Comme un soulier trop grand,
        Du mode
Que tout pied quitte et prend !

Statuaire, repousse
L'argile que pétrit
        Le pouce
Quand flotte ailleurs l'esprit.

Lutte avec le carrare,
Avec le paros dur
Et rare,
Gardiens du contour pur ;

Emprunte à Syracuse
Son bronze où fermement
S'accuse
Le trait fier et charmant ;

D'une main délicate
Poursuis dans un filon
D'agate
Le profil d'Apollon.

Peintre, fuis l'aquarelle,
Et fixe la couleur
Trop frêle
Au four de l'émailleur.

Fais les sirènes bleues,
Tordant de cent façons
Leurs queues,
Les monstres des blasons ;

Dans son nimbe trilobe
La Vierge et son Jésus,
Le globe
Avec la croix dessus.

Tout passe. — L'art robuste
Seul a l'éternité.
Le buste
Survit à la cité.

Et la médaille austère
Que trouve un laboureur
   Sous terre
Révèle un empereur.

Les dieux eux-mêmes meurent,
Mais les vers souverains
   Demeurent
Plus forts que les airains,

Sculpte, lime, cisèle ;
Que ton rêve flottant
   Se scelle
Dans le bloc résistant !

VICTOR DE LAPRADE

A UN GRAND ARBRE

L'ESPRIT calme des dieux habite dans les plantes.
   Heureux est le grand arbre aux feuillages épais ;
Dans son corps large et sain la sève coule en paix,
Mais le sang se consume en nos veines brûlantes.

A la croupe du mont tu sièges comme un roi ;
Sur ce trône abrité, je t'aime et je t'envie ;
Je voudrais échanger ton être avec ma vie,
Et me dresser tranquille et sage comme toi.

Le vent n'effleure pas le sol où tu m'accueilles ;
L'orage y descendrait sans pouvoir t'ébranler ;
Sur tes plus hauts rameaux, que seuls on voit trembler,
Comme une eau lente, à peine il fait gémir tes feuilles.

L'aube, un instant, les touche avec son doigt vermeil ;
Sur tes obscurs réseaux semant sa lueur blanche,
La lune aux pieds d'argent descend de branche en branche,
Et midi baigne en plein ton front dans le soleil.

L'éternelle Cybèle embrasse tes pieds fermes ;
Les secrets de son sein, tu les sens, tu les vois ;
Au commun réservoir en silence tu bois,
Enlacé dans ces flancs où dorment tous les germes.

Salut, toi qu'en naissant l'homme aurait adoré ;
Notre âge, qui se rue aux luttes convulsives,
Te voyant immobile, a douté que tu vives,
Et ne reconnaît plus en toi d'hôte sacré.

Ah ! moi je sens qu'une âme est là sous ton écorce :
Tu n'as pas nos transports et nos désirs de feu,
Mais tu rêves, profond et serein comme un dieu ;
Ton immobilité repose sur ta force.

Salut ! Un charme agit et s'échange entre nous.
Arbre, je suis peu fier de l'humaine nature ;
Un esprit revêtu d'écorce et de verdure
Me semble aussi puissant que le nôtre, et plus doux.

Verse à flots sur mon front ton ombre qui m'apaise ;
Puisse mon sang dormir et mon corps s'affaisser ;
Que j'existe un moment sans vouloir ni penser :
La volonté me trouble, et la raison me pèse.

Je souffre du désir, orage intérieur ;
Mais tu ne connais, toi, ni l'espoir, ni le doute,
Et tu n'as su jamais ce que le plaisir coûte ;
Tu ne l'achètes pas au prix de la douleur.

Quand un beau jour commence et quand le mal fait trêve,
Les promesses du ciel ne valent pas l'oubli;
Dieu même ne peut rien sur le temps accompli ;
Nul songe n'est si doux qu'un long sommeil sans rêve.

Le chêne a le repos, l'homme a la liberté . . .
Que ne puis-je en ce lieu prendre avec toi racines !
Obéir, sans penser, à des forces divines,
C'est être dieu soi-même, et c'est ta volupté.

Verse, ah ! verse dans moi tes fraîcheurs printanières,
Les bruits mélodieux des essaims et des nids,
Et le frissonnement des songes infinis ;
Pour ta sérénité je t'aime entre nos frères.

Si j'avais, comme toi, tout un mont pour soutien,
Si mes deux pieds trempaient dans la source des choses,
Si l'Aurore humectait mes cheveux de ses roses,
Si mon cœur recélait toute la paix du tien ;

Si j'étais un grand chêne avec ta sève pure,
Pour tous, ainsi que toi, bon, riche, hospitalier,
J'abriterais l'abeille et l'oiseau familier
Qui sur ton front touffu répandent le murmure ;

Mes feuilles verseraient l'oubli sacré du mal,
Le sommeil, à mes pieds, monterait de la mousse
Et là viendraient tous ceux que la cité repousse
Écouter ce silence où parle l'idéal.

Nourri par la nature, au destin résignée,
Des esprits qu'elle aspire et qui la font rêver,
Sans trembler devant lui, comme sans le braver,
Du bûcheron divin j'attendrais la cognée.

BÉATRIX

GLOIRE au cœur téméraire épris de l'impossible,
   Qui marche, dans l'amour, au sentier des douleurs,
Et fuit tout vain plaisir au vulgaire accessible.

Heureux qui sur sa route, invité par les fleurs,
Passe et n'écarte point leur feuillage ou leurs voiles,
Et, vers l'azur lointain tournant ses yeux en pleurs,

Tend ses bras insensés pour cueillir les étoiles.
Une beauté, cachée aux désirs trop humains,
Sourit à ses regards, sur d'invisibles toiles ;

Vers ses ambitions lui frayant des chemins,
Un ange le soutient sur des brises propices ;
Les astres bien aimés s'approchent de ses mains ;

Les lis du paradis lui prêtent leurs calices.
Béatrix ouvre un monde à qui la prend pour sœur,
A qui lutte et se dompte et souffre avec délices,

Et goûte à s'immoler sa plus chère douceur ;
Et, joyeux, s'élançant au delà du visible,
De la porte du ciel s'approche en ravisseur.

Gloire au cœur téméraire épris de l'impossible !

LE DROIT D'AÎNESSE

TE voilà fort et grand garçon,
   Tu vas entrer dans la jeunesse ;
Reçois ma dernière leçon :
   Apprends quel est ton droit d'aînesse.

Pour le connaître en sa rigueur
Tu n'as pas besoin d'un gros livre ;
Ce droit est écrit dans ton cœur...
Ton cœur ! c'est la loi qu'il faut suivre.

Afin de le comprendre mieux,
Tu vas y lire avec ton père,
Devant ces portraits des aïeux
Qui nous aideront, je l'espère.

Ainsi que mon père l'a fait,
Un brave aîné de notre race
Se montre fier et satisfait
En prenant la plus dure place.

A lui le travail, le danger,
La lutte avec le sort contraire ;
A lui l'orgueil de protéger
La grande sœur, le petit frère.

Son épargne est le fonds commun
Où puiseront tous ceux qu'il aime ;
Il accroît la part de chacun
De tout ce qu'il s'ôte à lui-même.

Il voit, au prix de ses efforts,
Suivant les traces paternelles,
Tous les frères savants et forts,
Toutes les sœurs sages et belles.

C'est lui qui, dans chaque saison,
Pourvoyeur de toutes les fêtes,
Fait abonder dans la maison
Les fleurs, les livres des poètes.

Il travaille, enfin, nuit et jour :
Qu'importe ! les autres jouissent.
N'est-il pas le père à son tour ?
S'il vieillit, les enfants grandissent !

Du poste où le bon Dieu l'a mis
Il ne s'écarte pas une heure ;
Il y fait tête aux ennemis,
Il y mourra, s'il faut qu'il meure !

Quand le berger manque au troupeau,
Absent, hélas ! où mort peut-être,
Tel, pour la brebis et l'agneau,
Le bon chien meurt après son maître.

Ainsi, quand Dieu me reprendra,
Tu sais, dans notre humble héritage,
Tu sais le lot qui t'écherra
Et qui te revient sans partage.

Nos chers petits seront heureux,
Mais il faut qu'en toi je renaisse.
Veiller, lutter, souffrir pour eux...
Voilà, mon fils, ton droit d'ainesse !

MME. L. ACKERMANN

L'HOMME

JETÉ par le hasard sur un vieux globe infime,
    A l'abandon, perdu comme en un océan,
Je surnage un moment et flotte à fleur d'abîme,
        Épave du néant.

Et pourtant, c'est à moi, quand sur des mers sans rives
Un naufrage éternel semblait me menacer,
Qu'une voix a crié du fond de l'Être : " Arrive !
          Je t'attends pour penser."

L'Inconscience encor sur la nature entière
Étendait tristement son voile épais et lourd.
J'apparus ; aussitôt à travers la matière
          L'Esprit se faisait jour.

Secouant ma torpeur et tout étonné d'être,
J'ai surmonté mon trouble et mon premier émoi,
Plongé dans le grand Tout, j'ai su m'y reconnaître ;
          Je m'affirme et dis : " Moi ! "

Bien que la chair impure encor m'assujettisse,
Des aveugles instincts j'ai rompu le réseau ;
J'ai créé la Pudeur, j'ai conçu la Justice ;
          Mon cœur fut leur berceau.

Seul je m'enquiers des fins et je remonte aux causes.
A mes yeux l'univers n'est qu'un spectacle vain.
Dussé-je m'abuser, au mirage des choses
          Je prête un sens divin.

Je défie à mon gré la mort et la souffrance.
Nature impitoyable, en vain tu me démens,
Je n'en crois que mes vœux, et fais de l'espérance
          Même avec mes tourments.

Pour combler le néant, ce gouffre vide et morne,
S'il suffit d'aspirer un instant, me voilà !
Fi de cet ici-bas ! Tout m'y cerne et m'y borne ;
          Il me faut l'au-delà !

Je veux de l'éternel, moi qui suis l'éphémère.
  Quand le réel me presse, impérieux, brutal,
Pour refuge au besoin n'ai-je pas la chimère
    Qui s'appelle Idéal ?

Je puis avec orgueil, au sein des nuits profondes,
  De l'éther étoilé contempler la splendeur.
Gardez votre infini, cieux lointains, vastes mondes,
    J'ai le mien dans mon cœur !

LECONTE DE LISLE

LES MONTREURS

TEL qu'un morne animal, meurtri, plein de poussière,
  La chaîne au cou, hurlant au chaud soleil d'été,
Promène qui voudra son cœur ensanglanté
Sur ton pavé cynique, ô plèbe carnassière !

Pour mettre un feu stérile en ton œil hébété,
Pour mendier ton rire ou ta pitié grossière,
Déchire qui voudra la robe de lumière
De la pudeur divine et de la volupté.

Dans mon orgueil muet, dans ma tombe sans gloire,
Dussé-je m'engloutir pour l'éternité noire,
Je ne te vendrai pas mon ivresse ou mon mal,

Je ne livrerai pas ma vie à tes huées,
Je ne danserai pas sur ton tréteau banal
Avec tes histrions et tes prostituées.

MIDI

MIDI, roi des étés, épandu sur la plaine,
  Tombe en nappes d'argent des hauteurs du ciel bleu.
Tout se tait. L'air flamboie et brûle sans haleine ;
La terre est assoupie en sa robe de feu.

L'étendue est immense, et les champs n'ont pas d'ombre
Et la source est tarie où buvaient les troupeaux ;
La lointaine forêt, dont la lisière est sombre,
Dort là-bas, immobile, en un pesant repos.

Seuls, les grands blés mûris, tels qu'une mer dorée.
Se déroulent au loin, dédaigneux du sommeil ;
Pacifiques enfants de la terre sacrée,
Ils épuisent sans peur la coupe du soleil.

Parfois, comme un soupir de leur âme brûlante,
Du sein des épis lourds qui murmurent entre eux,
Une ondulation majestueuse et lente
S'éveille, et va mourir à l'horizon poudreux.

Non loin, quelques bœufs blancs, couchés parmi les herbes,
Bavent avec lenteur sur leurs fanons épais,
Et suivent de leurs yeux languissants et supérbes
Le songe intérieur qu'ils n'achèvent jamais.

Homme, si, le cœur plein de joie ou d'amertume,
Tu passais vers midi dans les champs radieux,
Fuis ! la nature est vide et le soleil consume :
Rien n'est vivant ici, rien n'est triste ou joyeux.

Mais si, désabusé des larmes et du rire,
Altéré de l'oubli de ce monde agité,
Tu veux, ne sachant plus pardonner ou maudire,
Goûter une suprême et morne volupté,

Viens ! Le soleil te parle en paroles sublimes ;
Dans sa flamme implacable absorbe-toi sans fin ;
Et retourne à pas lents vers les cités infimes,
Le cœur trempé sept fois dans le néant divin.

NOX

SUR la pente des monts les brises apaisées
  Inclinent au sommeil les arbres onduleux ;
L'oiseau silencieux s'endort dans les rosées,
Et l'étoile a doré l'écume des flots bleus.

Au contour des ravins, sur les hauteurs sauvages,
Une molle vapeur efface les chemins ;
La lune tristement baigne les noirs feuillages ;
L'oreille n'entend plus les murmures humains.

Mais sur le sable au loin chante la mer divine,
Et des hautes forêts gémit la grande voix,
Et l'air sonore, aux cieux que la nuit illumine,
Porte le chant des mers et le soupir des bois.

Montez, saintes rumeurs, paroles surhumaines,
Entretien lent et doux de la terre et du ciel !
Montez, et demandez aux étoiles sereines
S'il est pour les atteindre un chemin éternel.

O mers, ô bois songeurs, voix pieuses du monde,
Vous m'avez répondu durant mes jours mauvais,
Vous avez apaisé ma tristesse inféconde,
Et dans mon cœur aussi vous chantez à jamais !

L'ECCLÉSIASTE

L'ECCLÉSIASTE a dit : Un chien vivant vaut mieux
  Qu'un lion mort. Hormi, certes, manger et boire,
Tout n'est qu'ombre et fumée. Et le monde est très vieux,
Et le néant de vivre emplit la tombe noire.

Par les antiques nuits, à la face des cieux,
Du sommet de sa tour comme d'un promontoire,
Dans le silence, au loin laissant planer ses yeux,
Sombre, tel il songeait sur son siège d'ivoire.

Vieil amant du soleil, qui gémissais ainsi,
L'irrévocable mort est un mensonge aussi.
Heureux qui d'un seul bond s'engloutirait en elle.

Moi, toujours, à jamais, j'écoute, épouvanté,
Dans l'ivresse et l'horreur de l'immortalité,
Le long rugissement de la Vie éternelle.

LA VÉRANDAH

AU tintement de l'eau dans les porphyres roux
   Les rosiers de l'Iran mêlent leurs frais murmures,
Et les ramiers rêveurs leurs roucoulements doux.
Tandis que l'oiseau grêle et le frelon jaloux,
Sifflant et bourdonnant, mordent les figues mûres,
Les rosiers de l'Iran mêlent leurs frais murmures
Au tintement de l'eau dans les porphyres roux.

Sous les treillis d'argent de la vérandah close,
Dans l'air tiède embaumé de l'odeur des jasmins,
Où la splendeur du jour darde une flèche rose,
La Persane royale, immobile, repose,
Derrière son col brun croisant ses belles mains,
Dans l'air tiède, embaumé de l'odeur des jasmins,
Sous les treillis d'argent de la vérandah close.

Jusqu'aux lèvres que l'ambre arrondi baise encor,
Du cristal d'où s'échappe une vapeur subtile
Qui monte en tourbillons légers et prend l'essor,
Sur les coussins de soie écarlate, aux fleurs d'or,

La branche du hûka rôde comme un reptile
Du cristal d'où s'échappe une vapeur subtile
Jusqu'aux lèvres que l'ambre arrondi baise encor.

Deux rayons noirs, chargés d'une muette ivresse,
Sortent de ses longs yeux entr'ouverts à démi ;
Un songe l'enveloppe, un souffle la caresse ;
Et parce que l'effluve invincible l'oppresse,
Parce que son beau sein qui se gonfle a frémi,
Sortent de ses longs yeux entr'ouverts à demi
Deux rayons noirs, chargés d'une muette ivresse.

Et l'eau vive s'endort dans les porphyres roux,
Les rosiers de l'Iran ont cessé leurs murmures,
Et les ramiers rêveurs leurs roucoulements doux.
Tout se tait.   L'oiseau grêle et le frelon jaloux
Ne se querellent plus autour des figues mûres.
Les rosiers de l'Iran ont cessé leurs murmures,
Et l'eau vive s'endort dans les porphyres roux.

LES ELFES

COURONNÉS de thym et de marjolaine,
   Les Elfes joyeux dansent sur la plaine.

Du sentier des bois aux daims familier,
Sur un noir cheval, sort un chevalier.
Son éperon d'or brille en la nuit brune ;
Et, quand il traverse un rayon de lune,
On voit resplendir, d'un reflet changeant,
Sur sa chevelure un casque d'argent.

Couronnés de thym et de marjolaine,
Les Elfes joyeux dansent sur la plaine.

Ils l'entourent tous d'un essaim léger
Qui dans l'air muet semble voltiger.
—Hardi chevalier, par la nuit sereine,
Où vas-tu si tard? dit la jeune Reine.
De mauvais esprits hantent les forêts;
Viens danser plutôt sur les gazons frais.

Couronnés de thym et de marjolaine,
Les Elfes joyeux dansent sur la plaine.

—Non! ma fiancée aux yeux clairs et doux
M'attend, et demain nous serons époux.
Laissez-moi passer, Elfes des prairies,
Qui foulez en rond les mousses fleuries;
Ne m'attardez pas loin de mon amour,
Car voici déjà les lueurs du jour.—

Couronnés de thym et de marjolaine,
Les Elfes joyeux dansent sur la plaine.

—Reste, chevalier. Je te donnerai
L'opale magique et l'anneau doré,
Et, ce qui vaut mieux que gloire et fortune,
Ma robe filée au clair de la lune.
—Non! dit-il. —Va donc!— Et de son doigt blanc
Elle touche au cœur le guerrier tremblant.

Couronnés de thym et de marjolaine,
Les Elfes joyeux dansent sur la plaine.

Et sous l'éperon le noir cheval part.
Il court, il bondit et va sans retard;
Mais le chevalier frissonne et se penche;
Il voit sur la route une forme blanche
Qui marche sans bruit et lui tend les bras:
—Elfe, esprit, démon, ne m'arrête pas!—

Couronnés de thym et de marjolaine,
Les Elfes joyeux dansent sur la plaine.

—Ne m'arrête pas, fantôme odieux.!
Je vais épouser ma belle aux doux yeux.
—O mon cher époux, la tombe éternelle
Sera notre lit de noce, dit-elle.
Je suis morte ! — Et lui, la voyant ainsi,
D'angoisse et d'amour tombe mort aussi.

Couronnés de thym et de marjolaine,
Les Elfes joyeux dansent sur la plaine.

LES ÉLÉPHANTS

L E sable rouge est comme une mer sans limite,
  Et qui flambe, muette, affaissée en son lit.
Une ondulation immobile remplit
L'horizon aux vapeurs de cuivre où l'homme habite.

Nulle vie et nul bruit. Tous les lions repus
Dorment au fond de l'antre éloigné de cent lieues,
Et la girafe boit dans les fontaines bleues,
Là-bas, sous les dattiers des panthères connus.

Pas un oiseau ne passe en fouettant de son aile
L'air épais, où circule un immense soleil.
Parfois quelque boa, chauffé dans son sommeil,
Fait onduler son dos dont l'écaille étincelle.

Tel l'espace enflammé brûle sous les cieux clairs.
Mais, tandis que tout dort aux mornes solitudes,
Les éléphants rugueux, voyageurs lents et rudes,
Vont au pays natal à travers les déserts.

D'un point de l'horizon, comme des masses brunes,
Ils viennent, soulevant la poussière, et l'on voit,
Pour ne pas dévier du chemin le plus droit,
Sous leur pied large et sûr crouler au loin les dunes.

Celui qui tient la tête est un vieux chef. Son corps
Est gercé comme un tronc que le temps ronge et mine ;
Sa tête est comme un roc, et l'arc de son échine
Se voûte puissamment à ses moindres efforts.

Sans ralentir jamais et sans hâter sa marche,
Il guide au but certain ses compagnons poudreux ;
Et, creusant par derrière un sillon sablonneux,
Les pèlerins massifs suivent leur patriarche.

L'oreille en éventail, la trompe entre les dents,
Ils cheminent, l'œil clos. Leur ventre bat et fume,
Et leur sueur dans l'air embrasé monte en brume ;
Et bourdonnent autour mille insectes ardents.

Mais qu'importent la soif et la mouche vorace,
Et le soleil cuisant leur dos noir et plissé ?
Ils rêvent en marchant du pays délaissé,
Des forêts de figuiers où s'abrita leur race.

Ils reverront le fleuve échappé des grands monts,
Où nage en mugissant l'hippopotame énorme,
Où, blanchis par la lune et projetant leur forme,
Ils descendaient pour boire en écrasant les joncs.

Aussi, pleins de courage et de lenteur, ils passent
Comme une ligne noire, au sable illimité ;
Et le désert reprend son immobilité
Quand les lourds voyageurs à l'horizon s'effacent.

LA CHUTE DES ÉTOILES

TOMBEZ, ô perles dénouées,
  Pâles étoiles, dans la mer.
Un brouillard de roses nuées
Émerge de l'horizon clair ;
A l'Orient plein d'étincelles
Le vent joyeux bat de ses ailes
L'onde qui brode un vif éclair.
Tombez, ô perles immortelles,
Pâles étoiles, dans la mer.

Plongez sous les écumes fraîches
De l'Océan mystérieux.
La lumière crible de flèches
Le faîte des monts radieux ;
Mille et mille cris, par fusées,
Sortent des bois lourds de rosées ;
Une musique vole aux cieux.
Plongez, de larmes arrosées,
Dans l'Océan mystérieux.

Fuyez, astres mélancoliques,
O Paradis lointains encor !
L'aurore aux lèvres métalliques
Rit dans le ciel et prend l'essor ;
Elle se vêt de molles flammes,
Et sur l'émeraude des lames
Fait pétiller des gouttes d'or.
Fuyez, mondes où vont les âmes,
O Paradis lointains encor !

Allez, étoiles, aux nuits douces,
Aux cieux muets de l'Occident.
Sur les feuillages et les mousses
Le soleil darde un œil ardent ;
Les cerfs, par bonds, dans les vallées,
Se baignent aux sources troublées ;
Le bruit des hommes va grondant.
Allez, ô blanches exilées,
Aux cieux muets de l'Occident.

Heureux qui vous suit, clartés mornes,
O lampes qui versez l'oubli !
Comme vous, dans l'ombre sans bornes,
Heureux qui roule enseveli !
Celui-là vers la paix s'élance :
Haine, amour, larmes, violence,
Ce qui fut l'homme est aboli.
Donnez-nous l'éternel silence,
O lampes qui versez l'oubli !

MILLE ANS APRÈS

L'APRE rugissement de la mer pleine d'ombres,
    Cette nuit-là, grondait au fond des gorges noires,
Et tout échevelés, comme des spectres sombres,
De grands brouillards couraient le long des promontoires

Le vent hurleur rompait en convulsives masses
Et sur les pics aigus éventrait les ténèbres,
Ivre, emportant par bonds dans les lames voraces
Les bandes de taureaux aux beuglements funèbres.

Semblable à quelque monstre énorme, épileptique,
Dont le poil se hérisse et dont la bave fume,
La montagne, debout dans le ciel frénétique,
Geignait affreusement, le ventre blanc d'écume.

Et j'écoutais, ravi, ces voix désespérées.
Vos divines chansons vibraient dans l'air sonore,
O jeunesse, ô désirs, ô visions sacrées,
Comme un chœur de clairons éclatant à l'aurore !

Hors du gouffre infernal, sans y rien laisser d'elle,
Parmi ces cris et ces angoisses et ces fièvres,
Mon âme en palpitant s'envolait d'un coup d'aile
Vers ton sourire, ô gloire ! et votre arome, ô lèvres !

La nuit terrible, avec sa formidable bouche,
Disait : —La vie est douce ; ouvre ses portes closes !
Et le vent me disait de son râle farouche :
—Adore ! Absorbe-toi dans la beauté des choses !—

Voici qu'après mille ans, seul, à travers les âges,
Je retourne, ô terreur ! à ces heures joyeuses,
Et je n'entends plus rien que les sanglots sauvages
Et l'écroulement sourd des ombres furieuses.

LE SOIR D'UNE BATAILLE

TELS que la haute mer contre les durs rivages,
   A la grande tuerie ils se sont tous rués,
Ivres et haletants, par les boulets troués,
En d'épais tourbillons pleins de clameurs sauvages.

Sous un large soleil d'été, de l'aube au soir,
Sans relâche, fauchant les blés, brisant les vignes,
Longs murs d'hommes, ils ont poussé leurs sombres
     lignes,
Et là, par blocs entiers, ils se sont laissés choir.

Puis, ils se sont liés en étreintes féroces,
Le souffle au souffle uni, l'œil de haine chargé.
Le fer d'un sang fiévreux à l'aise s'est gorgé ;
La cervelle a jailli sous la lourdeur des crosses.

Victorieux, vaincus, fantassins, cavaliers,
Les voici maintenant, blêmes, muets, farouches,
Les poings fermés, serrant les dents, et les yeux louches,
Dans la mort furieuse étendus par milliers.

La pluie, avec lenteur lavant leurs pâles faces,
Aux pentes du terrain fait murmurer ses eaux ;
Et par la morne plaine où tourne un vol d'oiseaux
Le ciel d'un soir sinistre estompe au loin leurs masses.

Tous les cris se sont tus, les râles sont poussés.
Sur le sol bossué de tant de chair humaine,
Aux dernières lueurs du jour on voit à peine
Se tordre vaguement des corps entrelacés ;

Et là-bas, du milieu de ce massacre immense,
Dressant son cou roidi, percé de coups de feu,
Un cheval jette au vent un rauque et triste adieu
Que la nuit fait courir à travers le silence.

O boucherie ! ô soif du meurtre ! acharnement !
Horrible ! odeur des morts qui suffoques et navres !
Soyez maudits devant ces cent mille cadavres
Et la stupide horreur de cet égorgement.

Mais, sous l'ardent soleil ou sur la plaine noire,
Si, heurtant de leur cœur la gueule du canon,
Ils sont morts, Liberté, ces braves, en ton nom,
Béni soit le sang pur qui fume vers ta gloire !

IN EXCELSIS

MIEUX que l'aigle chasseur, familier de la nue,
Homme! monte par bonds dans l'air resplendissant.
La vieille terre, en bas, se tait et diminue.

Monte. Le clair abîme ouvre à ton vol puissant
Les houles de l'azur que le soleil flagelle.
Dans la brume, le globe, en bas, va s'enfonçant.

Monte. La flamme tremble et pâlit, le ciel gèle,
Un crépuscule morne étreint l'immensité.
Monte, monte et perds-toi dans la nuit éternelle:

Un gouffre calme, noir, informe, illimité,
L'évanouissement total de la matière
Avec l'inénarrable et pleine cécité.

Esprit! monte à ton tour vers l'unique lumière,
Laisse mourir en bas tous les anciens flambeaux,
Monte où la Source en feu brûle et jaillit entière.

De rêve en rêve, va! des meilleurs aux plus beaux.
Pour gravir les degrés de l'Echelle infinie,
Foule les dieux couchés dans leurs sacrés tombeaux.

L'intelligible cesse, et voici l'agonie,
Le mépris de soi-même, et l'ombre, et le remord,
Et le renoncement furieux du génie.

Lumière, où donc es-tu? Peut-être dans la mort.

REQUIES

COMME un morne exilé, loin de ceux que j'aimais,
Je m'éloigne à pas lents des beaux jours de ma vie,
Du pays enchanté qu'on ne revoit jamais.

Sur la haute colline où la route dévie
Je m'arrête, et vois fuir à l'horizon dormant
Ma dernière espérance, et pleure amèrement.

O malheureux ! crois-en ta muette détresse :
Rien ne refleurira, ton cœur ni ta jeunesse,
Au souvenir cruel de tes félicités.
Tourne plutôt les yeux vers l'angoisse nouvelle,
Et laisse retomber dans leur nuit éternelle
L'amour et le bonheur que tu n'as point goûtés.

Le temps n'a pas tenu ses promesses divines.
Tes yeux ne verront point reverdir tes ruines ;
Livre leur cendre morte au souffle de l'oubli.
Endors-toi sans tarder en ton repos suprême,
Et souviens-toi, vivant dans l'ombre enseveli,
Qu'il n'est plus dans ce monde un seul être qui t'aime.

La vie est ainsi faite, il nous la faut subir.
Le faible souffre et pleure, et l'insensé s'irrite ;
Mais le plus sage en rit, sachant qu'il doit mourir.
Rentre au tombeau muet où l'homme enfin s'abrite,
Et là, sans nul souci de la terre et du ciel,
Repose, ô malheureux, pour le temps éternel !

DANS LE CIEL CLAIR

DANS le ciel clair rayé par l'hirondelle alerte,
    Le matin qui fleurit comme un divin rosier
Parfume la feuillée étincelante et verte
Où les nids amoureux, palpitants, l'aile ouverte,
A la cime des bois chantent à plein gosier   .
Le matin qui fleurit comme un divin rosier
Dans le ciel clair rayé par l'hirondelle alerte.

En grêles notes d'or, sur les graviers polis,
Les eaux vives, filtrant et pleuvant goutte à goutte,
Caressent du baiser de leur léger roulis
La bruyère et le thym, les glaïeuls et les lys ;
Et le jeune chevreuil, que l'aube éveille, écoute
Les eaux vives filtrant et pleuvant goutte à goutte
En grêles notes d'or sur les graviers polis.

Le long des frais buissons où rit le vent sonore,
Par le sentier qui fuit vers le lointain charmant
Où la molle vapeur bleuit et s'évapore,
Tous deux, sous la lumière humide de l'aurore,
S'en vont entrelacés et passent lentement
Par le sentier qui fuit vers le lointain charmant,
Le long des frais buissons où rit le vent sonore.

La volupté d'aimer clôt à demi leurs yeux,
Ils ne savent plus rien du vol de l'heure brève,
Le charme et la beauté de la terre et des cieux
Leur rendent éternel l'instant délicieux,
Et, dans l'enchantement de ce rêve d'un rêve,
Ils ne savent plus rien du vol de l'heure brève,   ·
La volupté d'aimer clôt à demi leurs yeux.

Dans le ciel clair rayé par l'hirondelle alerte
L'aube fleurit toujours comme un divin rosier ;
Mais eux, sous la feuillée étincelante et verte,
N'entendront plus, un jour, les doux nids, l'aile ouverte,
Jusqu'au fond de leur cœur chanter à plein gosier
Le matin qui fleurit comme un divin rosier
Dans le ciel clair rayé par l'hirondelle alerte.

LA LAMPE DU CIEL

PAR la chaîne d'or des étoiles vives
    La Lampe du ciel pend du sombre azur
Sur l'immense mer, les monts et les rives.
Dans la molle paix de l'air tiède et pur
Bercée au soupir des houles pensives,
La Lampe du ciel pend du sombre azur
Par la chaîne d'or des étoiles vives.

Elle baigne, emplit l'horizon sans fin
De l'enchantement de sa clarté calme ;
Elle argente l'ombre au fond du ravin,
Et, perlant les nids, posés sur la palme,
Qui dorment, légers, leur sommeil divin,
De l'enchantement de sa clarté calme
Elle baigne, emplit l'horizon sans fin.

Dans le doux abîme, ô Lune, où tu plonges,
Es-tu le soleil des morts bienheureux,
Le blanc paradis où s'en vont leurs songes ?
O monde muet, épanchant sur eux
De beaux rêves faits de meilleurs mensonges,
Es-tu le soleil des morts bienheureux,
Dans le doux abîme, ô Lune, où tu plonges ?

Toujours, à jamais, éternellement,
Nuit ! Silence ! Oubli des heures amères !
Que n'absorbez-vous le désir qui ment,
Haine, amour, pensée, angoisse et chimères ?
Que n'apaisez-vous l'antique tourment,
Nuit ! Silence ! Oubli des heures amères !
Toujours, à jamais, éternellement ?

Par la chaîne d'or des étoiles vives,
O Lampe du ciel, qui pends de l'azur,
Tombe, plonge aussi dans la mer sans rives !
Fais un gouffre noir de l'air tiède et pur
Au dernier soupir des houles pensives,
O Lampe du ciel, qui pends de l'azur
Par la chaîne d'or des étoiles vives !

SI L'AURORE

SI l'Aurore, toujours, de ses perles arrose
Cannes, gérofliers et maïs onduleux ;
Si le vent de la mer, qui monte aux pitons bleus,
Fait les bambous géants bruire dans l'air rose ;

Hors du nid frais blotti parmi les vétivers
Si la plume écarlate allume les feuillages ;
Si l'on entend frémir les abeilles sauvages
Sur les cloches de pourpre et les calices verts ;

Si le roucoulement des blondes tourterelles
Et les trilles aigus du cardinal siffleur
S'unissent çà et là sur la montagne en fleur
Au bruit de l'eau qui va mouvant les herbes grêles ;

Avec ses bardeaux roux jaspés de mousses d'or
Et sa varangue basse aux stores de Manille,
A l'ombre des manguiers où grimpe la vanille
Si la maison du cher aïeul repose encor ;

O doux oiseaux bercés sur l'aigrette des cannes,
O lumière, ô jeunesse, arome de nos bois,
Noirs ravins, qui, le long de vos âpres parois,
Exhalez au soleil vos brumes diaphanes !

Salut ! Je vous salue, ô montagnes, ô cieux,
Du paradis perdu visions infinies,

Aurores et couchants, astres des nuits bénies,
Qui ne resplendirez jamais plus dans mes yeux !

Je vous salue, au bord de la tombe éternelle,
Rêve stérile, espoir aveugle, désir vain,
Mirages éclatants du mensonge divin
Que l'heure irrésistible emporte sur son aile !

Puisqu'il n'est, par delà nos moments révolus,
Que l'immuable oubli de nos mille chimères,
A quoi bon se troubler des choses éphémères ?
A quoi bon le souci d'être ou de n'être plus ?

J'ai goûté peu de joie, et j'ai l'âme assouvie
Des jours nouveaux non moins que des siècles anciens.
Dans le sable stérile où dorment tous les miens
Que ne puis-je finir le songe de la vie !

Que ne puis-je, couché sous le chiendent amer,
Chair inerte, vouée au temps qui la dévore,
M'engloutir dans la nuit qui n'aura point d'aurore,
Au grondement immense et morne de la mer !

LE MANCHY

SOUS un nuage frais de claire mousseline,
      Tous les dimanches au matin,
Tu venais à la ville en manchy de rotin,
      Par les rampes de la colline.

La cloche de l'église alertement tintait ;
      Le vent de mer berçait les cannes ;
Comme une grêle d'or, aux pointes des savanes,
      Le feu du soleil crépitait.

Le bracelet aux poings, l'anneau sur la cheville,
  Et le mouchoir jaune aux chignons,
Deux Telingas portaient, assidus compagnons,
  Ton lit aux nattes de Manille.

Ployant leur jarret maigre et nerveux, et chantant,
  Souples dans leurs tuniques blanches,
Le bambou sur l'épaule et les mains sur les hanches,
  Ils allaient le long de l'Étang.

. . . .

On voyait, au travers du rideau de batiste,
  Tes boucles dorer l'oreiller,
Et, sous leurs cils mi-clos, feignant de sommeiller,
  Tes beaux yeux de sombre améthyste.

Tu t'en venais ainsi, par ces matins si doux,
  De la montagne à la grand'messe,
Dans ta grâce naïve et ta rose jeunesse,
  Au pas rhythmé de tes Hindous.

Maintenant, dans le sable aride de nos grèves,
  Sous les chiendents, au bruit des mers,
Tu reposes parmi les morts qui me sont chers,
  O charme de mes premiers rêves !

LE FRAIS MATIN DORAIT

L E frais matin dorait de sa clarté première
  La cime des bambous et des gérofliers.
Oh ! les mille chansons des oiseaux familiers
Palpitant dans l'air rose et buvant la lumière !

Comme lui tu brillais, ô ma douce lumière,
Et tu chantais comme eux vers les cieux familiers !
A l'ombre des letchis et des gérofliers,
C'était toi que mon cœur contemplait la première.

Telle, au Jardin céleste, à l'aurore première,
La jeune Ève, sous les divins gérofliers,
Toute pareille encore aux anges familiers,
De ses yeux innocents répandait la lumière.

Harmonie et parfum, charme, grâce, lumière,
Toi, vers qui s'envolaient mes songes familiers,
Rayon d'or effleurant les hauts gérofliers,
O lys, qui m'as versé mon ivresse première !

La Vierge aux pâles mains t'a prise la première,
Chère âme ! Et j'ai vécu loin des gérofliers,
Loin des sentiers charmants à tes pas familiers,
Et loin du ciel natal où fleurit ta lumière.

Des siècles ont passé, dans l'ombre ou la lumière,
Et je revois toujours mes astres familiers,
Les beaux yeux qu'autrefois, sous nos gérofliers,
Le frais matin dorait de sa clarté première !

TRE FILA D'ORO

LA-BAS, sur la mer, comme l'hirondelle,
Je voudrais m'enfuir, et plus loin encor !
Mais j'ai beau vouloir, puisque la cruelle
A lié mon cœur avec trois fils d'or.

L'un est son regard, l'autre son sourire,
Le troisième, enfin, est sa lèvre en fleur ;
Mais je l'aime trop, c'est un vrai martyre :
Avec trois fils d'or elle a pris mon cœur !

Oh ! si je pouvais dénouer ma chaîne !
Adieu, pleurs, tourments ; je prendrais l'essor.
Mais non, non ! mieux vaut mourir à la peine
Que de vous briser, ô mes trois fils d'or !

BAUDELAIRE

LE GUIGNON

POUR soulever un poids si lourd,
   Sisyphe, il faudrait ton courage !
Bien qu'on ait du cœur à l'ouvrage,
L'Art est long et le Temps est court.

Loin des sépultures célèbres,
Vers un cimetière isolé,
Mon cœur, comme un tambour voilé,
Va battant des marches funèbres.

Maint joyau dort enseveli
Dans les ténèbres et l'oubli,
Bien loin des pioches et des sondes ;

Mainte fleur épanche à regret
Son parfum doux comme un secret
Dans les solitudes profondes.

LA VIE ANTÉRIEURE

J'AI longtemps habité sous de vastes portiques
   Que les soleils marins teignaient de mille feux,
Et que leurs grands piliers, droits et majestueux,
Rendaient pareils, le soir, aux grottes basaltiques.

Les houles, en roulant les images des cieux,
Mêlaient d'une façon solennelle et mystique
Les tout-puissants accords de leur riche musique
Aux couleurs du couchant reflété par mes yeux.

C'est là que j'ai vécu dans les voluptés calmes,
Au milieu de l'azur, des vagues, des splendeurs
Et des esclaves nus, tout imprégnés d'odeurs,

Qui me rafraîchissaient le front avec des palmes,
Et dont l'unique soin était d'approfondir
Le secret douloureux qui me faisait languir.

LA BEAUTÉ

QUE diras-tu ce soir, pauvre âme solitaire,
  Que diras-tu, mon cœur, cœur autrefois flétri,
A la très-belle, à la très-bonne, à la très-chère,
Dont le regard divin t'a soudain refleuri ?

— Nous mettrons notre orgueil à chanter ses louanges.
Rien ne vaut la douceur de son autorité ;
Sa chair spirituelle a le parfum des Anges,
Et son œil nous revêt d'un habit de clarté.

Que ce soit dans la nuit et dans la solitude,
Que ce soit dans la rue et dans la multitude,
Son fantôme dans l'air danse comme un flambeau.

Parfois il parle et dit : "Je suis belle, et j'ordonne
Que pour l'amour de moi vous n'aimiez que le Beau ;
Je suis l'Ange gardien, la Muse et la Madone !"

LA CLOCHE FÊLÉE

IL est amer et doux, pendant les nuits d'hiver,
  D'écouter, près du feu qui palpite et qui fume,
Les souvenirs lointains lentement s'élever
Au bruit des carillons qui chantent dans la brume.

Bienheureuse la cloche au gosier vigoureux
Qui, malgré sa vieillesse, alerte et bien portante,
Jette fidèlement son cri religieux,
Ainsi qu'un vieux soldat qui veille sous la tente !

Moi, mon âme est fêlée, et lorsqu'en ses ennuis
Elle veut de ses chants peupler l'air froid des nuits,
Il arrive souvent que sa voix affaiblie

Semble le râle épais d'un blessé qu'on oublie
Au bord d'un lac de sang, sous un grand tas de morts,
Et qui meurt, sans bouger, dans d'immenses efforts !

SPLEEN

J'AI plus de souvenirs que si j'avais mille ans.
   Un gros meuble à tiroirs encombré de bilans,
De vers, de billets doux, de procès, de romances,
Avec de lourds cheveux roulés dans des quittances,
Cache moins de secrets que mon triste cerveau.
C'est une pyramide, un immense caveau,
Qui contient plus de morts que la fosse commune.

— Je suis un cimetière abhorré de la lune,
Où, comme des remords, se traînent de longs vers
Qui s'acharnent toujours sur mes morts les plus chers.
Je suis un vieux boudoir plein de roses fanées,
Où gît tout un fouillis de modes surannées,
Où les pastels plaintifs et les pâles Boucher,
Seuls, respirent l'odeur d'un flacon débouché.

Rien n'égale en longueur les boiteuses journées,
Quand sous les lourds flocons des neigeuses années
L'Ennui, fruit de la morne incuriosité,
Prend les proportions de l'immortalité.

— Désormais tu n'es plus, ô matière vivante !
Qu'un granit entouré d'une vague épouvante,
Assoupi dans le fond d'un Saharah brumeux !
Un vieux sphinx ignoré du monde insoucieux,
Oublié sur la carte, et dont l'humeur farouche
Ne chante qu'aux rayons du soleil qui se couche !

LE GOÛT DU NÉANT

MORNE esprit, autrefois amoureux de la lutte,
L'Espoir, dont l'éperon attisait ton ardeur,
Ne veut plus t'enfourcher ! Couche-toi sans pudeur,
Vieux cheval dont le pied à chaque obstacle butte.

Résigne-toi, mon cœur ; dors ton sommeil de brute.

Esprit vaincu, fourbu ! Pour toi, vieux maraudeur,
L'amour n'a plus de goût, non plus que la dispute ;
Adieu donc, chants du cuivre et soupirs de la flûte !
Plaisirs, ne tentez plus un cœur sombre et boudeur !

Le Printemps adorable a perdu son odeur !

Et le Temps m'engloutit minute par minute,
Comme la neige immense un corps pris de roideur ;
Je contemple d'en haut le globe en sa rondeur,
Et je n'y cherche plus l'abri d'une cahute !

Avalanche, veux-tu m'emporter dans ta chute ?

LA RANÇON

L'HOMME a, pour payer sa rançon,
Deux champs au tuf profond et riche,
Qu'il faut qu'il remue et défriche
Avec le fer de la raison ;

Pour obtenir la moindre rose,
Pour extorquer quelques épis,
Des pleurs salés de son front gris
Sans cesse il faut qu'il les arrose.

L'un est l'Art, et l'autre l'Amour.
— Pour rendre le juge propice,
Lorsque de la stricte justice
Paraîtra le terrible jour,

Il faudra lui montrer des granges
Pleines de moissons, et des fleurs
Dont les formes et les couleurs
Gagnent le suffrage des Anges.

LE COUCHER DU SOLEIL ROMANTIQUE

QUE le soleil est beau quand tout frais il se lève,
      Comme une explosion nous lançant son bonjour !
— Bienheureux celui-là qui peut avec amour
Saluer son coucher plus glorieux qu'un rêve !

Je me souviens !... J'ai vu tout, fleur, source, sillon
Se pâmer sous son œil comme un cœur qui palpite...
Courons vers l'horizon, il est tard, courons vite,
Pour attraper au moins un oblique rayon !

Mais je poursuis en vain le Dieu qui se retire ;
L'irrésistible Nuit établit son empire,
Noire, humide, funeste et pleine de frissons ;

Une odeur de tombeau dans les ténèbres nage,
Et mon pied peureux froisse, au bord du marécage,
Des crapauds imprévus et de froids limaçons.

HYMNE

A LA très-chère, à la très-belle
      Qui remplit mon cœur de clarté,
A l'ange, à l'idole immortelle,
Salut en immortalité !

Elle se répand dans ma vie
Comme un air imprégné de sel,
Et dans mon âme inassouvie
Verse le goût de l'éternel.

Sachet toujours frais qui parfume
L'atmosphère d'un cher réduit,
Encensoir oublié qui fume
En secret à travers la nuit,

Comment, amour incorruptible,
T'exprimer avec vérité ?
Grain de musc qui gis, invisible,
Au fond de mon éternité !

A la très-bonne, à la très-belle
Qui fait ma joie et ma santé,
A l'ange, à l'idole immortelle,
Salut en immortalité !

LA MORT DES PAUVRES

C'EST la Mort qui console, hélas ! et qui fait vivre ;
      C'est le but de la vie, et c'est le seul espoir
Qui, comme un élixir, nous monte et nous enivre,
Et nous donne le cœur de marcher jusqu'au soir ;

A travers la tempête, et la neige, et le givre,
C'est la clarté vibrante à notre horizon noir ;
C'est l'auberge fameuse inscrite sur le livre,
Où l'on pourra manger, et dormir, et s'asseoir ;

C'est un Ange qui tient dans ses doigts magnétiques
Le sommeil et le don des rêves extatiques,
Et qui refait le lit des gens pauvres et nus ;

C'est la gloire des Dieux, c'est le grenier mystique,
C'est la bourse du pauvre et sa patrie antique,
C'est le portique ouvert sur les cieux inconnus !

L'HOMME ET LA MER

HOMME libre, toujours tu chériras la mer.
La mer est ton miroir ; tu contemples ton âme
Dans le déroulement infini de sa lame,
Et ton esprit n'est pas un gouffre moins amer.

Tu te plais à plonger au sein de ton image ;
Tu l'embrasses des yeux et des bras, et ton cœur
Se distrait quelquefois de sa propre rumeur
Au bruit de cette plainte indomptable et sauvage.

Vous êtes tous les deux ténébreux et discrets :
Homme, nul n'a sondé le fond de tes abîmes,
O mer, nul ne connaît tes richesses intimes,
Tant vous êtes jaloux de garder vos secrets !

Et cependant voilà des siècles innombrables
Que vous vous combattez sans pitié ni remord,
Tellement vous aimez le carnage et la mort,
O lutteurs éternels, ô frères implacables !

PIERRE DUPONT

LA VÉRONIQUE

QUAND les chênes, à chaque branche,
Poussent leurs feuilles par milliers,
La véronique bleue et blanche
Sème les tapis à leurs pieds ;
Sans haleine, à peine irisée,
Ce n'est qu'un reflet de couleur,
Pleur d'azur, goutte de rosée,
Que l'aurore a changée en fleur.

Douces à voir, ô véroniques !
Vous ne durez qu'une heure ou deux,
Fugitives et sympathiques
Comme des regards amoureux.

Les violettes sont moins claires,
Les bluets moins légers que vous,
Les pervenches moins éphémères
Et les myosotis moins doux.
Le dahlia, non plus la rose,
N'imiteront point votre azur ;
Votre couleur bleue est éclose
Simplement comme un amour pur.

Douces à voir, ô véroniques !
Vous ne durez qu'une heure ou deux,
Fugitives et sympathiques
Comme des regards amoureux.

Le papillon bleu vous courtise,
L'insecte vous perce le cœur,
D'un coup de bec l'oiseau vous brise,
Que guette à son tour l'oiseleur.
Rêveurs, amants, race distraite,
Vous effeuilleront au hasard,
Sans voir votre grâce muette,
Ni votre dernier bleu regard.

Douces à voir, ô véroniques !
Vous ne durez qu'une heure ou deux,
Fugitives et sympathiques
Comme des regards amoureux.

O fleur insaisissable et pure,
Saphir dont nul ne sait le prix,
Mêlez-vous à la chevelure
De celle dont je suis épris ;

Pointillez dans la mousseline
De son blanc peignoir entr'ouvert,
Et dans la porcelaine fine
Où sa lèvre boit le thé vert.

Douces à voir, ô véroniques !
Vous ne durez qu'une heure ou **deux,**
Fugitives et sympathiques
Comme des regards amoureux.

Fleurs touchantes du sacrifice,
Mortes, vous savez nous guérir ;
Je vois dans votre humble calice
Le ciel entier s'épanouir.
O véroniques ! sous les chênes
Fleurissez pour les simples cœurs
Qui, dans les traverses humaines,
Vont cherchant les petites fleurs.

Douces à voir, ô véroniques !
Vous ne durez qu'une heure ou deux,
Fugitives et sympathiques
Comme des regards amoureux.

LES BŒUFS

J'AI deux grands bœufs dans mon étable,
   Deux grands bœufs blancs, marqués de **roux ;**
La charrue est en bois d'érable,
L'aiguillon en branche de houx ;
C'est par leur soin qu'on voit la plaine
Verte l'hiver, jaune l'été ;
Ils gagnent dans une semaine
Plus d'argent qu'ils n'en ont coûté.

S'il me fallait les vendre,
J'aimerais mieux me pendre ;
J'aime Jeanne ma femme, eh bien ! j'aimerais mieux
La voir mourir, que voir mourir mes bœufs.

Les voyez-vous, les belles bêtes,
Creuser profond et tracer droit,
Bravant la pluie et les tempêtes,
Qu'il fasse chaud, qu'il fasse froid ?
Lorsque je fais halte pour boire,
Un brouillard sort de leurs naseaux,
Et je vois sur leur corne noire
Se poser les petits oiseaux.
     S'il me fallait les vendre, etc.

Ils sont forts comme un pressoir d'huile,
Ils sont doux comme des moutons.
Tous les ans on vient de la ville
Les marchander dans nos cantons,
Pour les mener aux Tuileries,
Au mardi gras devant le roi,
Et puis les vendre aux boucheries.
Je ne veux pas, ils sont à moi.
     S'il me fallait les vendre, etc.

Quand notre fille sera grande,
Si le fils de notre régent
En mariage la demande,
Je lui promets tout mon argent ;
Mais si pour dot il veut qu'on donne
Les grands bœufs blancs, marqués de roux.
Ma fille, laissons la couronne,
Et ramenons les bœufs chez nous.
     S'il me fallait les vendre, etc.

LE CHANT DES OUVRIERS

NOUS, dont la lampe, le matin,
    Au clairon du coq se rallume ;
Nous tous, qu'un salaire incertain
Ramène avant l'aube à l'enclume ;
Nous, qui des bras, des pieds, des mains,
De tout le corps, luttons sans cesse,
Sans abriter nos lendemains
Contre le froid de la vieillesse,

Aimons-nous, et quand nous pouvons
Nous unir pour boire à la ronde,
Que le canon se taise ou gronde,
        Buvons
A l'indépendance du monde !

Nos bras, sans relâche tendus,
Aux flots jaloux, au sol avare,
Ravissent leurs trésors perdus,
Ce qui nourrit et ce qui pare :
Perles, diamants et métaux,
Fruit du coteau, grain de la plaine.
Pauvres moutons, quels bons manteaux
Il se tisse avec notre laine !
Aimons-nous, etc.

Quel fruit tirons-nous des labeurs
Qui courbent nos maigres échines ?
Où vont les flots de nos sueurs ?
Nous ne sommes que des machines.
Nos Babels montent jusqu'au ciel,
La terre nous doit ses merveilles !

Dès qu'elles ont fini le miel
Le maître chasse les abeilles.

Aimons-nous, etc.

Mal vêtus, logés dans des trous,
Sous les combles, dans les décombres,
Nous vivons avec les hiboux
Et les larrons, amis des ombres :
Cependant notre sang vermeil
Coule impétueux dans nos veines ;
Nous nous plairions au grand soleil,
Et sous les rameaux verts des chênes !

Aimons-nous, etc.

A chaque fois que par torrents
Notre sang coule sur le monde,
C'est toujours pour quelques tyrans
Que cette rosée est féconde ;
Ménageons-le dorénavant,
L'amour est plus fort que la guerre ;
En attendant qu'un meilleur vent
Souffle du ciel ou de la terre,

Aimons-nous, etc.

LE REPOS DU SOIR

QUAND le soleil se couche horizontal,
   De longs rayons noyant la plaine immense,
Comme un blé mûr, le ciel occidental
De pourpre vive et d'or pur se nuance ;
L'ombre est plus grande et la clarté s'éteint
Sur le versant des pentes opposées ;
Enfin, le ciel, par degrés, se déteint,
Le jour s'efface en des brumes rosées.

Reposons-nous !
Le repos est si doux :
Que la peine sommeille
Jusqu'à l'aube vermeille !

Dans le sillon, la charrue, au repos,
Attend l'aurore et la terre mouillée ;
Bergers, comptez et parquez les troupeaux,
L'oiseau s'endort dans l'épaisse feuillée.
Gaules en main, bergères, aux doux yeux,
A l'eau des gués mènent leurs bêtes boire ;
Les laboureurs vont délier les bœufs,
Et les chevaux soufflent dans la mangeoire.
　　　Reposons-nous ! etc.

Tous les fuseaux s'arrêtent dans les doigts,
La lampe brille, une blanche fumée
Dans l'air du soir monte de tous les toits ;
C'est du repas l'annonce accoutumée.
Les ouvriers, si las, quand vient la nuit,
Peuvent partir ; enfin, la cloche sonne,
Ils vont gagner leur modeste réduit,
Où, sur le feu, la marmite bouillonne.
　　　Reposons-nous ! etc.

La ménagère et les enfants sont là,
Du chef de l'âtre attendant la présence :
Dès qu'il paraît, un grand cri : " Le voilà ! "
S'élève au ciel, comme en réjouissance ;
De bons baisers, la soupe, un doigt de vin,
Rendent la joie à sa figure blême ;
Il peut dormir, ses enfants ont du pain,
Et n'a-t-il pas une femme qui l'aime ?
　　　Reposons-nous ! etc.

Tous les foyers s'éteignent lentement ;
Dans le lointain, une usine, qui fume,
Pousse de terre un sourd mugissement ;
Les lourds marteaux expirent sur l'enclume.
Ah ! détournons nos âmes du vain bruit,
Et nos regards du faux éclat des villes :
Endormons-nous sous l'aile de la nuit
Qui mène en rond ses étoiles tranquilles !
    Reposons-nous ! etc.

ANDRÉ LEMOYNE

CHANSON MARINE

NOUS revenions d'un long voyage,
    Las de la mer et las du ciel.
Le banc d'azur du cap Fréhel
Fut salué par l'équipage.

Bientôt nous vîmes s'élargir
Les blanches courbes de nos grèves ;
Puis, au cher pays de nos rêves,
L'aiguille des clochers surgir.

Le son d'or des cloches normandes
Jusqu'à nous s'égrenait dans l'air ;
Nous arrivions par un temps clair,
Marchant à voiles toutes grandes.

De loin nous fûmes reconnus
Par un vol de mouettes blanches,
Oiseaux de Granville et d'Avranches,
Pour nous revoir exprès venus.

Ils nous disaient : "L'Orne et la Vire
Savent déjà votre retour,

Et c'est avant la fin du jour
Que doit mouiller votre navire.

"Vous n'avez pas compté les pleurs
Des vieux pères qui vous attendent.
Les hirondelles vous demandent,
Et tous vos pommiers sont en fleurs.

"Nous connaissons de belles filles,
Aux coiffes en moulin à vent,
Qui de vous ont parlé souvent,
Au feu du soir dans vos familles.

"Et nous en avons pris congé
Pour vous rejoindre à tire-d'ailes,
Vous avez trop vécu loin d'elles,
Mais pas un seul cœur n'a changé."

UN FLEUVE A LA MER

QUAND un grand fleuve a fait trois ou quatre cents
lieues
Et longtemps promené ses eaux vertes ou bleues
Sous le ciel refroidi de l'ancien continent,
C'est un voyageur las, qui va d'un flot traînant.

Il n'a pas vu la mer, mais il l'a pressentie.

Par de lointains reflux sa marche est ralentie.

Le désert, le silence accompagnent ses bords.
Adieu les arbres verts. — Les tristes fleurs des landes,
Bouquets de romarins et touffes de lavandes,
Lui versent les parfums qu'on répand sur les morts.

Le seul oiseau qui plane au fond du paysage,
C'est le goëland gris, c'est l'éternel présage
Apparaissant le soir qu'un fleuve doit mourir,
Quand le grand inconnu devant lui va s'ouvrir.

DE BANVILLE

LA CHANSON DE MA MIE

L'EAU dans les grands lacs bleus
  Endormie,
Est le miroir des cieux :
Mais j'aime mieux les yeux
  De ma mie.

Pour que l'ombre parfois
  Nous sourie,
Un oiseau chante au bois,
Mais j'aime mieux la voix
  De ma mie.

La rosée, à la fleur
  Défleurie
Rend sa vive couleur ;
Mais j'aime mieux un pleur
  De ma mie.

Le temps vient tout briser.
  On l'oublie :
Moi, pour le mépriser,
Je ne veux qu'un baiser
  De ma mie.

La rose sur le lin
  Meurt flétrie ;
J'aime mieux pour coussin
Les lèvres et le sein
  De ma mie.

On change tour à tour
  De folie :

Moi, jusqu'au dernier jour,
Je m'en tiens à l'amour
    De ma mie.

A ADOLPHE GAÏFFE

JEUNE homme sans mélancolie,
    Blond comme un soleil d'Italie,
Garde bien ta belle folie.

C'est la sagesse ! Aimer le vin,
La beauté, le printemps divin,
Cela suffit. Le reste est vain.

Souris, même au destin sévère !
Et quand revient la primevère,
Jettes-en les fleurs dans ton verre.

Au corps sous la tombe enfermé
Que reste-t-il ? D'avoir aimé
Pendant deux ou trois mois de mai.

"Cherchez les effets et les causes,"
Nous disent les rêveurs moroses.
Des mots ! des mots ! cueillons les roses.

BALLADE DES PENDUS

Sur ses larges bras étendus,
La forêt où s'éveille Flore,
A des chapelets de pendus
Que le matin caresse et dore.
Ce bois sombre, où le chêne arbore
Des grappes de fruits inouïs
Même chez le Turc et le More,
C'est le verger du roi Louis.

Tous ces pauvres gens morfondus,
Roulant des pensers qu'on ignore,
Dans les tourbillons éperdus
Voltigent, palpitants encore.
Le soleil levant les dévore.
Regardez-les, cieux éblouis,
Danser dans les feux de l'aurore.
C'est le verger du roi Louis.

Ces pendus, du diable entendus,
Appellent des pendus encore.
Tandis qu'aux cieux, d'azur tendus,
Où semble luire un météore,
La rosée en l'air s'évapore,
Un essaim d'oiseaux réjouis
Par dessus leur tête picore.
C'est le verger du roi Louis.

ENVOI
" Prince, il est un bois que décore
Un tas de pendus enfouis
Dans le doux feuillage sonore.
C'est le verger du roi Louis."

HENRI DE BORNIER

RÉSIGNONS-NOUS

C'EST la saison des avalanches ;
   Le bois est noir, le ciel est gris,
Les corbeaux dans les plaines blanches,
Par milliers, volent à grands cris ;
— Mais, bientôt, de tièdes haleines
Descendront du ciel moins jaloux,
Avril consolera les plaines . . .
   Résignons-nous.

C'est l'orage ! Les eaux flamboient
En se heurtant comme des blocs,
Les dogues de l'abîme aboient
Et hurlent en mordant les rocs ;
— Mais demain tous ces flots rebelles
Se changeront, unis et doux,
En miroirs pour les hirondelles . . .
    Résignons-nous.

C'est l'âge où l'homme nie et doute :
Soleils couchés et rêves morts !
A chaque tournant de la route,
Ou des regrets ou des remords !
— Mais, bientôt, viendra la vieillesse
Élevant sur nos fronts à tous
La lampe d'or de la sagesse . . .
    Résignons-nous.

Ceux qu'on aima sont dans les tombes,
Les yeux adorés sont éteints,
Dieu rappelle à lui nos colombes
Pour réjouir des cieux lointains . . .
— Mais, bientôt, d'une âme ravie,
Seigneur ! pour les rejoindre en vous,
Nous nous enfuirons de la vie . . .
    Résignons-nous.

ANDRÉ THEURIET

BRUNETTE

VOICI qu'avril est de retour,
    Mais le soleil n'est plus le même,
Ni le printemps, depuis le jour
Où j'ai perdu celle que j'aime.

Je m'en suis allé par les bois.
La forêt verte était si pleine,
Si pleine des fleurs d'autrefois,
Que j'ai senti grandir ma peine.

J'ai dit aux beaux muguets tremblants :
" N'avez-vous pas vu ma mignonne ? "
J'ai dit aux ramiers roucoulants :
" N'avez-vous rencontré personne ? "

Mais les ramiers sont restés sourds,
Et sourde aussi la fleur nouvelle,
Et depuis je cherche toujours
Le chemin qu'a pris l'infidèle.

L'amour, l'amour qu'on aime tant,
Est comme une montagne haute :
On la monte tout en chantant,
On pleure en descendant la côte.

LES PAYSANS

Le village s'éveille à la corne du pâtre ;
Les bêtes et les gens sortent de leur logis ;
On les voit cheminer sous le brouillard bleuâtre,
Dans le frisson mouillé des alisiers rougis.

Par les sentiers pierreux et les branches froissées,
Coupeurs de bois, faucheurs de foin, semeurs de blé,
Ruminant lourdement de confuses pensées,
Marchent, le front courbé sur leur poitrail hâlé.

La besogne des champs est rude et solitaire :
De la blancheur de l'aube à l'obscure lueur   .
Du soir tombant, il faut se battre avec la terre
Et laisser sur chaque herbe un peu de sa sueur.

Paysans, race antique à la glèbe asservie,
Le soleil cuit vos reins, le froid tord vos genoux ;
Pourtant si l'on pouvait recommencer sa vie,
Frères, je voudrais naître et grandir parmi vous !

Pétri de votre sang, nourri dans un village,
Respirant des odeurs d'étable et de fenil,
Et courant en plein air comme un poulain sauvage
Qui se vautre et bondit dans les pousses d'avril,

J'aurais en moi peut-être alors assez de sève,
Assez de flamme au cœur et d'énergie au corps,
Pour chanter dignement le monde qui s'élève
Et dont vous serez, vous, les maîtres durs et forts.

Car votre règne arrive, ô paysans de France ;
Le penseur voit monter vos flots lointains encor,
Comme on voit s'éveiller dans une plaine immense
L'ondulation calme et lente des blés d'or.

L'avenir est à vous, car vous vivez sans cesse
Accouplés à la terre, et sur son large sein
Vous buvez à longs traits la force et la jeunesse
Dans un embrassement laborieux et sain.

Le vieux monde se meurt. Dans les plus nobles veines
Le sang bleu des aïeux, appauvri, s'est figé,
Et le prestige ancien des races souveraines
Comme un soleil mourant dans l'ombre s'est plongé.

L'avenir est à vous !... . Nos écoles sont pleines
De fils de vignerons et de fils de fermiers ;
Trempés dans l'air des bois et les eaux des fontaines,
Ils sont partout en nombre et partout les premiers.

Salut ! Vous arrivez, nous partons. Vos fenêtres
S'ouvrent sur le plein jour, les nôtres sur la nuit . . .
Ne nous imitez pas, quand vous serez nos maîtres,
Demeurez dans vos champs où le grand soleil luit. . . .

Ne reniez jamais vos humbles origines,
Soyez comme le chêne au tronc noueux et dur ;
Dans la terre enfoncez vaillamment vos racines,
Tandis que vos rameaux verdissent dans l'azur.

Car la terre qui fait mûrir les moissons blondes
Et dans les pampres verts monter l'âme du vin,
La terre est la nourrice aux mamelles fécondes ;
Celui-là seul est fort qui boit son lait divin.

Pour avoir dédaigné ses rudes embrassades,
Nous n'avons plus aux mains qu'un lambeau de pouvoir,
Et, pareils désormais à des enfants malades,
Ayant peur d'obéir et n'osant plus vouloir,

Nous attendons, tremblants et la mine effarée,
L'heure où vous tous, bouviers, laboureurs, vignerons,
Vous épandrez partout comme un ras de marée
Vos flots victorieux où nous disparaîtrons.

GEORGES LAFENESTRE

L'ÉBAUCHE

Sur une statue inachevée de Michel-Ange.

COMME un agonisant caché, les lèvres blanches,
   Sous des draps en sueur dont ses bras et ses hanches
Soulèvent par endroits les grands plis distendus,
Au fond du bloc taillé brusquement comme un arbre,
On devine, râlant sous le manteau de marbre,
Le géant qu'il écrase et ses membres tordus.

Impuissance ou dégoût, le ciseau du vieux maître
N'a pas à son captif donné le temps de naître,
A l'âme impatiente il a nié son corps ;
Et, depuis trois cents ans, l'informe créature,
Nuits et jours, pour briser son enveloppe obscure,
Du coude et du genou fait d'horribles efforts.

Sous le grand ciel brûlant, près des noirs térébinthes,
Dans les fraîches villas et les coupoles peintes,
L'appellent vainement ses aînés glorieux :
Comme un jardin fermé dont la senteur l'enivre,
Le maudit voit la vie, il s'élance, il veut vivre . . .
Arrière ! Où sont tes pieds pour t'en aller vers eux ?

Va, je plains, je comprends, je connais ta torture.
Nul ouvrier n'est rude autant que la Nature ;
Nul sculpteur ne la vaut, dans ses jours souverains,
Pour encombrer le sol d'inutiles ébauches
Qu'on voit se démener, lourdes, plates et gauches,
En des destins manqués qui leur brisent les reins.

Elle aussi, dès l'aurore, elle chante et se lève,
Pour pétrir au soleil les formes de son rêve,
Avec ses bras vaillants, dans l'argile des morts,
Puis, tout d'un coup, lâchant sa besogne, en colère,
Pêle-mêle, en un coin, les jette à la poussière,
Avec des moitiés d'âme et des moitiés de corps.

Nul ne les comptera, ces victimes étranges,
Risibles avortons trébuchant dans leurs langes,
Qui tâtent le vent chaud de leurs yeux endormis,
Monstres mal copiés sur de trop beaux modèles
Qui, de leur cœur fragile et de leurs membres grêles,
S'efforcent au bonheur qu'on leur avait promis.

Vastes foules d'humains flagellés par les fièvres !
Ceux-là, tous les fruits mûrs leur échappent des lèvres.
La marâtre brutale en finit-elle un seul ?
Non. Chez tous le désir est plus grand que la force ;
Comme l'arbre, au printemps, déchire son écorce,
Chacun, pour en jaillir, s'agite en son linceul.

Qu'en dis-tu, lamentable et sublime statue ?
Ta force, à ce combat, doit-elle être abattue ?
As-tu soif, à la fin, de ce muet néant
Où nous dormions si bien dans les roches inertes.
Avant qu'on nous montrât les portes entr'ouvertes
D'un ironique Éden qu'un glaive nous défend ?

Ah ! nous sommes bien pris dans la matière infâme :
Je n'allongerai pas les chaînes de mon âme,
Tu ne sortiras pas de ton cachot épais.
Quand l'artiste, homme ou dieu, lassé de sa pensée,
Abandonne au hasard une œuvre commencée,
Son bras indifférent n'y retourne jamais.

Pour nous le mieux serait d'attendre et de nous taire
Dans le moule borné qu'il lui plut de nous faire,
Sans force et sans beauté, sans parole et sans yeux.
Mais non ! le résigné ressemble trop au lâche,
Et tous deux vers le ciel nous crîrons sans relâche,
Maudissant Michel-Ange, et réclamant des dieux !

LE PLONGEUR

COMME un marin hardi que la cloche aux flancs lourds
   Sous l'amas des grands flots refoulés avec peine
Dépose, en frémissant, dans la terreur sereine
Des vieux gouffres muets, immobiles et sourds,

Quand le poète pâle, en descendant toujours,
Tout à coup a heurté le fond de l'âme humaine,
L'abîme étonné montre à sa vue incertaine
D'étranges habitants dans d'étranges séjours :

Sous les enlacements des goëmons livides
Blanchissent de vieux mâts et des squelettes vides :
Des reptiles glacés circulent alentour ;

Mais lui, poussant du pied l'ignoble pourriture,
Sans se tromper poursuit sa sublime aventure,
Prend la perle qui brille, et la rapporte au jour !

FÉLIX FRANK

C'ÉTAIT UN VIEUX LOGIS

C'ÉTAIT un vieux logis dans une étroite rue,
    Tout petit et perché bien haut sur l'escalier ;
Mais un flot de soleil y réchauffait la vue
En frappant, le matin, au carreau familier.

C'était un vieux logis où circulait une âme,
Où les meubles anciens, aux détails ingénus,
Dans les angles amis jetaient comme une flamme
Et riaient doucement sous les regards connus.

C'était un vieux logis où la famille entière
Avait groupé longtemps ses arides travaux,
Ses efforts qu'animait une volonté fière,
Et ces rêves du cœur, toujours chers et nouveaux !

Jours passés, jours sacrés jusqu'en vos amertumes,
Dans ce pauvre logis vous étiez enfermés ;
Ah ! qu'il est triste et doux, l'endroit où nous vécûmes
Souffrant, aimant, heureux de nous sentir aimés !

Entre les quatre murs d'une chambre modeste,
Qui dira ce que l'homme entasse de trésors ?
Trésors faits de sa vie, et dont il ne lui reste
Qu'un pâle souvenir et qu'un songe au dehors !..

Quand il fallut partir de la vieille demeure ;
Quand il fallut partir, —l'ayant bien décidé,—
Là, tel qu'un faible enfant, j'ai perdu plus d'une heure
A penser, à pleurer, seul, dans l'ombre accoudé.

—"C'était un vieux logis !" murmurait la Sagesse,
"Un logis plein d'amour !" disait le cœur tremblant ;
"C'était un vieux logis plein d'intime richesse :
Prendras-tu ta jeunesse aux murs, en t'en allant ?

"C'est là qu'elle vibrait ! Là qu'elle s'est levée,
Radieuse et chantant les clairs matins d'avril !
C'est là que d'espérance elle fut abreuvée,—
Comme on vole au bonheur, s'élançant au péril !

"C'est là qu'elle versa ses premiers pleurs d'ivresse,
Qu'elle eut ses premiers cris et ses premiers sanglots !
Tout ici lui gardait une chaude caresse ;
Qu'elle s'achève ailleurs, loin de ces vieux échos !

"Jadis il existait des foyers toujours stables :
Qui les avait quittés, y pouvait revenir ;
C'est de là que sortaient ces âmes indomptables
Dont le passé puissant ombrageait l'avenir.

"Aujourd'hui la maison est une hôtellerie :
On arrive, on se couche, on s'éveille, et l'on part ;
Et d'aucuns aujourd'hui veulent que la Patrie
Soit une auberge aussi, dédiée au hasard !

" Et pourtant le Progrès et la libre Justice
N'exigent pas que l'homme erre jusqu'à la mort ;
Et pourtant il est bon que chacun se bâtisse
Un nid, pour y garder tout ce qu'il tient du sort !

" Mais c'est la loi de l'or, — c'est le gain, — c'est la
     fièvre
De ce siècle agité d'un étrange tourment,
Qui partout nous poursuit, et nous chasse, et nous sèvre
De ce bonheur si pur, si calme et si charmant !

" Donc rien n'est ferme et fort désormais, rien ne dure :
Et comme un vil bagage, à l'aventure, on va
Cahotant son passé dans la lourde voiture
Qu'au premier coin de rue — hier au soir — on trouva.

" En route ! Voici l'heure et le logis est vide :
Rêves, propos émus, passé vivant . . . adieu ! —
C'était un vieux logis où vint plus d'une ride ;
Mais l'âge, dans les cœurs, y retardait un peu.

" C'était un vieux logis dans une étroite rue,
Tout petit et perché bien haut sur l'escalier ;
Mais un flot de soleil y réchauffait la vue
En frappant, le matin, au carreau familier."

ARMAND SILVESTRE

LE PÈLERINAGE

APRÈS vingt ans d'exil, de cet exil impie
    Où l'oubli de nos cœurs enchaîne seul nos pas,
Où la fragilité de nos regrets s'expie,
Après vingt ans d'exil que je ne comptais pas,

J'ai revu la maison lointaine et bien-aimée
Où je rêvais, enfant, de soleils sans déclin,
Où je sentais mon âme à tous les maux fermée,
Et dont, un jour de deuil, je sortis orphelin.

J'ai revu la maison et le doux coin de terre
Où mon souvenir seul fait passer, sous mes yeux,
Mon père souriant avec un front austère
Et ma mère pensive avec un front joyeux.

Rien n'y semblait changé des choses bien connues
Dont le charme autrefois bornait mon horizon :
Les arbres familiers, le long des avenues,
Semaient leurs feuilles d'or sur le même gazon ;

Le berceau de bois mort qu'un chèvrefeuille enlace,
Le banc de pierre aux coins par la mousse mordus,
Ainsi qu'aux anciens jours tout était à sa place
Et les hôtes anciens y semblaient attendus.

Ma mère allait venir, entre ses mains lassées
Balançant une fleur sur l'or pâle du soir ;
Au pied du vieux tilleul, gardien de ses pensées,
Son Horace à la main, mon père allait s'asseoir.

Tous deux me chercheraient des yeux dans les allées
Où de mes premiers jeux la gaîté s'envola ;
Tous deux m'appelleraient avec des voix troublées
Et seraient malheureux ne me voyant pas là.

J'allais franchir le seuil : — C'est moi, c'est moi, mon
        père ! . . .
Mais ces rires, ces voix, je ne les connais pas.
Pour tout ce qu'enfermait ce pauvre enclos de pierre,
J'étais un étranger ! . . . Je détournai mes pas . . .

Mais, par-dessus le mur, une aubépine blanche
Tendait jusqu'à mes mains son feuillage odorant.
Je compris sa pitié ! J'en cueillis une branche,
Et j'emportai la fleur solitaire en pleurant !

ALBERT GLATIGNY

BALLADE DES ENFANTS SANS SOUCI

ILS vont pieds nus le plus souvent.   L'hiver
     Met à leurs doigts des mitaines d'onglée.
Le soir, hélas ! ils soupent du grand air,
Et sur leur front la bise échevelée
Gronde, pareille au bruit d'une mêlée,
A peine un peu leur sort est adouci
Quand avril fuit la terre consolée.
Ayez pitié des Enfants sans souci.

Ils n'ont sur eux que le manteau du ver,
Quand les frissons de la voûte étoilée
Font tressaillir et briller leur œil clair.
Par la montagne abrupte et la vallée,
Ils vont, ils vont ! A leur troupe affolée
Chacun répond : "Vous n'êtes pas d'ici,
Prenez ailleurs, oiseaux, votre volée."
Ayez pitié des Enfants sans souci.

Un froid de mort fait dans leur pauvre chair
Glacer le sang, et leur veine est gelée.
Les cœurs pour eux se cuirassent de fer.
Le trépas vient.   Ils vont sans mausolée
Pourrir au coin d'un champs ou d'une allée,
Et les corbeaux mangent leur corps transi
Que lavera la froide giboulée.
Ayez pitié des Enfants sans souci.

ENVOI

Pour cette vie effroyable, filée
De mal, de peine, ils te disent : Merci !
Muse, comme eux, avec eux, exilée.
Ayez pitié des Enfants sans souci !

SULLY PRUDHOMME

LES CHAÎNES

J'AI voulu tout aimer et je suis malheureux,
   Car j'ai de mes tourments multiplié les causes ;
D'innombrables liens frêles et douloureux
Dans l'univers entier vont de mon âme aux choses.

Tout m'attire à la fois et d'un attrait pareil :
Le vrai par ses lueurs, l'inconnu par ses voiles ;
Un trait d'or frémissant joint mon cœur au soleil
Et de longs fils soyeux l'unissent aux étoiles.

La cadence m'enchaîne à l'air mélodieux,
La douceur du velours aux roses que je touche ;
D'un sourire j'ai fait la chaîne de mes yeux,
Et j'ai fait d'un baiser la chaîne de ma bouche.

Ma vie est suspendue à ces fragiles nœuds,
Et je suis le captif des mille êtres que j'aime :
Au moindre ébranlement qu'un souffle cause en eux
Je sens un peu de moi s'arracher de moi-même.

LE VASE BRISÉ

LE vase où meurt cette verveine
   D'un coup d'éventail fut fêlé ;
Le coup dut effleurer à peine.
Aucun bruit ne l'a révélé.

A l'Hirondelle

Mais la légère meurtrissure,
Mordant le cristal chaque jour,
D'une marche invisible et sûre
En a fait lentement le tour.

Son eau fraîche a fui goutte à goutte,
Le suc des fleurs s'est épuisé ;
Personne encore ne s'en doute,
N'y touchez pas, il est brisé.

Souvent aussi la main qu'on aime,
Effleurant le cœur, le meurtrit ;
Puis le cœur se fend de lui-même,
La fleur de son amour périt ;

Toujours intact aux yeux du monde,
Il sent croître et pleurer tout bas
Sa blessure fine et profonde,
Il est brisé, n'y touchez pas.

A L'HIRONDELLE

TOI qui peux monter solitaire
   Au ciel, sans gravir les sommets,
Et dans les vallons de la terre
Descendre sans tomber jamais ;

Toi qui, sans te pencher au fleuve
Où nous ne puisons qu'à genoux,
Peux aller boire avant qu'il pleuve
Au nuage trop haut pour nous ;

Toi qui pars au déclin des roses
Et reviens au nid printanier,
Fidèle aux deux meilleures choses,
L'indépendance et le foyer ;

Comme toi mon âme s'élève
Et tout à coup rase le sol,
Et suit avec l'aile du rêve
Les beaux méandres de ton vol;

S'il lui faut aussi des voyages,
Il lui faut son nid chaque jour;
Elle a tes deux besoins sauvages:
Libre vie, immuable amour.

ICI-BAS

ICI-bas tous les lilas meurent,
    Tous les chants des oiseaux sont courts.
Je rêve aux étés qui demeurent
    Toujours . . .

Ici-bas les lèvres effleurent
Sans rien laisser de leur velours;
Je rêve aux baisers qui demeurent
    Toujours . . .

Ici-bas tous les hommes pleurent
Leurs amitiés ou leurs amours;
Je rêve aux couples qui demeurent
    Toujours . . .

INTUS

DEUX voix s'élèvent tour à tour
    Des profondeurs troubles de l'âme:
La raison blasphème, et l'amour
Rêve un Dieu juste et le proclame.

Panthéiste, athée, ou chrétien,
Tu connais leurs luttes obscures ;
C'est mon martyre, et c'est le tien,
De vivre avec ces deux murmures.

L'intelligence dit au cœur :
— " Le monde n'a pas un bon père,
Vois, le mal est partout vainqueur."
Le cœur dit : " Je crois et j'espère ;

Espère, ô ma sœur, crois un peu,
C'est à force d'aimer qu'on trouve ;
Je suis immortel, je sens Dieu."
— L'intelligence lui dit : " Prouve."

LES YEUX

BLEUS ou noirs, tous aimés, tous beaux,
    Des yeux sans nombre ont vu l'aurore ;
Ils dorment au fond des tombeaux
Et le soleil se lève encore.

Les nuits, plus douces que les jours,
Ont enchanté des yeux sans nombre ;
Les étoiles brillent toujours
Et les yeux se sont remplis d'ombre.

Oh ! qu'ils aient perdu le regard,
Non, non, cela n'est pas possible !
Ils se sont tournés quelque part
Vers ce qu'on nomme l'invisible ;

Et comme les astres penchants
Nous quittent, mais au ciel demeurent,
Les prunelles ont leurs couchants,
Mais il n'est pas vrai qu'elles meurent :

Bleus ou noirs, tous aimés, tous beaux,
Ouverts à quelque immense aurore,
De l'autre côté des tombeaux
Les yeux qu'on ferme voient encore.

L'IDÉAL

L A lune est grande, le ciel clair
   Et plein d'astres, la terre est blême,
Et l'âme du monde est dans l'air.
Je rêve à l'étoile suprême,
A celle qu'on n'aperçoit pas,
Mais dont la lumière voyage
Et doit venir jusqu'ici-bas
Enchanter les yeux d'un autre âge.

Quand luira cette étoile, un jour,
La plus belle et la plus lointaine,
Dites-lui qu'elle eut mon amour,
O derniers de la race humaine !

SÉPARATION

J E ne devais pas vous le dire ;
  Mes pleurs, plus forts que la vertu,
Mouillant mon douloureux sourire,
Sont allés sur vos mains écrire
L'aveu brûlant que j'avais tu.

Danser, babiller, rire ensemble,
Ces jeux ne nous sont plus permis :
Vous rougissez, et moi je tremble,
Je ne sais ce qui nous rassemble,
Mais nous ne sommes plus amis.

Disposez de nous, voici l'heure
Où je ne puis vous parler bas
Sans que l'amitié change ou meure :
Oh ! dites-moi qu'elle demeure,
Je sens qu'elle ne suffit pas.

Si le langage involontaire
De mes larmes vous a déplu,
Eh bien, suivons chacun sur terre
Notre sentier ; moi, solitaire,
Vous, heureuse, au bras de l'élu.

Je voyais nos deux cœurs éclore
Comme un couple d'oiseaux chantants ;
Éveillés par la même aurore,
Ils n'ont pas pris leur vol encore,
Séparons-les, il en est temps ;

Séparons-les à leur naissance,
De crainte qu'un jour à venir,
Malheureux d'une longue absence,
Ils n'aillent dans le vide immense
Se chercher sans pouvoir s'unir.

QUI PEUT DIRE

QUI peut dire : mes yeux ont oublié l'aurore ?
 Qui peut dire : c'est fait de mon premier amour ?
Quel vieillard le dira si son cœur bat encore,
S'il entend, s'il respire et voit encor le jour ?

Est-ce qu'au fond des yeux ne reste pas l'empreinte
Des premiers traits chéris qui les ont fait pleurer ?
Est-ce qu'au fond du cœur n'ont pas dû demeurer
La marque et la chaleur de la première étreinte ?

Quand aux feux du soleil a succédé la nuit,
Toujours au même endroit du vaste et sombre voile
Une invisible main fixe la même étoile
Qui se lève sur nous silencieuse et luit . . .

Telles, je sens au cœur, quand tous les bruits du monde
Me laissent triste et seul après m'avoir lassé,
La présence éternelle et la douceur profonde
De mon premier amour que j'avais cru passé.

LE LEVER DU SOLEIL

LE grand soleil, plongé dans un royal ennui,
   Brûle au désert des cieux. Sous les traits qu'en si-
      lence
Il disperse et rappelle incessamment à lui,
Le chœur grave et lointain des sphères se balance.

Suspendu dans l'abîme il n'est ni haut ni bas ;
Il ne prend d'aucun feu le feu qu'il communique ;
Son regard ne s'élève et ne s'abaisse pas ;
Mais l'univers se dore à sa jeunesse antique.

Flamboyant, invisible à force de splendeur,
Il est père des blés, qui sont pères des races,
Mais il ne peuple pas son immense rondeur
D'un troupeau de mortels turbulents et voraces.

Parmi les globes noirs qu'il empourpre et conduit
Aux blêmes profondeurs que l'air léger fait bleues,
La terre lui soumet la courbe qu'elle suit,
Et cherche sa caresse à d'innombrables lieues.

Sur son axe qui vibre et tourne, elle offre au jour
Son épaisseur énorme et sa face vivante,
Et les champs et les mers y viennent tour à tour
Se teindre d'une aurore éternelle et mouvante.

Mais les hommes épars n'ont que des pas bornés,
Avec le sol natal ils émergent ou plongent :
Quand les uns du sommeil sortent illuminés,
Les autres dans la nuit s'enfoncent et s'allongent.

Ah ! les fils de l'Hellade, avec des yeux nouveaux
Admirant cette gloire à l'Orient éclose,
Criaient : Salut au dieu dont les quatre chevaux
Frappent d'un pied d'argent le ciel solide et rose !

Nous autres nous crions : Salut à l'Infini !
Au grand Tout, à la fois idole, temple et prêtre,
Qui tient fatalement l'homme à la terre uni,
Et la terre au soleil, et chaque être à chaque être ;

Il est tombé pour nous le rideau merveilleux
Où du vrai monde erraient les fausses apparences,
La science a vaincu l'imposture des yeux,
L'homme a répudié les vaines espérances ;

Le ciel a fait l'aveu de son mensonge ancien,
Et depuis qu'on a mis ses piliers à l'épreuve,
Il apparaît plus stable affranchi de soutien,
Et l'univers entier vêt une beauté neuve.

A UN DÉSESPÉRÉ

TU veux toi-même ouvrir ta tombe :
    Tu dis que sous ta lourde croix
Ton énergie enfin succombe ;
Tu souffres beaucoup, je te crois.

Le souci des choses divines
Que jamais tes yeux ne verront,
Tresse d'invisibles épines
Et les enfonce dans ton front.

Tu répands ton enthousiasme
Et tu partages ton manteau,
A ta vaillance le sarcasme
Attache un risible écriteau.

Tu demandes à l'âpre étude
Le secret du bonheur humain,
Et les clous de l'ingratitude
Te sont plantés dans chaque main.

Tu veux voler où vont tes rêves,
Et forcer l'infini jaloux,
Et tu te sens, quand tu t'enlèves,
Aux deux pieds d'invisibles clous.

Ta bouche abhorre le mensonge,
La poésie y fait son miel,
Tu sens d'une invisible éponge
Monter le vinaigre et le fiel.

Ton cœur timide aime en silence,
Il cherche un cœur sous la beauté,
Tu sens d'une invisible lance
Le fer froid percer ton côté.

Tu souffres d'un mal qui t'honore,
Mais vois tes mains, tes pieds, ton flanc :
Tu n'es pas un vrai Christ encore,
On n'a pas fait couler ton sang ;

Tu n'as pas arrosé la terre
De la plus chaude des sueurs,
Tu n'es pas martyr volontaire,
Et c'est pour toi seul que tu meurs.

LES DANAÏDES

TOUTES, portant l'amphore, une main sur la hanche,
   Théano, Callidie, Amymone, Agavé,
Esclaves d'un labeur sans cesse inachevé,
Courent du puits à l'urne où l'eau vaine s'épanche.

Hélas! le grès rugueux meurtrit l'épaule blanche,
Et le bras faible est las du fardeau soulevé :
" Monstre, que nous avons nuit et jour abreuvé,
O gouffre, que nous veut ta soif que rien n'étanche ? "

Elles tombent, le vide épouvante leurs cœurs ;
Mais la plus jeune alors, moins triste que ses sœurs,
Chante, et leur rend la force et la persévérance.

Tels sont l'œuvre et le sort de nos illusions :
Elles tombent toujours, et la jeune Espérance
Leur dit toujours : " Mes sœurs, si nous recommencions ! "

UN SONGE

LE laboureur m'a dit en songe : " Fais ton pain,
   Je ne te nourris plus, gratte la terre et sème."
Le tisserand m'a dit : " Fais tes habits toi-même."
Et le maçon m'a dit : " Prends ta truelle en main."

Et seul, abandonné de tout le genre humain
Dont je traînais partout l'implacable anathème,
Quand j'implorais du ciel une pitié suprême,
Je trouvais des lions debout dans mon chemin.

J'ouvris les yeux, doutant si l'aube était réelle :
De hardis compagnons sifflaient sur leur échelle,
Les métiers bourdonnaient, les champs étaient semés.

Je connus mon bonheur et qu'au monde où nous sommes
Nul ne peut se vanter de se passer des hommes ;
Et depuis ce jour-là je les ai tous aimés.

LE RENDEZ-VOUS

IL est tard ; l'astronome aux veilles obstinées,
   Sur sa tour, dans le ciel où meurt le dernier bruit,
Cherche des îles d'or, et, le front dans la nuit,
Regarde à l'infini blanchir des matinées ;

Les mondes fuient pareils à des graines vannées ;
L'épais fourmillement des nébuleuses luit ;
Mais, attentif à l'astre échevelé qu'il suit,
Il le somme, et lui dit : " Reviens dans mille années."

Et l'astre reviendra. D'un pas ni d'un instant
Il ne saurait frauder la science éternelle ;
Des hommes passeront, l'humanité l'attend ;

D'un œil changeant, mais sûr, elle fait sentinelle ;
Et, fût-elle abolie au temps de son retour,
Seule, la Vérité veillerait sur la tour.

LA VOIE LACTÉE

AUX étoiles j'ai dit un soir :
   " Vous ne paraissez pas heureuses ;
Vos lueurs, dans l'infini noir,
Ont des tendresses douloureuses ;

" Et je crois voir au firmament
Un deuil blanc mené par des vierges .
Qui portent d'innombrables cierges
Et se suivent languissamment.

"Êtes-vous toujours en prière?
Êtes-vous des astres blessés?
Car ce sont des pleurs de lumière,
Non des rayons, que vous versez.

"Vous, les étoiles, les aïeules
Des créatures et des dieux,
Vous avez des pleurs dans les yeux . . . "
Elles m'ont dit : " Nous sommes seules. . .

" Chacune de nous est très loin
Des sœurs dont tu la crois voisine ;
Sa clarté caressante et fine
Dans sa patrie est sans témoin ;

" Et l'intime ardeur de ses flammes
Expire aux cieux indifférents."
Je leur ai dit : " Je vous comprends !
Car vous ressemblez à des âmes :

" Ainsi que vous, chacune luit
Loin des sœurs qui semblent près d'elle,
Et la solitaire immortelle
Brûle en silence dans la nuit."

REPENTIR

J'AIMAIS froidement ma patrie,
   Au temps de la sécurité ;
De son grand renom mérité
J'étais fier sans idolâtrie.

Je m'écriais avec Schiller :
" Je suis un citoyen du monde ;
En tous lieux où la vie abonde,
Le sol m'est doux et l'homme cher !

" Des plages où le jour se lève
Aux pays du soleil couchant,
Mon ennemi, c'est le méchant,
Mon drapeau, l'azur de mon rêve !

" Où règne en paix le droit vainqueur,
Où l'art me sourit et m'appelle,
Où la race est polie et belle,
Je naturalise mon cœur ;

" Mon compatriote, c'est l'homme !"
Naguère ainsi je dispersais
Sur l'univers ce cœur français :
J'en suis maintenant économe.

J'oubliais que j'ai tout reçu,
Mon foyer et tout ce qui m'aime,
Mon pain, et mon idéal même,
Du peuple dont je suis issu,

Et que j'ai goûté dès l'enfance,
Dans les yeux qui m'ont caressé,
Dans ceux mêmes qui m'ont blessé,
L'enchantement du ciel de France !

Je ne l'avais pas bien senti ;
Mais depuis nos sombres journées,
De mes tendresses détournées
Je me suis enfin repenti ;

Ces tendresses, je les ramène
Étroitement sur mon pays,
Sur les hommes que j'ai trahis
Par amour de l'espèce humaine,

Sur tous ceux dont le sang coula
Pour mes droits et pour mes chimères :
Si tous les hommes sont mes frères,
Que me sont désormais ceux-là ?

Sur le pavé des grandes routes,
Dans les ravins, sur les talus,
De ce sang, qu'on ne lavait plus,
Je baiserai les moindres gouttes ;

Je ramasserai dans les tours
Et les fossés des citadelles
Les miettes noires, mais fidèles,
Du pain sans blé des derniers jours ;

Dans nos champs défoncés encore,
Pèlerin, je recueillerai,
Ainsi qu'un monument sacré,
Le moindre lambeau tricolore ;

Car je t'aime dans tes malheurs,
O France, depuis cette guerre,
En enfant, comme le vulgaire
Qui sait mourir pour tes couleurs !

J'aime avec lui tes vieilles vignes,
Ton soleil, ton sol admiré
D'où nos ancêtres ont tiré
Leur force et leur génie insignes.

Quand j'ai de tes clochers tremblants
Vu les aigles noires voisines,
J'ai senti frémir les racines
De ma vie entière en tes flancs.

Pris d'une pitié jalouse
Et navré d'un tardif remords,
J'assume ma part de tes torts ;
Et ta misère, je l'épouse.

CE QUI DURE

LE présent se fait vide et triste,
  O mon amie, autour de nous ;
Combien peu du passé subsiste !
Et ceux qui restent changent tous.

Nous ne voyons plus sans envie
Les yeux de vingt ans resplendir,
Et combien sont déjà sans vie
Des yeux qui nous ont vu grandir !

Que de jeunesse emporte l'heure,
Qui n'en rapporte jamais rien !
Pourtant quelque chose demeure :
Je t'aime avec mon cœur ancien,

Mon vrai cœur, celui qui s'attache
Et souffre depuis qu'il est né,
Mon cœur d'enfant, le cœur sans tache
Que ma mère m'avait donné ;

Ce cœur où plus rien ne pénètre,
D'où plus rien désormais ne sort ;
Je t'aime avec ce que mon être
A de plus fort contre la mort ;

Et, s'il peut braver la mort même,
Si le meilleur de l'homme est tel
Que rien n'en périsse, je t'aime
Avec ce que j'ai d'immortel.

LES INFIDÈLES

JE t'aime, en attendant mon éternelle épouse,
   Celle qui doit venir à ma rencontre un jour,
Dans l'immuable Éden, loin de l'ingrat séjour
Où les prés n'ont de fleurs qu'à peine un mois sur douze.

Je verrai devant moi, sur l'immense pelouse
Où se cherchent les morts pour l'hymen sans retour,
Tes sœurs de tous les temps défiler tour à tour,
Et je te trahirai sans te rendre jalouse ;

Car toi-même, élisant ton époux éternel,
Tu m'abandonneras dès son premier appel,
Quand passera son ombre avec la foule humaine ;

Et nous nous oublirons, comme les passagers
Que le même navire à leurs foyers ramène,
Ne s'y souviennent plus de leurs liens légers.

LES AMOURS TERRESTRES

NOS yeux se sont croisés et nous nous sommes plu.
   Née au siècle où je vis et passant où je passe,
Dans le double infini du temps et de l'espace
Tu ne me cherchais point, tu ne m'as point élu ;

Moi, pour te joindre ici le jour qu'il a fallu,
Dans le monde éternel je n'avais point ta trace,
J'ignorais ta naissance et le lieu de ta race :
Le sort a donc tout fait, nous n'avons rien voulu.

Les terrestres amours ne sont qu'une aventure :
Ton époux à venir et ma femme future
Soupirent vainement, et nous pleurons loin d'eux ;

C'est lui que tu pressens en moi, qui lui ressemble,
Ce qui m'attire en toi, c'est elle, et tous les deux
Nous croyons nous aimer en les cherchant ensemble.

L'ALPHABET

IL gît au fond de quelque armoire
    Ce vieil alphabet tout jauni,
Ma première leçon d'histoire,
Mon premier pas vers l'infini.

Toute la Genèse y figure;
Le lion, l'ours et l'éléphant;
Du monde la grandeur obscure
Y troublait mon âme d'enfant.

Sur chaque bête un mot énorme
Et d'un sens toujours inconnu,
Posait l'énigme de sa forme
A mon désespoir ingénu.

Ah! dans ce lent apprentissage
La cause de mes pleurs, c'était
La lettre noire, et non l'image
Où la Nature me tentait.

Maintenant j'ai vu la Nature
Et ses splendeurs, j'en ai regret:
Je ressens toujours la torture
De la merveille et du secret,

Car il est un mot que j'ignore
Au beau front de ce sphinx écrit,
J'en épelle la lettre encore
Et n'en saurai jamais l'esprit.

NOUS PROSPÉRONS

NOUS prospérons! Qu'importe aux anciens malheu-
    reux,
Aux hommes nés trop tôt, à qui le sort fut traître,
Qui n'ont fait qu'aspirer, souffrir et disparaître,
Dont même les tombeaux aujourd'hui sonnent creux!

Hélas! leurs descendants ne peuvent rien pour eux,
Car nous n'inventons rien qui les fasse renaître.
Quand je songe à ces morts, le moderne bien-être
Par leur injuste exil m'est rendu douloureux.

La tâche humaine est longue et sa fin décevante :
Des générations la dernière vivante
Seule aura sans tourment tous ses greniers comblés,

Et les premiers auteurs de la glèbe féconde
N'auront pas vu courir sur la face du monde
Le sourire paisible et rassurant des blés.

LE COMPLICE

J'AI bon cœur, je ne veux à nul être aucun mal,
    Mais je retiens ma part des bœufs qu'un autre
      assomme,
Et, malgré ma douceur, je suis bien aise en somme
Que le fouet d'un cocher hâte un peu mon cheval.

Je suis juste, et je sens qu'un pauvre est mon égal,
Mais, pendant que je jette une obole à cet homme,
Je m'installe au banquet dont un père économe
S'est donné les longs soins pour mon futur régal.

Je suis probe, mon bien ne doit rien à personne,
Mais j'usurpe le pain qui dans mes blés frissonne,
Héritier, sans labour, des champs fumés de morts.

Ainsi dans le massacre incessant qui m'engraisse,
Par la Nature élu, je fleuris et m'endors,
Comme l'enfant candide et sanglant d'une ogresse.

ALPHONSE DAUDET

AUX PETITS ENFANTS

ENFANTS d'un jour, ô nouveau-nés,
  Petites bouches, petits nez,
Petites lèvres demi-closes,
  Membres tremblants,
  Si frais, si blancs,
   Si roses ;

Enfants d'un jour, ô nouveau-nés,
Pour le bonheur que vous donnez
A vous voir dormir dans vos langes,
  Espoir des nids,
  Soyez bénis,
   Chers anges !

Pour vos grands yeux effarouchés
Que sous vos draps blancs vous cachez,
Pour vos sourires, vos pleurs même,
  Tout ce qu'en vous,
  Êtres si doux,
   On aime ;

Pour tout ce que vous gazouillez,
Soyez bénis, baisés, choyés,
Gais rossignols, blanches fauvettes !
  Que d'amoureux
  Et que d'heureux
   Vous faites !

Lorsque sur vos chauds oreillers,
En souriant vous sommeillez,
Près de vous, tout bas, ô merveille !
    Une voix dit :
    " Dors, beau petit ;
        Je veille."

C'est la voix de l'ange gardien ;
Dormez, dormez, ne craignez rien ;
Rêvez, sous ses ailes de neige :
    Le beau jaloux
    Vous berce et vous
        Protège.

Enfants d'un jour, ô nouveau-nés,
Au paradis, d'où vous venez,
Un léger fil d'or vous rattache.
    A ce fil d'or
    Tient l'âme encor
        Sans tache.

Vous êtes à toute maison
Ce que la fleur est au gazon,
Ce qu'au ciel est l'étoile blanche,
    Ce qu'un peu d'eau
    Est au roseau
        Qui penche.

Mais vous avez de plus encor
Ce que n'a pas l'étoile d'or
Ce qui manque aux fleurs les plus belles.
    Malheur à nous !
    Vous avez tous
        Des ailes.

L'OISEAU BLEU

J'AI dans mon cœur un oiseau bleu,
   Une charmante créature,
Si mignonne que sa ceinture
N'a pas l'épaisseur d'un cheveu.

Il lui faut du sang pour pâture.
Bien longtemps, je me fis un jeu
De lui donner sa nourriture :
Les petits oiseaux mangent peu.

Mais, sans en rien laisser paraître,
Dans mon cœur il a fait, le traître,
Un trou large comme la main.

Et son bec fin comme une lame,
En continuant son chemin,
M'est entré jusqu'au fond de l'âme !...

HENRI CAZALIS

LA BÊTE

QUI donc t'a pu créer, Sphinx étrange, ô Nature !
   Et d'où t'ont pu venir tes sanglants appétits ?
C'est pour les dévorer que tu fais tes petits,
Et c'est nous, tes enfants, qui sommes ta pâture :

Que t'importent nos cris, nos larmes et nos fièvres ?
Impassible, tranquille, et ton beau front bruni
Par l'âge, tu t'étends à travers l'infini,
Toujours du sang aux pieds et le sourire aux lèvres !

RÉMINISCENCES

A DARWIN.

JE sens un monde en moi de confuses pensées,
  Je sens obscurément que j'ai vécu toujours,
Que j'ai longtemps erré dans les forêts passées,
Et que la bête encor garde en moi ses amours.

Je sens confusément, l'hiver, quand le soir tombe,
Que jadis, animal ou plante, j'ai souffert,
Lorsque Adonis saignant dormait pâle en sa tombe ;
Et mon cœur reverdit, quand tout redevient vert.

Certains jours, en errant dans les forêts natales,
Je ressens dans ma chair les frissons d'autrefois,
Quand, la nuit grandissant les formes végétales,
Sauvage, halluciné, je rampais sous les bois.

Dans le sol primitif nos racines sont prises ;
Notre âme, comme un arbre, a grandi lentement ;
Ma pensée est un temple aux antiques assises,
Où l'ombre des Dieux morts vient errer par moment.

Quand mon esprit aspire à la pleine lumière,
Je sens tout un passé qui me tient enchaîné ;
Je sens rouler en moi l'obscurité première :
La terre était si sombre aux temps où je suis né !

Mon âme a trop dormi dans la nuit maternelle :
Pour monter vers le jour, qu'il m'a fallu d'efforts !
Je voudrais être pur : la honte originelle,
Le vieux sang de la bête est resté dans mon corps.

Et je voudrais pourtant t'affranchir, ô mon âme,
Des liens d'un passé qui ne veut pas mourir ;
Je voudrais oublier mon origine infâme,
Et les siècles sans fin que j'ai mis à grandir.

Mais c'est en vain : toujours en moi vivra ce monde
De rêves, de pensers, de souvenirs confus,
Me rappelant ainsi ma naissance profonde,
Et l'ombre d'où je sors, et le peu que je fus ;

Et que j'ai transmigré dans des formes sans nombre,
Et que mon âme était, sous tous ces corps divers,
La conscience, et l'âme aussi, splendide ou sombre,
Qui rêve et se tourmente au fond de l'univers !

CHARLES FRÉMINE

RETOUR

JE viens de faire un grand voyage
  Qui sur l'atlas n'est point tracé :
Pays perdu ! dont le mirage
Derrière moi s'est effacé.

Le cap noir de la quarantaine
Met son ombre sur mon bateau
Couvert d'écume et qui fait eau,
Mais dont je suis le capitaine.

Ai-je bien ou mal gouverné ?
Encor n'ai-je point fait naufrage :
Sur maint bas-fond si j'ai donné,
l'ai vu de haut gronder l'orage.

Enfin, me voilà de retour
Du beau pays de l'Espérance,
Si vaste, au moins en apparence,
Et dont si vite on fait le tour.

C'est fini ! Ma riche bannière
Et ma voilure sont à bas !
Plus de fleurs à ma boutonnière,
Et plus de femmes à mon bras ;

Vieillir ! C'est la grande défaite,
C'est la laideur et c'est l'affront,
C'est plus de rides à mon front
Et moins de cheveux à ma tête.

Oui, c'est la chose, et c'est mon tour.
O temps où bouillonnaient les sèves,
Où mes seuls dieux, l'Art et l'Amour,
Traversaient l'orgueil de mes rêves !

D'avoir suivi leur vol vainqueur,
Je n'ai rapporté, pour ma peine,
Qu'un tout petit brin de verveine
Avec un grand trou noir au cœur ;

Et seul, au coin de la fenêtre
Où j'accoude mes longs ennuis,
Sachant ce que je pourrais être,
Je pleure sur ce que je suis.

FRANÇOIS COPPÉE

JUIN

DANS cette vie où nous ne sommes
    Que pour un temps sitôt fini,
L'instinct des oiseaux et des hommes
Sera toujours de faire un nid ;

Et d'un peu de paille et d'argile
Tous veulent se construire, un jour,
Un humble toit, chaud et fragile,
Pour la famille et pour l'amour.

Par les yeux d'une fille d'Ève
Mon cœur profondément touché
Avait fait aussi ce doux rêve
D'un bonheur étroit et caché.

Rempli de joie et de courage,
A fonder mon nid je songeais ;
Mais un furieux vent d'orage
Vient d'emporter tous mes projets ;

Et sur mon chemin solitaire
Je vois, triste et le front courbé,
Tous mes espoirs brisés à terre
Comme les œufs d'un nid tombé.

L'HOROSCOPE

LES deux sœurs étaient là, les bras entrelacés,
    Debout devant la vieille aux regards fatidiques,
Qui tournait lentement de ses vieux doigts lassés
Sur un coin de haillon les cartes prophétiques.

Brune et blonde, et de plus fraîches comme un matin,
L'une sombre pavot, l'autre blanche anémone,
Celle-ci fleur de mai, celle-là fleur d'automne,
Ensemble elles voulaient connaître le destin.

"La vie, hélas ! sera pour toi bien douloureuse,"
Dit la vieille à la brune au sombre et fier profil.
Celle-ci demanda : "Du moins m'aimera-t-il ?
— Oui. — Vous me trompiez donc. Je serai trop heu-
    reuse."

" Tu n'auras même pas l'amour d'un autre cœur,"
Dit la vieille à l'enfant blanche comme la neige.
Celle-ci demanda : " Moi, du moins, l'aimerai-je ?
— Oui.   — Que me disiez-vous ?   J'aurai trop de bon-
    heur."

L'ATTENTE

A U bout du vieux canal plein de mâts, juste en face
    De l'Océan et dans la dernière maison,
Assise à sa fenêtre, et quelque temps qu'il fasse,
Elle se tient, les yeux fixés sur l'horizon.

Bien qu'elle ait la pâleur des éternels veuvages,
Sa robe est claire ; et, bien que les soucis pesants
Aient sur ses traits flétris exercé leurs ravages,
Ses vêtements sont ceux des filles de seize ans.

Car depuis bien des jours, patiente vigie,
Dès l'instant où la mer bleuit dans le matin
Jusqu'à ce qu'elle soit par le couchant rougie,
Elle est assise là, regardant au lointain.

Chaque aurore elle voit une tardive étoile
S'éteindre, et chaque soir le soleil s'enfoncer
A cette place où doit reparaître la voile
Qu'elle vit là, jadis, pâlir et s'effacer.

Son cœur de fiancée, immuable et fidèle,
Attend toujours, certain de l'espoir partagé,
Loyal ; et rien en elle, aussi bien qu'autour d'elle,
Depuis dix ans qu'il est parti, rien n'a changé.

Les quelques doux vieillards qui lui rendent visite,
En la voyant avec ses bandeaux réguliers,
Son ruban mince où pend sa médaille bénite,
Son corsage à la vierge et ses petits souliers,

La croiraient une enfant ingénue et qui boude,
Si parfois ses doigts purs, ivoirins et tremblants,
Alors que sur sa main fièvreuse elle s'accoude,
Ne livraient le secret des premiers cheveux blancs.

Partout le souvenir de l'absent se rencontre
En mille objets fanés et déjà presque anciens :
Cette lunette en cuivre est à lui, cette montre
Est la sienne, et ces vieux instruments sont les siens.

Il a laissé, de peur d'encombrer sa cabine,
Ces gros livres poudreux dans leur oubli profond,
Et c'est lui qui tua d'un coup de carabine
Le monstrueux lézard qui s'étale au plafond.

Ces mille riens, décor naïf de la muraille,
Naguère il les a tous apportés de très loin.
Seule, comme un témoin inclément et qui raille,
Une carte navale est pendue en un coin ;

Sur le tableau jaunâtre, entre ses noires tringles,
Les vents et les courants se croisent à l'envi ;
Et la succession des petites épingles
N'a pas marqué longtemps le voyage suivi.

Elle conduit jusqu'à la ligne tropicale
Le navire vainqueur du flux et du reflux,
Puis cesse brusquement à la dernière escale,
Celle d'où le marin, hélas ! n'écrivit plus.

Et ce point justement où sa trace s'arrête
Est celui qu'un burin savant fit le plus noir :
C'est l'obscur rendez-vous des flots, où la tempête
Creuse un inexorable et profond entonnoir.

Mais elle ne voit pas le tableau redoutable
Et feuillette, l'esprit ailleurs, du bout des doigts,
Les planches d'un herbier éparses sur la table,
Fleurs pâles qu'il cueillit aux Indes autrefois.

Jusqu'au soir sa pensée extatique et sereine
Songe au chemin qu'il fait en mer pour revenir,
Ou parfois, évoquant des jours meilleurs, égrène
Le chapelet mystique et doux du souvenir ;

Et, quand sur l'Océan la nuit met son mystère,
Calme et fermant les yeux, elle rêve du chant
Des matelots joyeux d'apercevoir la terre,
Et d'un navire d'or dans le soleil couchant.

CHANSON D'EXIL

TRISTE exilé, qu'il te souvienne
   Combien l'avenir était beau,
Quand sa main tremblait dans la tienne
   Comme un oiseau,

Et combien ton âme était pleine
   D'une bonne et douce chaleur,
Quand tu respirais son haleine
   Comme une fleur !

Mais elle est loin, la chère idole,
Et tout s'assombrit de nouveau ;
Tu sais qu'un souvenir s'envole
   Comme un oiseau ;

Déjà l'aile du doute plane
Sur ton âme où naît la douleur ;
Et tu sais qu'un amour se fane
   Comme une fleur.

ROMANCE

QUAND vous me montrez une rose
    Qui s'épanouit sous l'azur,
Pourquoi suis-je alors plus morose?
Quand vous me montrez une rose,
C'est que je pense à son front pur.

Quand vous me montrez une étoile,
Pourquoi les pleurs, comme un brouillard,
Sur mes yeux jettent-ils leur voile?
Quand vous me montrez une étoile,
C'est que je pense à son regard.

Quand vous me montrez l'hirondelle
Qui part jusqu'au prochain avril,
Pourquoi mon âme se meurt-elle?
Quand vous me montrez l'hirondelle,
C'est que je pense à mon exil.

LIED

ROUGISSANTE et tête baissée,
    Je la vois me sourire encor.
— Pour le doigt de ma fiancée
Qu'on me fasse un bel anneau d'or!

Elle part, mais bonne et fidèle;
Je vais l'attendre en m'affligeant.
— Pour garder ce qui me vient d'elle,
Qu'on me fasse un coffret d'argent!

J'ai sur le cœur un poids énorme;
L'exil est trop dur et trop long.
— Pour que je me repose et dorme,
Qu'on me fasse un cercueil de plomb!

ÉTOILES FILANTES

DANS les nuits d'automne, errant par la ville,
   Je regarde au ciel avec mon désir,
Car si, dans le temps qu'une étoile file,
On forme un souhait, il doit s'accomplir.

Enfant, mes souhaits sont toujours les mêmes :
Quand un astre tombe, alors, plein d'émoi,
Je fais de grands vœux afin que tu m'aimes
Et qu'en ton exil tu penses à moi.

A cette chimère, hélas ! je veux croire,
N'ayant que cela pour me consoler.
Mais voici l'hiver, la nuit devient noire,
Et je ne vois plus d'étoiles filer.

A UN ÉLÉGIAQUE

JEUNE homme, qui me viens lire tes plaintes vaines,
   Garde-toi bien d'un mal dont je me suis guéri.
Jadis j'ai, comme toi, du plus pur de mes veines
Tiré des pleurs de sang, et le monde en a ri.

Du courage ! La plainte est ridicule et lâche.
Comme l'enfant de Sparte ayant sous ses habits
Un renard furieux qui le mord sans relâche,
Ne laisse plus rien voir de tes tourments subis.

On fut cruel pour toi. Sois indulgent et juste.
Rends le bien pour le mal, c'est le vrai talion,
Mais, t'étant bien bardé le cœur d'orgueil robuste,
Va ! calme comme un sage et seul comme un lion.

Quand même, dans ton sein, les chagrins, noirs reptiles,
Se tordraient, cache bien au public désœuvré
Que tu gardes en toi des trésors inutiles
Comme des lingots d'or sur un vaisseau sombré.

Sois impassible ainsi qu'un soldat sous les armes ;
Et lorsque la douleur dressera tes cheveux
Et qu'aux yeux, malgré toi, te monteront des larmes,
N'en conviens pas, enfant, et dis que c'est nerveux !

JOSÉ-MARIA DE HEREDIA

ANTOINE ET CLÉOPÂTRE

I.—LE CYDNUS.

SOUS l'azur triomphal, au soleil qui flamboie,
   La trirème d'argent blanchit le fleuve noir,
Et son sillage y laisse un parfum d'encensoir
Avec des chants de flûte et des frissons de soie.

A la proue éclatante où l'épervier s'éploie,
Hors de son dais royal se penchant pour mieux voir,
Cléopâtre, debout dans la splendeur du soir,
Semble un grand oiseau d'or qui guette au loin sa proie.

Voici Tarse où l'attend le guerrier désarmé ;
Et la brune Lagide ouvre dans l'air charmé
Ses bras d'ambre où la pourpre a mis des reflets roses ;

Et ses yeux n'ont pas vu, présages de son sort,
Auprès d'elle, effeuillant sur l'eau sombre des roses,
Les deux Enfants divins, le Désir et la Mort.

II.—SOIR DE BATAILLE.

Le choc avait été très rude.   Les tribuns
Et les centurions, ralliant les cohortes,
Humaient encor, dans l'air où vibraient leurs voix fortes,
La chaleur du carnage et ses âcres parfums.

D'un œil morne, comptant leurs compagnons défunts,
Les soldats regardaient, comme des feuilles mortes,
Tourbillonner au loin les archers de Phraortes;
Et la sueur coulait de leurs visages bruns.

C'est alors qu'apparut, tout hérissé de flèches,
Rouge du flux vermeil de ses blessures fraîches,
Sous la pourpre flottante et l'airain rutilant,

Au fracas des buccins qui sonnaient leur fanfare,
Superbe, maîtrisant son cheval qui s'effare,
Sur le ciel enflammé, l'Imperator sanglant!

III.—ANTOINE ET CLÉOPÂTRE.

Tous deux, ils regardaient, de la haute terrasse,
L'Égypte s'endormir sous un ciel étouffant
Et le Fleuve, à travers le Delta noir qu'il fend,
Vers Bubaste ou Saïs rouler son onde grasse.

Et le Romain sentait sous la lourde cuirasse,
Soldat captif berçant le sommeil d'un enfant,
Ployer et défaillir sur son cœur triomphant
Le corps voluptueux que son étreinte embrasse.

Tournant sa tête pâle entre ses cheveux bruns,
Vers celui qu'enivraient d'invincibles parfums,
Elle tendit sa bouche et ses prunelles claires:

Et, sur elle courbé, l'ardent Imperator
Vit dans ses larges yeux étoilés de points d'or
Toute une mer immense où fuyaient des galères.

LES CONQUÉRANTS

COMME un vol de gerfauts hors du charnier natal,
   Fatigués de porter leurs misères hautaines,
De Palos de Moguer, routiers et capitaines
Partaient, ivres d'un rêve héroïque et brutal.

Ils allaient conquérir le fabuleux métal
Que Cipango mûrit dans ses mines lointaines,
Et les vents alizés inclinaient leurs antennes
Aux bords mystérieux du monde occidental.

Chaque soir, espérant des lendemains épiques,
L'azur phosphorescent de la mer des Tropiques
Enchantait leur sommeil d'un mirage doré ;

Ou, penchés à l'avant des blanches caravelles,
Ils regardaient monter en un ciel ignoré
Du fond de l'Océan des étoiles nouvelles.

PAUL VERLAINE

COLLOQUE SENTIMENTAL

DANS le vieux parc solitaire et glacé,
   Deux formes ont tout à l'heure passé.

Leurs yeux sont morts et leurs lèvres sont molles,
Et l'on entend à peine leurs paroles.

Dans le vieux parc solitaire et glacé,
Deux spectres ont évoqué le passé.

— Te souvient-il de notre extase ancienne ?
— Pourquoi voulez-vous donc qu'il m'en souvienne ?

— Ton cœur bat-il toujours à mon seul nom ?
Toujours vois-tu mon âme en rêve ? — Non.

— Ah ! les beaux jours de bonheur indicible
Où nous joignions nos bouches ! — C'est possible.

— Qu'il était bleu, le ciel, et grand l'espoir !
— L'espoir a fui, vaincu, vers le ciel noir.

Tels ils marchaient dans les avoines folles,
Et la nuit seule entendit leurs paroles.

LA BONNE CHANSON

PUISQUE l'aube grandit, puisque voici l'aurore,
    Puisque, après m'avoir fui longtemps, l'espoir veut
      bien
Revoler devers moi qui l'appelle et l'implore,
Puisque tout ce bonheur veut bien être le mien,

C'en est fait à présent des funestes pensées,
C'en est fait des mauvais rêves, ah ! c'en est fait
Surtout de l'ironie et des lèvres pincées
Et des mots où l'esprit sans l'âme triomphait.

Arrière aussi les poings crispés et la colère
A propos des méchants et des sots rencontrés ;
Arrière la rancune abominable ! arrière
L'oubli qu'on cherche en des breuvages exécrés !

Car je veux, maintenant qu'un Être de lumière
A dans ma nuit profonde émis cette clarté
D'une amour à la fois immortelle et première,
De par la grâce, le sourire et la bonté,

Je veux, guidé par vous, beaux yeux aux flammes douces,
Par toi conduit, ô main où tremblera ma main,
Marcher droit, que ce soit par des sentiers de mousses
Ou que rocs et cailloux encombrent le chemin ;

Oui, je veux marcher droit et calme dans la Vie,
Vers le but où le sort dirigera mes pas,
Sans violence, sans remords et sans envie :
Ce sera le devoir heureux aux gais combats.

Et comme, pour bercer les lenteurs de la route,
Je chanterai des airs ingénus, je me dis
Qu'elle m'écoutera sans déplaisir sans doute ;
Et vraiment je ne veux pas d'autre Paradis.

*   *   *

La lune blanche
Luit dans les bois ;
De chaque branche
Part une voix
Sous la ramée...
O bien-aimée.

L'étang reflète,
Profond miroir,
La silhouette
Du saule noir
Où le vent pleure...
Rêvons, c'est l'heure.

Un vaste et tendre
Apaisement
Semble descendre
Du firmament
Que l'astre irise...
C'est l'heure exquise.

ROMANCES SANS PAROLES

IL pleure dans mon cœur
    Comme il pleut sur la ville,
Quelle est cette langueur
Qui pénètre mon cœur?

O bruit doux de la pluie
Par terre et sur les toits!
Pour un cœur qui s'ennuie
O le chant de la pluie!

Il pleure sans raison
Dans ce cœur qui s'écœure.
Quoi! nulle trahison?
Ce deuil est sans raison.

C'est bien la pire peine
De ne savoir pourquoi,
Sans amour et sans haine,
Mon cœur a tant de peine.

* * *

Il faut, voyez-vous, nous pardonner les choses.
De cette façon nous serons bien heureuses,
Et si notre vie a des instants moroses,
Du moins nous serons, n'est-ce pas? deux pleureuses.

O que nous mêlions, âmes sœurs que nous sommes,
A nos vœux confus la douceur puérile
De cheminer loin des femmes et des hommes,
Dans le frais oubli de ce qui nous exile.

Soyons deux enfants, soyons deux jeunes filles
Éprises de rien et de tout étonnées,
Qui s'en vont pâlir sous les chastes charmilles
Sans même savoir qu'elles sont pardonnées.

* * *

Dans l'interminable
Ennui de la plaine,
La neige incertaine
Luit comme du sable.

Le ciel est de cuivre,
Sans lueur aucune.
On croirait voir vivre
Et mourir la lune.

Comme des nuées
Flottent gris les chênes
Des forêts prochaines
Parmi les buées.

Le ciel est de cuivre,
Sans lueur aucune.
On croirait voir vivre
Et mourir la lune.

Corneille poussive
Et vous, les loups maigres,
Par ces bises aigres
Quoi donc vous arrive ?

Dans l'interminable
Ennui de la plaine,
La neige incertaine
Luit comme du sable.

SAGESSE

ÉCOUTEZ la chanson bien douce
　　Qui ne pleure que pour vous plaire.
Elle est discrète, elle est légère :
Un frisson d'eau sur de la mousse !

La voix vous fut connue (et chère ?)
Mais à présent elle est voilée
Comme une veuve désolée,
Pourtant comme elle encore fière,

Et dans les longs plis de son voile
Qui palpite aux brises d'automne
Cache et montre au cœur qui s'étonne
La vérité comme une étoile.

Elle dit, la voix reconnue,
Que la bonté c'est notre vie,
Que de la haine et de l'envie
Rien ne reste, la mort venue.

Elle parle aussi de la gloire
D'être simple sans plus attendre,
Et de noces d'or et du tendre
Bonheur d'une paix sans victoire.

Accueillez la voix qui persiste
Dans son naïf épithalame.
Allez, rien n'est meilleur à l'âme
Que de faire une âme moins triste !

Elle est "en peine" et "de passage,"
L'âme qui souffre sans colère,
Et comme sa morale est claire !
Écoutez la chanson bien sage.

* * *

Un grand sommeil noir
Tombe sur ma vie :
Dormez, tout espoir,
Dormez, toute envie !

Je ne vois plus rien,
Je perds la mémoire
Du mal et du bien. . .
O la triste histoire !

Je suis un berceau
Qu'une main balance
Au creux d'un caveau :
Silence, silence !

* *
*

Le ciel est, par-dessus le toit,
      Si bleu, si calme !
Un arbre, par-dessus le toit,
      Berce sa palme.

La cloche, dans le ciel qu'on voit,
      Doucement tinte.
Un oiseau sur l'arbre qu'on voit
      Chante sa plainte.

Mon Dieu, mon Dieu, la vie est là,
      Simple et tranquille.
Cette paisible rumeur-là
      Vient de la ville.

— Qu'as-tu fait, ô toi que voilà
      Pleurant sans cesse,
Dis, qu'as-tu fait, toi que voilà,
      De ta jeunesse ?

* *
*

Je ne sais pourquoi
Mon esprit amer
D'une aile inquiète et folle vole sur la mer.
Tout ce qui m'est cher,
D'une aile d'effroi
Mon amour le couve au ras des flots. Pourquoi, pourquoi ?

Mouette à l'essor mélancolique,
Elle suit la vague, ma pensée,
A tous les vents du ciel balancée
Et biaisant quand la marée oblique,
Mouette à l'essor mélancolique.

Ivre de soleil
Et de liberté,
Un instinct la guide à travers cette immensité.
La brise d'été
Sur le flot vermeil
Doucement la porte en un tiède demi-sommeil.

Parfois si tristement elle crie
Qu'elle alarme au lointain le pilote,
Puis au gré du vent se livre et flotte
Et plonge, et l'aile toute meurtrie
Revole, et puis si tristement crie !

Je ne sais pourquoi
Mon esprit amer
D'une aile inquiète et folle vole sur la mer.
Tout ce qui m'est cher,
D'une aile d'effroi,
Mon amour le couve au ras des flots. Pourquoi, pourquoi ?

* * *

Vous voilà, vous voilà, pauvres bonnes pensées !
L'espoir qu'il faut, regret des grâces dépensées,
Douceur de cœur avec sévérité d'esprit,
Et cette vigilance, et le calme prescrit,
Et toutes ! — Mais encor lentes, bien éveillées,
Bien d'aplomb, mais encor timides, débrouillées
A peine du lourd rêve et de la tiède nuit.
C'est à qui de vous va plus gauche, l'une suit
L'autre, et toutes ont peur du vaste clair de lune.

" Telles, quand des brebis sortent d'un clos. C'est une,
Puis deux, puis trois. Le reste est là, les yeux baissés,
La tête à terre, et l'air des plus embarrassés,
Faisant ce que fait leur chef de file : il s'arrête,
Elles s'arrêtent tour à tour, posant leur tête
Sur son dos simplement et sans savoir pourquoi."
Votre pasteur, ô mes brebis, ce n'est pas moi,
C'est un meilleur, un bien meilleur, qui sait les causes,
Lui qui vous tint longtemps et si longtemps là closes
Mais qui vous délivra de sa main au temps vrai.
Suivez-le. Sa houlette est bonne.
                                    Et je serai,
Sous sa voix toujours douce à votre ennui qui bêle,
Je serai, moi, par vos chemins, son chien fidèle.

*   *
   *

ART POÉTIQUE

DE la musique avant toute chose,
    Et pour cela préfère l'Impair
Plus vague et plus soluble dans l'air,
Sans rien en lui qui pèse ou qui pose.

Il faut aussi que tu n'ailles point
Choisir tes mots sans quelque méprise :
Rien de plus cher que la chanson grise
Où l'Indécis au Précis se joint.

C'est des beaux yeux derrière des voiles,
C'est le grand jour tremblant de midi,
C'est par un ciel d'automne attiédi,
Le bleu fouillis des claires étoiles !

Car nous voulons la Nuance encor,
Pas la Couleur, rien que la nuance !
Oh ! la nuance seule fiance
Le rêve au rêve et la flûte au cor !

Fuis du plus loin la Pointe assassine,
L'Esprit cruel et le Rire impur,
Qui font pleurer les yeux de l'Azur,
Et tout cet ail de basse cuisine !

Prends l'éloquence et tords-lui son cou !
Tu feras bien, en train d'énergie,
De rendre un peu la Rime assagie,
Si l'on n'y veille, elle ira jusqu'où ?

Oh ! qui dira les torts de la Rime ?
Quel enfant sourd ou quel nègre fou
Nous a forgé ce bijou d'un sou
Qui sonne creux et faux sous la lime ?

De la musique encore et toujours !
Que ton vers soit la chose envolée
Qu'on sent qui fuit d'une âme en allée
Vers d'autres cieux à d'autres amours.

Que ton vers soit la bonne aventure
Éparse au vent crispé du matin
Qui va fleurant la menthe et le thym ...
Et tout le reste est littérature.

UN VEUF PARLE

JE vois un groupe sur la mer.
  Quelle mer ? Celle de mes larmes.
Mes yeux mouillés du vent amer
Dans cette nuit d'ombre et d'alarmes
Sont deux étoiles sur la mer.

C'est une toute jeune femme
Et son enfant déjà tout grand
Dans une barque où nul ne rame,
Sans mât ni voile, en plein courant . . .
Un jeune garçon, une femme !

En plein courant dans l'ouragan !
L'enfant se cramponne à sa mère
Qui ne sait plus où. non plus qu'en . . .
Ni plus rien, et qui, folle, espère
En le courant, en l'ouragan.

Espérez en Dieu, pauvre folle,
Crois en notre Père, petit.
La tempête qui vous désole,
Mon cœur de là-haut vous prédit
Qu'elle va cesser, petit, folle !

Et paix au groupe sur la mer,
Sur cette mer de bonnes larmes !
Mes yeux joyeux dans le ciel clair,
Par cette nuit sans plus d'alarmes,
Sont deux bons anges sur la mer.

PARABOLES

SOYEZ béni, Seigneur, qui m'avez fait chrétien
     Dans ces temps de féroce ignorance et de haine ;
Mais donnez-moi la force et l'audace sereine
De vous être à toujours fidèle comme un chien.

De vous être l'agneau destiné qui suit bien
Sa mère et ne sait faire au pâtre aucune peine,
Sentant qu'il doit sa vie encore, après sa laine,
Au maître, quand il veut utiliser ce bien,

Le poisson, pour servir au Fils de monogramme,
L'ânon obscur qu'un jour en triomphe il monta,
Et, dans ma chair, les porcs qu'à l'abîme il jeta.

Car l'animal, meilleur que l'homme et que la femme,
En ces temps de révolte et de duplicité,
Fait son humble devoir avec simplicité.

ÉMILE BERGERAT

PAROLES DORÉES

J'AI reposé mon cœur avec tranquillité
   Dans l'asile très sûr d'un amour très honnête.
La lutte que je livre au sort est simple et nette,
Et tout peut m'y trahir, non la virilité.

Je ne crois pas à ceux qui pleurent, l'âme éprise
De la sonorité de leurs propres sanglots ;
Leur idéal est né de l'écume des mots,
Et comme je les tiens pour nuls, je les méprise.

Cerveaux que la fumée enivre et qu'elle enduit,
Ils auraient inventé la douleur pour se plaindre ;
Leur stérile génie est pareil au cylindre
Qui tourne à vide, grince et s'use dans la nuit.

Ils souffrent ?   Croient-ils donc porter dans leur besace
Le déluge final de tous les maux prédits ?
Sous notre ciel chargé d'orages, je le dis,
Il n'est plus de douleur que la douleur d'Alsace.

J'aime les forts, les sains et les gais.   Je prétends
Que la vie est docile et souffre qu'on la mène :
J'observe dans la mort un calme phénomène
Accessible à mes sens libres et consentants,

Et qui ne trouble pas ma paix intérieure.
Car la forme renaît plus jeune du tombeau,
Et l'ombre passagère où s'engloutit le Beau
Couve une éternité dans l'éclipse d'une heure.

Car la couleur charmante et mère des parfums
Rayonne inextinguible au fond des nuits funèbres,
Et sa splendeur de feu qu'exaltent les ténèbres
Emparadise encor les univers défunts.

Femme, recorde-moi ceci. Ma force vierge
Est éclose aux ardeurs brunes de tes beaux yeux :
Quand mon cœur sera mûr pour le sol des aïeux,
Notre amour sera clos. N'allume pas de cierge.

Le ciel restera sourd comme il reste béant.
O femme, écoute-moi, pas de terreur vulgaire !
Si l'âme est immortelle, il ne m'importe guère,
Et je ne me vends pas aux chances du néant.

Aucun joug n'a ployé ma nuque inasservie,
Et dans la liberté que lui fait sa vertu,
Voici l'homme qui s'est lui-même revêtu
Du pouvoir de juger et d'attester sa vie.

Hors de moi, je ne prends ni rêve ni conseil ;
N'arrachant du labeur que l'œuvre et non la tâche,
Je ne me promets point de récompense lâche
Pour le plaisir que j'ai de combattre au soleil.

Le limon, que son œuvre auguste divinise
Par son épouvantable enfantement, répond
Aux désirs surhumains de mon être fécond,
Et ma chair douloureuse avec lui fraternise.

Telle est ma loi. Sans peur et sans espoir, je vais,
Après m'être creusé ma route comme Alcide.
Que la combinaison de mon astre décide
Si je suis l'homme bon ou bien l'homme mauvais.

Mais, quel que soit le mot qu'ajoute ma planète
Aux constellations de la fatalité,
J'ai reposé mon cœur avec tranquillité
Dans l'asile très sûr d'un amour très honnête.

FRANÇOIS FABIÉ.

LES GENÊTS

LES genêts, doucement balancés par la brise,
   Sur les vastes plateaux font une houle d'or ;
Et, tandis que le pâtre à leur ombre s'endort,
Son troupeau va broutant cette fleur qui le grise ;

Cette fleur qui le fait bêler d'amour, le soir,
Quand il roule des hauts des monts vers les étables,
Et qu'il croise en chemin les grands bœufs vénérables
Dont les doux beuglements appellent l'abreuvoir ;

Cette fleur toute d'or, de lumière et de soie,
En papillons posée au bout des brins menus,
Et dont les lourds parfums semblent être venus
De la plage lointaine où le soleil se noie. . . .

Certes, j'aime les prés où chantent les grillons,
Et la vigne pendue aux flancs de la colline,
Et les champs de bleuets sur qui le blé s'incline,
Comme sur des yeux bleus tombent des cheveux blonds.

Mais je préfère aux prés fleuris, aux grasses plaines,
Aux coteaux où la vigne étend ses pampres verts,
Les sauvages sommets, de genêts recouverts,
Qui font au vent d'été de si fauves haleines.

* * *

Vous en souvenez-vous, genêts de mon pays,
Des petits écoliers aux cheveux en broussailles
Qui s'enfonçaient sous vos rameaux comme des cailles,
Troublant dans leur sommeil les lapins ébahis ?

Comme l'herbe était fraîche à l'abri de vos tiges !
Comme on s'y trouvait bien, sur le dos allongé,
Dans le thym qui faisait, aux sauges mélangé,
Un parfum enivrant à donner des vertiges !

Et quelle émotion lorsqu'un léger frou-frou
Annonçait la fauvette apportant la pâture,
Et qu'en bien l'épiant on trouvait d'aventure
Son nid plein d'oiseaux nus et qui tendaient le cou !

Quel bonheur, quand le givre avait garni de perles
Vos fins rameaux émus qui sifflaient dans le vent,
— Précoces braconniers, — de revenir souvent,
Tendre en vos corridors des lacets pour les merles !

* * *

Mais il fallait quitter les genêts et les monts,
S'en aller au collège étudier des livres,
Et sentir, loin de l'air natal qui vous rend ivres,
S'engourdir ses jarrets et siffler ses poumons ;

Passer de longs hivers, dans des salles bien closes,
A regarder la neige à travers les carreaux,
Éternuant dans des auteurs petits et gros,
Et soupirant après les oiseaux et les roses :

Et, l'été, se haussant sur son banc d'écolier,
Comme un forçat qui, tout en ramant, tend sa chaîne,
Pour sentir si le vent de la lande prochaine
Ne vous apporte pas le parfum familier. . . .

* * *

Enfin, la grille s'ouvre ! On retourne au village ;
Ainsi que les genêts, notre âme est tout en fleurs,
Et dans les houx remplis de vieux merles siffleurs
On sent un air plus pur qui vous souffle au visage.

On retrouve l'enfant blonde avec qui cent fois
On a jadis couru la forêt et la lande ;
Elle n'a point changé, — sinon, qu'elle est plus grande,
Que ses yeux sont plus doux et plus douce sa voix.

—" Revenons aux genêts !—Je le veux bien !" dit-elle.
Et l'on va, côte à côte, en causant, tout troublés
Par le souffle inconnu qui passe sur les blés,
Par le chant d'une source, ou par le bruit d'une aile.

Les genêts ont grandi, mais pourtant moins que nous :
Il faut nous bien baisser pour passer sous leurs branches,
Encore accroche-t-elle un peu ses coiffes blanches ;
Quant à moi, je me mets simplement à genoux.

Et nous parlons des temps lointains, des courses folles,
Des nids ravis ensemble, et de ces riens charmants
Qui paraissent toujours sublimes aux amants,
Parce que leurs regards soulignent leurs paroles.

Puis, le silence ; puis, la rougeur des aveux,
Et le sein qui palpite, et la main qui tressaille,
Et le bras amoureux qui fait ployer la taille. . .
Comme le serpolet sent bon dans les cheveux !

Et les fleurs des genêts nous font un diadème ;
Et, par l'écartement des branches, — haut dans l'air, —
Paraît comme un point noir l'alouette au chant clair
Qui, de l'azur, bénit le coin d'ombre où l'on aime !

Ah ! de ces jours lointains, — si lointains et si doux ! —
De ces jours dont un seul vaut une vie entière,
— Et de la blonde enfant qui dort au cimetière,
Genêts de mon pays, vous en souvenez-vous ?

PAUL DÉROULÈDE

LE BON GÎTE

BONNE vieille, que fais-tu là ?
   Il fait assez chaud sans cela ;
Tu peux laisser tomber la flamme.
Ménage ton bois, pauvre femme,
Je suis séché, je n'ai plus froid.

Mais elle, qui ne veut m'entendre,
Jette un fagot, range la cendre :

"Chauffe-toi, soldat, chauffe-toi !"

Bonne vieille, je n'ai pas faim.
Garde ton jambon et ton vin ;
J'ai mangé la soupe à l'étape.
Veux-tu bien m'ôter cette nappe !
C'est trop bon et trop beau pour moi.

Mais elle, qui n'en veut rien faire,
Taille mon pain, remplit mon verre :

" Refais-toi, soldat, refais-toi !"

Bonne vieille, pour qui ces draps ?
Par ma foi, tu n'y penses pas !
Et ton étable ?   Et cette paille
Où l'on fait son lit à sa taille ?
Je dormirai là comme un roi.

Mais elle qui n'en veut démordre,
Place les draps, met tout en ordre :

"Couche-toi, soldat, couche-toi ! "

— Le jour vient, le départ aussi.—
Allons ! adieu . . . Mais qu'est ceci ?
Mon sac est plus lourd que la veille. . . .
Ah ! bonne hôtesse, ah ! chère vieille,
Pourquoi tant me gâter, pourquoi ?

Et la bonne vieille de dire,
Moitié larme, moitié sourire :

" J'ai mon gars soldat comme toi ! "

GEORGES BOUTELLEAU

LE COLIBRI

J'AI vu passer aux pays froids
    L'oiseau des îles merveilleuses,
Il allait frôlant les yeuses
Et les sapins mornes des bois.

Je lui dis : " Tes plages sont belles,
Ne pleures-tu pas leur soleil ? "
Il répondit : " Tout m'est vermeil :
Je porte mon ciel sur mes ailes ! "

LES DEUX OMBRES

DEUX ombres cheminaient dans une étroite allée,
Sous le pâle couchant d'un jour mourant d'été :
L'une avait sur la lèvre un sourire enchanté ;
L'autre était languissante et de crêpes voilée.

Elles allaient sans but, distraites du chemin,
Cherchant la solitude et son divin mystère ;
Fiancés éternels aussi vieux que la terre :
La Douleur et l'Amour qui se donnaient la main.

LOUIS TIERCELIN

LE PETIT ENFANT

IL jouait, le petit enfant
Aux blanches mains, aux lèvres roses ;
Ignorant nos soucis moroses,
Il jouait, le petit enfant.
Joyeux, candide et triomphant,
Sur le tapis couvert de roses,
Il jouait, le petit enfant
Aux blanches mains, aux lèvres roses.

Il dormait, le petit enfant,
Dans son berceau de mousseline.
Fleur fatiguée et qui s'incline,
Il dormait, le petit enfant.
Et la mère, en le réchauffant,
Le berçait d'une voix câline,
Il dormait, le petit enfant,
Dans son berceau de mousseline.

Il vivait, le petit enfant,
Heureux et rose à faire envie,
Front radieux, âme ravie,
Il vivait, le petit enfant.
Le père faisait pour sa vie
De beaux rêves que Dieu défend.
Il vivait, le petit enfant,
Heureux et rose à faire envie.

Il est mort, le petit enfant ;
Il s'est envolé vers les Anges.
Avec des sourires étranges,
Il est mort, le petit enfant.
Il est mort, et le cœur se fend
Devant ce linceul fait de langes.
Il est mort, le petit enfant ;
Il s'est envolé vers les Anges.

GUY DE MAUPASSANT

DÉCOUVERTE

J'ÉTAIS enfant. J'aimais les grands combats,
   Les chevaliers et leur pesante armure,
Et tous les preux qui tombèrent là-bas
Pour racheter la Sainte Sépulture.

L'Anglais Richard faisait battre mon cœur ;
Et je l'aimais, quand après ses conquêtes
Il revenait, et que son bras vainqueur
Avait coupé tout un collier de têtes.

D'une Beauté je prenais les couleurs,
Une baguette était mon cimeterre ;
Puis je partais à la guerre des fleurs
Et des bourgeons dont je jonchais la terre.

Je possédais au vent libre des cieux
Un banc de mousse où s'élevait mon trône.
Je méprisais les rois ambitieux,
De rameaux verts j'avais fait ma couronne.

J'étais heureux et ravi.   Mais un jour
Je vis venir une jeune compagne.
J'offris mon cœur, mon royaume et ma cour,
Et les châteaux que j'avais en Espagne.

Elle s'assit sous les marronniers verts ;
Or, je crus voir, tant je la trouvais belle,
Dans ses yeux bleus comme un autre univers,
Et je restai tout songeur auprès d'elle.

Pourquoi laisser mon rêve et ma gaîté
En regardant cette fillette blonde ?
Pourquoi Colomb fut-il si tourmenté
Quand, dans la brume, il entrevit un monde ?

L'OISELEUR

L'OISELEUR Amour se promène
    Lorsque les coteaux sont fleuris,
Fouillant les buissons et la plaine, .
Et, chaque soir, sa cage est pleine
Des petits oiseaux qu'il a pris.

Aussitôt que la nuit s'efface
Il vient, tend avec soin son fil,
Jette la glu de place en place,
Puis sème, pour cacher la trace,
Quelques grains d'avoine ou de mil.

Il s'embusque au coin d'une haie,
Se couche aux berges des ruisseaux,
Glisse en rampant sous la futaie,
De crainte que son pied n'effraie
Les rapides petits oiseaux.

Sous le muguet et la pervenche
L'enfant rusé cache ses rets,
Ou bien sous l'aubépine blanche
Où tombent, comme une avalanche,
Linots, pinsons, chardonnerets.

Parfois d'une souple baguette
D'osier vert ou de romarin
Il fait un piège, et puis il guette
Les petits oiseaux en goguette
Qui viennent becqueter son grain.

Étourdi, joyeux et rapide,
Bientôt approche un oiselet :
Il regarde d'un air candide,
S'enhardit, goûte au grain perfide,
Et se prend la patte au filet.

Et l'oiseleur Amour l'emmène
Loin des coteaux frais et fleuris,
Loin des buissons et de la plaine,
Et, chaque soir, sa cage est pleine
Des petits oiseaux qu'il a pris.

PAUL BOURGET

PRÆTERITA

NOVEMBRE approche, — et c'est le mois charmant
   Où, devinant ton âme à ton sourire,
Je me suis pris à t'aimer vaguement,
     Sans rien dire.

Novembre approche, — ah! nous étions enfants,
Mais notre amour fut beau comme un poème.
— Comme l'on fait des rêves triomphants
     Lorsqu'on aime !—

Novembre approche, — assis au coin du feu,
Malade et seul, j'ai songé tout à l'heure
A cet hiver où je croyais en Dieu,
     Et je pleure.

Novembre approche, — et c'est le mois béni
Où tous les morts ont des fleurs sur leur pierre,
Et moi je porte à mon rêve fini
     Sa prière.

ROMANCE

POURQUOI cet amour insensé
   N'est-il pas mort avec les plantes
Qui l'enivraient, l'été passé,
D'odeurs puissantes et troublantes?

Pourquoi la bise, en emportant
La feuille jaunie et fanée,
N'en a-t-elle pas fait autant
De mon amour de l'autre année?

Les roses des rosiers en fleur,
L'hiver les cueille et les dessèche ;
Mais la blanche rose du cœur,
Toujours froissée, est toujours fraîche.

Il n'en finit pas de courir,
Le ruisseau de pleurs qui l'arrose,
Et la mélancolique rose
N'en finit pas de refleurir.

DÉPART

ACCOUDÉ sur le bastingage
   Et regardant la grande mer,
Je respire ce que dégage
De liberté ce gouffre amer.

Le large pli des houles bleues,
Que les vents poussent au hasard
D'au delà d'un millier de lieues,
Soulève le bateau qui part.

Sensation farouche et gaie,
Je vais donc vivre sans lien !
Ah ! que mon âme est fatiguée
D'avoir tant travaillé pour rien !

Vains devoirs d'un monde frivole,
Plaisirs factices de deux jours,
Coupable abus de la parole,
Efforts mesquins, tristes amours,

Tout de ce qui fut moi s'efface
A l'horizon mystérieux,
Et le libre, l'immense espace,
S'ouvre à mon cœur comme à mes yeux.

NUIT D'ÉTÉ

O NUIT, ô douce nuit d'été, qui viens à nous
   Parmi les foins coupés et sous la lune rose,
Tu dis aux amoureux de se mettre à genoux,
Et sur leur front brûlant un souffle frais se pose !

O nuit, ô douce nuit d'été, qui fais fleurir
Les fleurs dans les gazons et les fleurs sur les branches,
Tu dis aux tendres cœurs des femmes de s'ouvrir,
Et sous les blonds tilleuls errent des formes blanches !

O nuit, ô douce nuit d'été, qui sur les mers
Alanguis le sanglot des houles convulsées,
Tu dis aux isolés de n'être pas amers,
Et la paix de ton ciel descend dans leurs pensées.

O nuit, ô douce nuit d'été, qui parles bas,
Tes pieds se font légers et ta voix endormante,
Pour que les pauvres morts ne se réveillent pas,
Eux qui ne peuvent plus aimer, ô nuit aimante !

ÉPILOGUE

LE Fantôme est venu de la trentième année.
   Ses doigts vont s'entr'ouvrir pour me prendre la
      main,
La fleur de ma jeunesse est à demi fanée,
Et l'ombre du tombeau grandit sur mon chemin.

Le Fantôme me dit avec ses lèvres blanches :
" Qu'as-tu fait de tes jours passés, homme mortel ?
Ils ne reviendront plus t'offrir leurs vertes branches.
Qu'as-tu cueilli sur eux dans la fraîcheur du ciel ?"

— " Fantôme, j'ai vécu comme vivent les hommes :
J'ai fait un peu de bien, j'ai fait beaucoup de mal.
Il est dur aux songeurs, le siècle dont nous sommes,
Pourtant j'ai préservé mon intime Idéal !. . ."

Le Fantôme me dit : " Où donc est ton ouvrage ? "
Et je lui montre alors mon rêve intérieur,
Trésor que j'ai sauvé de plus d'un noir naufrage,
— Et ces vers de jeune homme où j'ai mis tout mon
    cœur.

Oui ! tout entier : espoirs heureux, légers caprices,
Coupables passions, spleenétique rancœur,
J'ai tout dit à ces vers, tendres et sûrs complices.
Qu'ils témoignent pour moi, Fantôme, et pour ce cœur !

Que leur sincérité, Juge d'en haut, te touche,
Et, comme aux temps lointains des rêves nimbés d'or,
Pardonne, en écoutant s'échapper de leur bouche,
Ce cri d'un cœur resté chrétien : *Confiteor !*

ABEL HERMANT

L'ÉTOILE

JE suis le Chaldéen par l'Étoile conduit
    Vers un but inconnu que moi-même j'ignore.
Quelle main alluma cet astre dans ma nuit ?
Quel spectacle à mes yeux révélera l'Aurore ?

N'importe. — Dans la nuit je vais.   La nudité
Du jour blessait mes yeux.   L'ombre chaste est un voile.
Ce flambeau, qu'il m'égare ou me guide, est clarté :
L'Astre, même trompeur, est toujours une étoile.

Trouverai-je en sa crèche, ainsi que dans un nid,
Un enfant ? Me mettrai-je à genoux ? Que m'importe !
J'ai recueilli la myrrhe et le baume bénit :
Je respire en marchant les parfums que je porte.

NOTES.

The full-face figures refer to the pages; the ordinary figures to the lines.

N.B. For the poets before MALHERBE the spelling has not been modernized. Some uniformity however has been sought, and accents are used when they affect final vowels.

CHARLES D'ORLÉANS.

1391–1465.

Father of Louis XII., was taken prisoner in the battle of Agincourt (1415) and passed the next twenty-five years of his life in captivity in England. In this long leisure he developed his talent for poetry, and on his return to France he made his residence at Blois a gathering-point for men of letters. His poetical work marks the utmost attainment in outward grace of expression in the treatment of conventional subjects in the traditional fixed forms. Now and then there is a more personal strain which suggests the more distinctly modern lyric of Villon; but he is not to be compared with Villon in originality of view, sincerity of feeling, or directness and intensity of utterance.

His works were not published till the eighteenth century. The best edition is that of Ch. d'Héricault, 2 vols., 1874 (*Nouvelle collection Jannet-Picard*). Charles d'Orléans also wrote some of his poems in English; these were published by G. W. Taylor in 1827 for the Roxburghe Club.

For reference : Constant Beaufils, *Étude sur la vie et les poésies de Charles d'Orléans*, 1861 ; Robert Louis Stevenson, *Familiar Studies of Men and Books*, London, 1882.

1. BALLADE. For the form of the *ballade* see the remarks on versification, p. xxi. 2. estoye, *étais*; for initial *e* from *es* cf. *esveillera*, l. 14, *Esté*, 3, 8. 3. avoient, *avaient*; in the imperfect and conditional *oi*, from an earlier *ei*, continued to be written till late in the eighteenth century, long after in pronunciation it had come to have the value of *ai*. 4. hayent, *haïssent*; *y* is found frequently in the older spelling for *i*, especially when final. 5. desconfort = *découragement*. 8. si fais = *ainsi je fais*; the omission of the pronoun is common at this time; cf. 8, 24, *direz*. 10. ne . . . ne = *ni* . . . *ni*. grevance = *dommage, malheur*. 14. accort, accord. 16. soyent, *soient*; here of two syllables, in modern verse of one. 17. veoir, *voir*; here of two syllables. 22. sort, *evil spell*. 24. loing, *loin*.

2. 1. vueil, *veux*. hoir = *héritier*. 5. nul ne porte = *que nul ne porte*. 6. vent, *vend*. marchié, *marché*. 7. tiengne = *tienne*. pour tout voir = *vraiment*; *let every one consider it a certain fact*. RONDEL. For the form of the *rondel* see the remarks on versification, p. xxi. 11. avecques, *avec*. 12. Combien que = *bien que*. 17. rapaise = *s'apaise*. 19. tantost = *bientôt*; *s* before *l*, *m*, *n*, and *t* has regularly disappeared; cf. *vestu*, 24, *beste*, 26, *bruslerent*, 4, 26, *mesme*, 5, 22, *maistre*, 6, 1. RONDEL. "*Le Temps a laissié son manteau.*" 22. laissié, *laissé*. 24. brouderye, broderie. 25. luyant, *luisant*. cler, *clair*.

3. 4. livrée could be used now in the body of the line only before a word beginning with a vowel. 6. abille, *habille*. RONDEL. "*Les Fourriers d'Esté sont venus.*" 13. vert, feminine ; in adjectives of two endings of the Latin third declension, like *grandis, fortis, viridis*, the feminine ending *e* is due to the influence of adjectives of three endings, and does not appear in Old French. 16. pieça =

naguère. 18. **prenez païs**, *take to the country*, i.e. depart.
19. **yver**, *hiver.*

4. RONDEL. *"Dieu! qu'il la fait bon regarder."* 2. **sçay**,
sais; *c* was introduced into the forms of *savoir* under
the mistaken notion that it was connected with *scire.* 4.
ung, *un.*

FRANÇOIS VILLON.

1431–146–?.

Poet and vagabond, he led a most irregular life, twice
narrowly escaped hanging, and composed many of his poems
in prison. He was a poet of great originality, for he broke
away from the conventional subjects and the allegorizing
habit of the Middle Ages and gave to the lyric a personal
note and a depth and poignancy of feeling that made it
almost a new creation, though he still adhered mainly to
the traditional forms and showed a special preference for
the ballade. Most of his ballades are introduced into his
main works, the *Petit Testament* and the *Grand Testament*,
which are entirely personal in contents.

His works were first published in 1489; Marot prepared
an edition in the following century, Paris, 1533; they were
not reprinted in the seventeenth century; convenient recent
editions are those of P. L. Jacob (Paul Lacroix), 1854; P.
Jannet (*Nouvelle collection Jannet-Picard*); and A. Longnon,
1892.

For reference : A. Longnon, *Étude biographique sur François Villon*, 1877; Sainte-Beuve, *Causeries du lundi*, vol. xiv;
Th. Gautier, *les Grotesques* ; J. Lemaître, *Impressions de
théâtre*, troisième série, 1889; Robert Louis Stevenson,
Familiar Studies of Men and Books, London, 1882.

4. BALLADE DES DAMES DU TEMPS JADIS. Dante Gabriel
Rossetti has translated this ballade, which is perhaps
the most famous one in the language. 6. **Dictes**, *dites.* **n'en**

= *ni en*; in Old French *ne* could be used for the simple alternative 'or.' 7. **Flora**; a late tradition made of the Roman goddess of flowers and spring a wealthy and beautiful woman. 8. **Archipiada,** perhaps Hipparchia is meant; **Thaïs,** an Athenian beauty of the fourth century B.C. 10. **Echo,** the nymph of classical mythology. **maine,** *mène.* 11. **estan,** *étang.* 13. **antan,** *last year* (from Latin *ante annum*); Rossetti translates "yesteryear." 14. **Helois,** Heloise, or Eloise. 16. **Esbaillart,** Abelard (1079-1142), a French scholar and philosopher, whose love for the beautiful and accomplished Heloise, one of his pupils, has passed into legend, which has quite transformed the fact. **Sainct-Denys,** Saint-Denis, only four and one half miles from Paris, celebrated for the cathedral of Saint-Denis in which are the tombs of the kings of France. Abelard resided for a time in the abbey of Saint-Denis. 17. **essoyne** = *peine.* 18. **royne,** *reine*; Marguerite de Bourgogne, wife of Louis le Hutin, is meant, the heroine of the legend of the Tour de Nesle, according to which she had her numerous lovers killed and thrown into the Seine. Buridan was more fortunate and escaped; he was afterwards a learned professor of the University of Paris. She herself wâs strangled in prison in 1314. 21. **La royne Blanche,** Blanche de Castille, mother of Saint Louis. 22. **sereine,** *sirène.* 23. **Berthe au grand pied,** celebrated in the *chansons de geste*, was the mother of Charlemagne. **Bietris,** Béatrix de Provence, married in 1245 to Charles, son of Louis VIII. **Allys,** Alix de Champagne, married in 1160 to Louis le Jeune. 24. **Harembourges,** Eremburge, daughter of Elie de la Flèche, count of Maine, who died in 1110. 25. **Jehanne,** Joan of Arc, who was burned at the stake at Rouen in 1431.

5. 1. **n'enquerez,** *do not seek to know.* **sepmaine,** *semaine.* 3. **Que . . . ne,** *lest.* **remaine** = *reste.* LAY OU PLUSTOST RONDEAU. 8. **se,** *si.* 12. **devie** = *meure.* 13. **voire** = *vraiment.* JE CONNAIS TOUT FORS QUE MOI-MÊME. 15. **laict.**

lait. 21. **besongne** = *travaille.* **chomme**, *chôme.* 24. **gonne,** *gown,* a monk's garment.

6. 3. **pipeur,** one who whistles in imitation of birds ; *je congnois pipeur qui jargonne,* *I know the tricks of the bird-catcher.* 4. **folz rourriz de cresme,** refers perhaps to the pampered court jesters. 7. **mullet,** *mulet.* 10. **geot,** a counter for counting and adding (*qui nombre et somme*). 12. **Boesmes,** *Bohemians*; *la faulte des Boesmes* is the heresy of the follow-ers of John Huss (1369–1415) and Jerome of Prague (1375–1416). 16. **coulorez et blesmes** = *teints colorés et blêmes.*

CLÉMENT MAROT.

1497–1544.

He abandoned the law to live at court and write verses. After his first successes, he became page in the household of Marguerite of Navarre, and continued to enjoy her pro-tection and that of her brother, Francis I., though this could not save him, when accused of heresy because of the welcome that he gave to the ideas of the Reformation, from the necessity of twice fleeing to Italy for safety. In spite of some deeper notes and in spite of his translation of the first fifty Psalms, which is used in French Protestant churches, he was by no means a religious reformer. He was essentially a court poet, putting into graceful verse, ballades, rondeaux, epistles, epigrams, etc., the trifles, jests, sallies, and elegant badinage that delighted courtly society.

Works: *l'Adolescence Clémentine,* 1532; *Œuvres de Clément Marot,* Lyon, 1538; *Trente Psaumes de David,* 1541; *Cin-quante Psaumes de David,* 1543 ; *les Œuvres de Clément Marot,* Lyon, 1544; *Œuvres complètes de Clément Marot,* par M. Guiffrey, 1876–81 (only part has appeared); *Œuvres com-plètes,* par P. Jannet, 4 vols., 1868–72; *Œuvres choisies,* par E. Voizard, 1890.

For reference: E. Scherer, *Études littéraires sur la litté-rature contemporaine*, vol. viii; Émile Faguet, *le Seizième siècle*, 1893; H. Morley, *C. Marot and other studies*, London, 1871.

6. RONDEAU. For the form see the remarks on versifica-tion. 20. **se demenoit**, *expressed itself.* 21. **C'estoit donné toute la terre ronde**, i.e. it was as if one had given. 23. "*They loved each other for the heart alone.*" 24. **si à jouyr on venoit**, *if one's love was returned.* 25. **s'entretenoit**, *kept faith.*

7. 2. **feincts**, *feints.* **oyt**, from *ouïr.* 3. **Qui** = *si quelqu'un.* **me fonde**, *rely.*

PIERRE DE RONSARD.

1524–1585.

The greatest French poet of the Renaissance, he entered the household of the Duke of Orleans at the age of ten, spent three years as page of James V. of Scotland, and trav-eled much about Europe on various embassies. At eighteen, attacked by deafness, he withdrew to the college of Coque-ret and was won to poetry by study of the ancients. It was then that a common love for the classical literatures and a common zeal for imitating their beauties in French bound him to the other young men who with him called them-selves the Pleiad and set themselves to the task of renew-ing French literature in the image of the literatures of antiquity. In 1550, the year after the appearance of the manifesto of the young school, the *Défense et Illustration de la langue française* of du Bellay, he published a volume of odes. His fame was instant and immense; he returned in glory to court, and for forty years the authority of his example was hardly questioned. His talent was exercised in almost all kinds of verse, chansons, sonnets, elegies, eclogues, hymns, epistles, and even in the epic, where,

however, his experiment, *la Franciade*, was a complete fail-
ure, abandoned when but four of the proposed twelve
cantos were finished. But his genius was essentially lyric.
The ode was his special contribution to French verse; in
it he followed the classical form with its divisions into
strophe, antistrophe, and epode, sometimes in direct imitation of Pindar, Anacreon, Theocritus, or Horace. His best
work is that in which he freed himself most fully from the
influence of a model. His deepest and truest notes are
those that celebrate the pleasures of this life, the delights
of nature, and the inevitable "cold obstruction" of death.

Works: *Odes* and *Bocage*, 1550; *Amours, Odes*, book v,
1552, 1553; *Hymnes*, 1555, book ii, 1556; *Meslanges*, 1555,
book ii, 1559; *Œuvres* (*Amours, Odes, Poèmes, Hymnes*), 4
vols., 1560; *Œuvres*, 1 vol., 1584; recent editions are *Œuvres
complètes*, par P. Blanchemain, 8 vols., 1857–67 (*Bibliothèque
elzévirienne*); par Marty-Laveaux, 6 vols., 1887 ff.; *Œuvres
choisies*, avec notice de Sainte-Beuve, 1 vol.

For reference: Excellent biographical study by Marty-
Laveaux in his edition of the works; Émile Faguet, *le
Seizième siècle*, 1893; Sainte-Beuve, *Causeries du lundi*,
vol. xii.

7. A CASSANDRE. **8. desclose**, *opened.* **10. a point perdu**;
ne was not, and still is not always, required in the
question; cf. 164, 22. **vesprée** = *soir*; cf. *vêpre*. **13. Las**,
hélas. **20. fleuronne** = *fleurit.*

8. CHANSON. **27. Amour**, *Cupid.* **1. obeneviere** = *chanvre*.
3. my-nud, *half naked.* **19. Fol le pelican**; cf. for another use of this popular notion about the pelican the
famous picture in the *Nuit de mai* of Alfred de Musset,
150, 12 *ff.* A HÉLÈNE. **26. oyant**, from *ouïr.* **27. Desja**,
déjà. **29. Benissant vostre nom**, etc., i.e. congratulating you
on being immortalized by the poet's praise.

9. **2. ombres myrteux**, *shadows of the myrtles.* ÉLÉGIE.
8. Vendomois, one of the old divisions of France, on

the Loire. It was the birth-place of Ronsard. 10. **remors**; has here rather the sense of regret. 13. **agez**, *agés*; the spelling *-ez* for *-és* was usual. 22. **chef** = *tête*. 23. **de rechef** = *de nouveau*. 24. **perruque** = *chevelure*. 26. **verds**, *strong, supple*.

10. DIEU VOUS GARD. 7. **gard**, the form of the present subjunctive regularly descended from the Latin subjunctive in verbs of the first conjugation. The ending *e*, added later, is due to analogy. 8. **vistes arondelles**, *vites (rapides) hirondelles*. 10. **Tourtres** = *tourterelles*. 12. **verdelets**, *verts*; such diminutives were quite in favor in the language of the time; cf. *rossignolet, nouvelet, fleurettes*. 15. **boutons jadis cognus**, etc., i.e. the hyacinth and the narcissus. 29. **au prix de**, *in comparison with*.

11. A UN AUBESPIN. 6. **lambrunche**, *a wild vine*. 10. **pertuis**, *holes*. 12. **avettes** = *abeilles*. 30. **ruer** = *jeter*.

12. ÉLÉGIE CONTRE LES BÛCHERONS DE LA FORÊT DE GASTINE. Cf. the poem by Laprade, p. 192. Gastine is in Haut-Poitou, in the present department of Deux-Sèvres. 14. **persé**, *percé*. 15. **mastin**, *mâtin*. 21. **Pans**, used by Ronsard in the plural as if he thought them a kind of being, like Satyrs. 22. **fans**, now written *faons*, but still pronounced as if spelled *fans*. 24. **premier**, used adverbially. 26. **estonner** in the older language expressed a physical shock; to *stun*. 28. **neuvaine**, composed of nine. **trope**, *troupe;* the nine muses. Calliope was the muse of epic poetry, and Euterpe the muse of music and lyric poetry.

13. 3. **alterez, bruslez, etherez**, see note on *agez*, 9, 13. 8. **Dordoneens**, referring to the forest of Dordona, in Epirus, where oracles were rendered from oak trees. According to Greek traditions the first men lived on acorns and raw flesh. 16. **Et qu'en changeant de forme**, etc., *and that it will change its form and put on a new one.*

JOACHIM DU BELLAY.

1525–1560.

After Ronsard the foremost poet of the Pleiad. He was of an illustrious family, but, cut off from a brilliant public career by ill health and deafness, he sought consolation in letters. He even preceded Ronsard in inaugurating the literary reform, issuing the manifesto of the new movement, his *Défense et Illustration de la langue française*, his collection of sonnets called *Olive*, and a *Recueil de poésies*, all in 1549. Shortly afterwards he accompanied his cousin, Cardinal du Bellay, to Rome ; the admiration which the historic associations of the city excited in him and his disgust at the intrigues of the court and the corruptions of Italian life, mingled with homesickness for the pleasant sights and quiet air of his native Anjou, inspired the two collections of sonnets which are his best, the *Antiquités romaines*, translated by Spenser in 1591, and the *Regrets.*

Works : *Olive, Recueil de poésies,* 1549 ; *Premier livre des antiquités de Rome,* 1558 ; *Jeux rustiques,* 1558 ; *les Regrets,* 1559 ; *Œuvres,* 1569. Recent editions are : *Œuvres complètes,* par Marty-Laveaux, 2 vols., 1866–67 ; *Œuvres choisies,* par Becq de Fouquières, 1876.

For reference : Léon Séché, *Joachim du Bellay,* 1880 ; E. Faguet, *le Seizième siècle,* 1893 ; Sainte-Beuve, *Nouveaux lundis,* vol. xiii ; Walter Pater, *The Renaissance,* London, 1873.

13. L'IDÉAL. This is from the first collection of sonnets, *Olive.* The influence of Petrarch is evident. Compare also the lines of the sestet with the final stanzas of Lamartine's *Isolement.* p. 65. 22. **En l'eternel** = *dans l'éternité.*

14. L'AMOUR DU CLOCHER. From the *Regrets.* 8. **cestuy,** old form of demonstrative, *celui.* The reference is of course to Jason. 9. **usage,** *experience.* 11. **Quand reverray-je,** etc., cf. Homer's Odyssey, I, 58. 18. **Loyre,** the name of the river is now feminine. 19. **Liré,** a little village in Anjou, was the birth-place of du Bellay. D'UN VANNEUR DE BLÉ AUX VENTS. From the collection entitled *Jeux rustiques.*

15. 8. **ceste,** *cette.* 10. **j'ahanne** = *je me fatigue.*

AGRIPPA D'AUBIGNÉ.

1550–1630.

Soldier as well as poet, he was a leader of the Huguenots in the wars that ended with the accession of Henry IV. After the assassination of Henry IV., his safety became more and more threatened in France, and he withdrew finally to Geneva. His main work is a long descriptive and narrative poem, but in many parts essentially lyrical, *les Tragiques*, a fierce picture of France in the civil wars. In his lyrics, which comprise *stances, odes,* and *élégies,* he is a follower of the tradition of Ronsard.

Works: *Les Tragiques,* 1616; a recent edition is by L. Lalanne, 1857; also in the *Œuvres complètes,* par MM. Reaume et de Caussade, 4 vols., 1873–77.

For reference: Pergameni, *la Satire au seizième siècle et les Tragiques d'Agrippa d'Aubigné,* 1881; E. Faguet, *le Seizième siècle,* 1893.

15. L'HYVER. 14. **irondelles,** *hirondelles.* 19. **n'esloigne,** *ne s'éloigne de.*

16. 2. **comme il fit,** i.e. *comme il alluma des flammes.* 10. **sereines,** *sirènes.* 14. **usage,** *fruition.*

JEAN BERTAUT.

1552–1611.

A man by no means of the poetic stature of Ronsard, du Bellay, and D'Aubigné; he found great favor in his

day, but his lyric note was not powerful enough to endure
long. He is most successful in the graceful expression of
a natural melancholy, as in the example here given. He
was a follower, in moderation, of the Pleiad.

Works : *Recueil des œuvres poétiques de J. Bertaut*, 1601 ;
appeared again enlarged in 1605 ; *Recueil de quelques vers
amoureux*, 1602 ; both collections are included in *Œuvres
poétiques*, 1620 ; a recent edition is edited by A. Chenevière,
1891 (*Bibliothèque elzévirienne*). CHANSON. 27. **demeure**,
delay.

17. 4. **fay**, *fais*. **23. voy**, *vois*. 25. **vy**, *vis*.

MATHURIN RÉGNIER.

1573–1613.

Though bred to the church and early settled in a good
living, he led a life that was hardly edifying. He possessed brilliant talents, but failed to make the most of
them. He was indolent and fond of good living, and was
restive under discipline, as is evident in his work and in
his irritation at Malherbe. He had a gift of keen observation, and his satires excelled in interest what he composed
in the more lyrical forms of ode and elegy.

Works : *Œuvres*, 1608, 1612 ; recent editions are those
of Viollet le Duc, 1853 (*Bibliothèque elzévirienne*), and E.
Courbet, 1875.

For reference : J. Vianey, *Mathurin Régnier*, 1896.

FRANÇOIS DE MALHERBE.

1555–1628.

He marks an epoch in the history of French letters.
Boileau's famous phrase, *"enfin Malherbe vint,"* dates from
him the beginning of worthy French poetry. What did

begin with him was that tradition of refinement, elegance, polish and perfect propriety of phrase that continued to rule French literature for two centuries. He lent the influence of a very positive voice to the growing demand for a standard of authority in grammar and versification and for recognized canons of criticism. The lyrical impulse in him was small, but some of his lines live in virtue of the finished propriety and harmony of expression.

Works: *Œuvres*, 1628; the best edition is that of L. Lalanne, 5 vols., 1862–69 (*Collection des Grands Écrivains*).

For reference: G. Allais, *Malherbe*, 1891; F. Brunot, *la Doctrine de Malherbe*, 1891; F. Brunetière, *l'Évolution des genres*, vol. i, 1890; *Études critiques sur l'histoire de la littérature française*, vol. v, 1893.

21. CONSOLATION À M. DU PÉRIER. 5. **Tithon**, Tithonus, who obtained from the gods immortality but not eternal youth. After age had completely wasted and shriveled him he was changed into a grasshopper. 6. **Pluton**, Pluto, god of the nether world, the abode of the dead. 8. **Archémore**, Archemorus or Opheltes, son of Lycurgus, king of Nemea, died in infancy from the bite of a serpent.

22. I. **François**, Francis I.; his oldest son, Francis, born in 1517, died suddenly in 1526, and Charles V. was suspected of having had him poisoned, and dire vengeance was wreaked upon the person of Sebastian de Montecuculli, cupbearer of Charles V. The suspicions proved to be wholly groundless. 5. **Alcide**, Alcides, by which name Hercules was known till he consulted the oracle of Delphi. 9. **La Durance**, a river in southwestern France, flowing into the Rhone below Avignon. After beginning an agressive campaign in this part of France in the summer of 1536, the Spaniards were in September forced to a disastrous retreat. 13. **De moi**, *for my own part*; Malherbe had lost his first two children, Henry in 1587 and Jourdaine in 1599. 27. **Louvre**; the palace of the Louvre, begun in 1541 by Francis

I. on the site of a royal château built by Philip Augustus, and added to by his successors, was a royal residence until the Revolution.

23. CHANSON. 20. **en sa liberté,** i.e. free from her pursuit. PARAPHRASE DU PSAUME CXLV. This is Psalm CXLVI in our English Bible.

JEAN RACINE.

1639–1699.

A dramatic genius of the highest order. But besides being a great dramatist he was a consummate master of language. The choruses in Esther and Athalie are excellent examples of the kind of lyric that the tendencies represented by Malherbe permitted. The extract here given is from Esther, Act III. The approach to the language of the Psalms is evident throughout.

JEAN-BAPTISTE ROUSSEAU.

1670–1741.

The chief representative of the serious lyric in the eighteenth century. This ode is a favorable example of the form which lyric utterance assumed in this philosophizing century and under the tradition of poetic dignity and propriety.

27. ODE À LA FORTUNE. 16. **Sylla** (138–78 B.C.), the enemy of Marius and author of the bloody proscription against the adherents of his rival. 17. **Alexandre,** Alexander the Great. 18. **Attila,** king of the Huns from 434 to 453, who ravaged southern and western Europe from 450 to 452 and was known as "the scourge of God."

28. 16. **le retour,** i.e. the adverse turn.

ÉVARISTE-DÉSIRÉ DESFORGES DE PARNY.

1753–1814.

He wrote mostly in a lighter and erotic vein. He had many admirers in his day who styled him the French Tibullus. His influence is perceptible in the style of Lamartine.

Works : *Poésies érotiques*, 1778 ; *Opuscules poétiques*, 1779, enlarged in succeeding editions; *les Rosicroix*, 1807; *Œuvres*, 5 vols., 1808; *Œuvres choisies*, 1827.

For reference : Sainte-Beuve, *Causeries du lundi*, vol. xv ; *Portraits contemporains*, vol. iv ; George Saintsbury, *Miscellaneous Essays*, London, 1892.

NICOLAS GILBERT.

1751–1780.

He has often been compared with Chatterton and has owed much of his fame to the unfounded legend that he was a child of genius brought to an untimely death by poverty and lack of recognition. His satires on the vices of his time enjoyed a temporary reputation, but his real legacy to posterity is the well-known lines here given.

Works : *Œuvres complètes*, 1788, and frequently thereafter.

ROUGET DE L'ISLE.

1760–1836.

Though he wrote much in both prose and verse, nothing of his lives except the *Marseillaise*, which has become the national song of France. He composed both words and music in the night of April 25, 1792, while he was an officer of engineers at Strassburg. The last stanza was added later by another hand. The name, *la Marseillaise*, comes from the fact that it was introduced to Paris by the troops from Marseilles.

Works : *Essais en vers et en prose*, 1796.

For reference : J. Tiersot, *Rouget de l'Isle, son œuvre, sa vie*, 1892.

32. LA MARSEILLAISE. 6. **Bouillé,** François-Claude Amour, marquis de (1739–1800), a devoted royalist, who planned the flight of Louis XVI. When the king was captured at Varennes he fled to England, where he died.

MARIE-ANDRÉ CHÉNIER.

1762–1794.

The most genuine poet of the eighteenth century. Born at Constantinople of a Greek mother, he knew Greek early and fed himself on the Greek poets, imbibing something of their spirit. His elegies, idyls, and odes are not mere repetitions of the conventional commonplaces, but new, original, and vigorous in idea and expression. He anticipated the Romanticists in breaking over the received rules of versification and in giving greater flexibility and variety to the Alexandrine line.

Works : *Poésies*, first published by H. de Latouche, 1819 ; later editions are by Becq de Fouquières, 1862 and 1872 ; G. de Chénier, with new material, 3 vols., 1874 ; by Louis Moland, 2 vols., 1878–79.

For reference : Sainte-Beuve, *Portraits littéraires*, vol. i; *Portraits contemporains*, vols. ii and v; *Causeries du lundi*, vol. iv; *Nouveaux lundis*, vol. iii; E. Faguet, *le Dix-huitième siècle*, 1890 ; E. Caro, *la Fin du dix-huitième siècle*, vol. ii, 1882 ; J. Haraszti, *la Poésie d'André Chénier*, 1892.

32. LA JEUNE CAPTIVE. This, as well as the *Iambes* following, was written in the Saint-Lazare prison shortly before Chénier was sent to the guillotine. The young captive was Mlle. Aimée de Coigny ; she escaped

the guillotine and afterwards married M. de Montrond ;
she died in 1820.

33. 18. Philomèle ; Philomela was daughter of Pandion,
king of Athens. Pursued by Tereus, king of
Thrace, she was changed into a nightingale. The name is
frequently employed in poetry for the nightingale.

34. 16. Palès, a Roman divinity of flocks and shepherds.

35. IAMBES. 23. Bavus, a conventional name ; it is not
clear who was in the poet's mind.

MARIE-JOSEPH CHENIER.

1764–1811.

A younger brother of André Chénier, enjoyed a great
reputation as a dramatic poet and critic. Aside from the
Chant du départ, which had a reputation approaching that
of the *Marseillaise*, he is hardly to be considered as a lyric
poet.

Works : *Œuvres complètes*, 8 vols., 1823–1826 ; *Poésies*,
1844.

37. LE CHANT DU DÉPART. 9. De Barra, de Viala ; Agricole
Viala and François-Joseph Barra (properly Bara)
were both young boys, thirteen and fourteen years of age,
who fell fighting with the revolutionary armies, the former
in the Vendée, the latter near Avignon. To both the Con-
vention voted the honors of burial in the Pantheon. Their
names are often coupled, as here.

ANTOINE-VINCENT ARNAULT.

1766–1834.

He wrote a number of tragedies and a collection of fables
that were admired in their day, but his name is best pre-
served for the larger public by this brief elegy, which is
found in most anthologies. The circumstances attending

its composition, on the eve of his departure from France after his banishment in January, 1816, are related by Sainte-Beuve, *Causeries du lundi*, vol. vii, in the course of his notice of Arnault, which should be consulted.

FRANÇOIS-RENÉ, VICOMTE DE CHAUTEAUBRIAND.

1768-1848.

An enormous literary force at the beginning of this century ; M. E. Faguet calls him the "greatest date in French letters since the Pleiad." But the instrument of his power was prose. His attempts in verse were poor. Yet he exercised a direct influence towards the renewal of lyric poetry, as has been indicated in the introduction.

For reference : E. Faguet, *Études littéraires sur le dix-neuvième siècle*, 1887 ; F. Brunetière, *l'Évolution de la poésie lyrique au dix-neuvième siècle*, vol. i, 1894.

39. Le Montagnard exilé. Introduced into the prose tale, *le Dernier des Abencérages* (1807). "J'en avais composé les paroles pour un air des montagnes d'Auvergne remarquable par sa douceur et sa simplicité." (Author's note.) 24. la Dore, a rapid stream in the department Puy-de-Dôme, flowing into the Allier. 27. l'airain, i.e. the bell.

MARIE-ANTOINE DÉSAUGIERS.

1772-1827.

He represents a domain of the lyric that has always been industriously tilled in France, that of the *chanson*. The tradition of the song is distinctly bacchanalian, and rarely has it claimed serious consideration as literature. But Désaugiers now and then foreshadows the larger and more serious treatment the *chanson* was to receive at the hands of Béranger and Dupont.

Works: *Chansons et Poésies diverses*, 3 vols., 1808–1816 ; a *Choix de chansons* appeared in 1858 ; another in 1859, and others since.

For reference: Sainte-Beuve, *Portraits contemporains*, vol. v ; George Saintsbury, *Miscellaneous Essays*, London, 1892.

CHARLES NODIER.

1780–1844.

Promoted the romantic movement by his personal contact with the group of young writers that he drew around him more than by what he himself wrote. He was one of those who felt and transmitted the influence of Germany. He is better known by his stories than by his verse.

Works: *Essais d'un jeune barde*, 1804 ; *Poésies diverses*, 1827.

For reference : Mme. Mennessier-Nodier, *Charles Nodier, épisodes et souvenirs de sa vie*, 1867 ; Sainte-Beuve, *Portraits littéraires*, vol. i.

PIERRE-JEAN DE BÉRANGER.

1780–1857.

The first in rank of the *chansonniers*. The chanson in his hands took on a breadth, a meaning, and a seriousness that it had never before possessed, and that make him secure of a place in the literature of his country, He used the song largely as a vehicle for his political opinions, even as a political weapon. The object of his attack was the monarchy of the restoration and the pre-revolutionary ideas which it tried to revive, and his weapon was formidable because it was so well fitted to be caught up and wielded by the masses of the people. Béranger was popular in the more original sense of the word. He appealed to the masses by his ideas,

which were those of the average man, and by the form
which he gave them and the efficient aid of the current airs
to which he wedded them, so that his words not only
reached the ears of an audience far wider than that of the
readers of books, but found a lodgment in their memories.

Works: The successive collections of *Chansons* appeared in
1815, 1821, 1825, 1828, 1833 ; *Œuvres posthumes,* and *Œuvres
complètes,* 2 vols., 1857.

For reference : Saint-Beuve, *Portraits contemporains,* vol.
i ; *Causeries du lundi,* vols. ii, xv ; *Nouveaux lundis,* vol.
i ; E. Caro, *Poètes et romanciers,* 1888 ; C. Coquelin in *The
Century,* vol. xxiv, with portraits.

43. LE ROI D'YVETOT (May, 1813) is perhaps the most
famous of his songs. Yvetot is a small town in
Normandy, near Havre. The lords of Yvetot were given
the title of king in the fifteenth century. The reference of
the song to Napoleon is clear.

44. 11. **ban** ; *lever le ban* means to call out one's vassals
or subjects. 13. **tirer au blanc,** to shoot at a target

45. LE VILAIN. 30. **le léopard** ; the French heralds de-
scribe the device of the English coat of arms as a
lion léopardé; so the French often use the leopard as a
symbol for the English.

46. 3. **la Ligue,** the Catholic League, a union of Catholics
between 1576 and 1596, principally to secure the su-
premacy of their religion ; it became the partisan of the
Duc de Guise against Henry III. and Henry IV., fomented
civil strife, allied itself with Spain, and became guilty of
cruel excesses. MON HABIT. 20. **Socrate** ; the poverty of
Socrates is notorious. 27. **fête** ; a person's *fête* is the day of
the saint whose name he bears.

47. 17. **des rubans** ; little bits of ribbon are worn in the
buttonhole by members of the Legion of Honor,
established by Napoleon in 1802. Membership in it is a
purely honorary distinction, conferred by the government

for conspicuous services of any kind, civil as well as mili-
tary, and usually much coveted.   Béranger refused all such
favors from the government.   26. **mettre pour jamais habit
bas,** i.e. *mourir.*

48.   LES ÉTOILES QUI FILENT, "shooting stars" (Jan.,
1820).   This poem is based upon the popular superstition that connects human destinies with the stars, and
interprets a shooting star as the passing of a human life.

49.   2. **c'était à qui le nourrirait,** each strove to outdo the
other in feeding him.

50.   LES SOUVENIRS DU PEUPLE.   This is one of the poems
that contributed to increase the prestige of the
name of Napoleon.   9. **Bien . . . que ;** the parts of the con-
junction are sometimes thus separated.

51.   10. **Champagne,** previous to the Revolution a political
division of France, having Lorraine on the east and
Burgundy on the south.   Like most other provinces it belonged formerly to independent princes.   It came to the
kings of France by the marriage of Philip IV. in the
last half of the thirteenth century.   Since the Revolution
all these historical divisions have been supplanted by the
départements, new administrative districts intended to oblit-
erate the old boundaries.   But the old names are still
familiarly used.   Champagne was invaded in 1814 by an
army of the powers allied against Napoléon.   18. **s'assoit,**
instead of the usual *s'assied* of cultivated speech, is in keep-
ing with the unlettered condition and familar tone of the
speaker.

52.   LES FOUS.   Perhaps the word "cranks" comes near-
est to giving the force of the title.   22. **sauf à,** *reserv-
ing the privilege of.*

53.   5. **Saint-Simon** ; Claude-Henri, comte de Saint-Simon
(1760–1825), was the founder of French socialism.
He demanded the application of the principle of association
to the production and distribution of wealth.   13. **François-**

Marie-Charles Fourier (1772–1837), the founder of Fourier-
ism, advocated a social reform in the direction of commun-
ism, and proposed to reorganize society in large groups, or
phalanxes, living together in a perfect community in one
building, called a phalanstery. Such communities as Brook
Farm were attempts at a practical application of Fourier's
ideas. See O. B. Frothingham's Life of George Ripley.
21. Barthélemy-Prosper Enfantin (1796–1864) was a follower
of Saint-Simon and developed his doctrines. His means for
securing the emancipation and equality of woman was the
abolition of marriage.

CHARLES-HUBERT MILLEVOYE.

1782–1816.

Author of several poetical tales of chivalry and a considerable number of elegies, is remembered for hardly any-
thing but these celebrated lines.

Works : *Œuvres*, 5 vols., 1814–16; a collection of his
Poésies is published in one volume, with a notice by Sainte-
Beuve.

54. La Chute des Feuilles. 19. Épidaure ; Epidaurus,
a town in Argolis on the Saronic gulf, the chief
seat of the worship of Æsculapius, the god of the healing
art.

MADAME MARCELINE DESBORDES-VALMORE.

1786–1859.

Is still ranked well among the lyric poets of the first part
of the century, though the celebrity that she enjoyed for a
time has passed. Though her language still has a flavor
of the eighteenth century, the note of emotion is direct and
sincere. The theme that best inspired her was love—love
betrayed and disappointed.

Works : *Poésies*, 1818 ; *les Pleurs*, 1833 ; *Pauvres Fleurs*, 1839 ; *Contes en vers pour les enfants*, Lyon, 1840 ; *Bouquets et prières*, 1843 ; there is a selection, with notice by Sainte-Beuve, with the title : *Poésies de Madame Desbordes-Valmore*.

For reference : Sainte-Beuve, *Portraits contemporains*, vol. ii ; *Causeries du lundi*, vol. xiv ; *Nouveaux lundis*, xii ; these notices are collected in a volume : *Madame Desbordes-Valmore, sa vie et sa correspondance* ; Montesquiou-Fezensac, *Félicité, étude sur la poésie de Marceline Desbordes-Valmore*, 1894.

57. LES ROSES DE SAADI. Saadi (1195–1296) was a Persian poet ; one of his works is the Gulistan, or Garden of Roses.

ALPHONSE-MARIE-LOUIS DE LAMARTINE.

1790–1869

The first great poet of the century and still one of the greatest. He passed a quiet youth in the shelter of home influences on his father's estate near Mâcon, receiving his most lasting impressions from his mother's instruction, from the fields and woods, and from certain favorite books, among which were the Bible and Ossian. This education was supplemented by a visit to Italy in 1811–12, memorable for the episode of Graziella, and a short service in the royal guards. His first volume, the *Méditations poétiques* (1820), was something entirely new in French letters and made him famous at once. These poems were saturated with the poet's personality and informed with his emotions ; and to communicate his pervading melancholy he found the secret of lines which, while they did not yet have the color, brilliancy, and variety that the Romanticists presently gave to verse, charmed the ear with a harmony and a music unattained before. His long poems, with more or less of philosophical intention, especially *Jocelyn* (1836), are important works, but it was as a lyric poet that he made his chief impression.

Works : *Méditations poétiques*, 1820 ; *Nouvelles Méditations*, 1823 ; *Harmonies poétiques et religieuses*, 1830 ; *Recueillements poétiques*, 1839 ; *Poésies inédites*, 1839 ; *Poésies inédites*, 1873 ; republished under the same names in various collected editions of his *Œuvres* since 1860.

For reference : Faguet, *Études littéraires sur le dix-neuvième siècle*, 1887 ; Sainte-Beuve, *Premiers lundis*, vol. i ; *Portraits contemporains*, vol. i ; F. Brunetière, *Évolution de la poésie lyrique*, vol. i ; *Histoire et littérature*, vol. iii, 1892 ; F. Reyssié, *la Jeunesse de Lamartine*, 1891 ; E. Deschanel, *Lamartine*, 2 vols., 1893 ; J. Lemaître, *les Contemporains*, vol. vi, 1896 ; E. Zyromski, *Lamartine poète lyrique*, 1898.

58. LE LAC. Written September 17–23, 1817 ; from *les Méditations poétiques*. The lake here celebrated is Lake Bourget in Savoy. Here the poet met in 1816 Mme. Charles, wife of the well known physicist, with whom he fell very much in love and who is immortalized by him under the names Julie and Elvire. She died Dec. 18, 1817. Cf. Anatole France, *l'Elvire de Lamartine*, 1893. When this poem was written Lamartine already knew that she was hopelessly ill. This experience of his colors many poems of his first two volumes. *Le Lac* has often been set to music : most successfully by the Swiss composer Niedermeyer (1802–1861). For interesting variants in the text see Reyssié, *la Jeunesse de Lamartine*, p. 201.

L'AUTOMNE. November, 1819 ; from *les Méditations poétiques*.

61. 9. Peut-être l'avenir, etc.; "allusion à l'attachement sérieux que le poète avait conçu pour une jeune Anglaise qui fut depuis la compagne de sa vie." (Commentaire de l'auteur.) LE SOIR. Spring of 1819 ; from *les Méditations* poétiques.

63. LE VALLON. Summer of 1819 ; from *les Méditations poétiques*. " Ce vallon est situé dans les montagnes du Dauphiné." (Commentaire de l'auteur.)

65. 9. **Pythagore** ; Pythagoras, a Greek philosopher of the sixth century B.C., who is said to have taught the doctrine that the "organization of the universe is an harmonious system of numerical ratios." L'ISOLEMENT. September, 1818 ; from *les Méditations poétiques.* Reyssié in the work above cited gives interesting variants for this poem.

67. LE CRUCIFIX. 1818 ? From *les Nouvelles Méditations.*
"Mon ami M. de V(irieu), qui assistait aux derniers moments de Julie, me rapporta, de sa part, le crucifix qui avait reposé sur ses lèvres dans son agonie. . . J'écrivis, après une année de silence et de deuil, cette élégie." (Commentaire de l'auteur.) Compare with this note the eleventh stanza of the poem, which points back to the time of the Graziella affair. See below.

70. ADIEU À GRAZIELLA. From *les Nouvelles Méditations.*
Graziella, whose heart Lamartine won during his visit to Naples in the winter of 1811–12 and whom he abandoned, was the daughter of a Neapolitan fisherman. She died soon afterward. Later the poet idealized her and his relation to her and immortalized her memory in his works. Cf. *le Premier regret* below.

71. LES PRÉLUDES. 1822 ; from *les Nouvelles Méditations.*
This poem, addressed to Victor Hugo, consists of several divisions, in different meters, only the last of which is here given. It inspired the symphonic poem of Liszt by the same name.

73. HYMNE DE L'ENFANT À SON RÉVEIL. From *les Harmonies poétiques et religieuses.*

76. LE PREMIER REGRET. From *les Harmonies poétiques et religieuses.* It was inspired by the memory of Graziella. 7. **mer de Sorrente**, bay of Naples ; Sorrento is a small town on the bay, south-east of Naples.

77. 27. **Némi** ; the lake is in the hollow of an extinct volcano, in the Alban mountains, a few miles southeast of Rome.

81. STANCES. From *les Nouvelles Méditations.* 18. **Mem-non**, son of Tithonus and Eos, king of the Ethiopians, slain by Achilles. The Greeks connected with Memnon various ancient monuments and buildings, especially the great temple at Thebes and one of the colossi of Amenophis III., currently called the statue of Memnon ; legend reported of it that when touched by the first rays of the dawn it gave forth a musical sound.

83. LES RÉVOLUTIONS. From *les Harmonies poétiques et religieuses.* Only the last of the three divisions of the poem is given here.

84. 20. **sibylles antiques** ; concerning the sibyls, sibylline books, and sibylline leaves consult a classical dictionary. 23. **Verbe** ; used currently for the second person of the Trinity ; here it goes back to a passage in the first division of the poem, where speaking of God's process of creation, he says :

> "Son Verbe court sur le néant !
>
> Il court, et la Nature à ce Verbe qui vole
> Le suit en chancelant de parole en parole,
> Jamais, jamais demain ce qu'elle est aujourd'hui !
> Et la création, toujours, toujours nouvelle,
> Monte éternellement la symbolique échelle
> Que Jacob rêva devant lui ! "

85. 8. **les nœuds,** knots of nautical reckoning.

ALFRED DE VIGNY.

1797-1863.

One of the great poets of the century. He surpassed most, if not all, of his fellow Romanticists in the intellectual quality of his verse. His lyrics are not merely the product of a moment of passion or of a passing emotion ; the strings of his lyre were not set vibrating by every breeze that blew. The personal emotion from which the lyric springs was with him subjected to the action of an intellectual solvent, was generalized and made almost impersonal before it was given form and expression. For this reason partly the bulk of his poetry is small, not exceeding the limits of one small volume. But there are few poems that one would be content to lose. One should read, besides the two given here, *Moïse, la Maison du Berger* and *la Mort du loup.* De Vigny's influence on the poetry of the latter half of the century has been considerable.

Works : *Poèmes,* 1822 ; *Poèmes antiques et modernes,* 1826 ; *les Destinées,* 1864 ; in the *Œuvres complètes,* of which several editions have appeared, the *Poésies* make one volume.

For reference : Sainte-Beuve, *Portraits contemporains,* vol. ii ; E. Caro, *Poètes et romanciers,* 1888 ; E. Faguet, *Études littéraires sur le dix-neuvième siècle,* 1887 ; F. Brunetière, *Évolution de la poésie lyrique,* vol. ii ; Dorison, *Alfred de Vigny, poète philosophe,* 1891 ; M. Paléologue, *Alfred de Vigny,* 1891.

86. Le Cor. 1828. The story of the surprise of the rearguard of Charlemagne by the Moors and of the death of Roland (Orlando in the Italian poems) is told in the *Chanson de Roland* (end of the eleventh century), the finest of the old French heroic poems. 19. **Frazona** ; this name is not found on ordinary maps or in descriptions of this region. **Marboré,** a mountain of the Pyrenees. 21. **gaves,** name given in the Pyrenees to streams that descend from the mountains.

87. 11. **Roncevaux,** a Spanish village at the entrance to one of the passes of the Pyrenees. 14. **Olivier,** Oliver, like Roland and Turpin mentioned later, one of the twelve peers of Charlemagne, standard figures in the old French poems that deal with Charlemagne.

88. 4. **Luz, Argelès,** villages in the department of Hautes-Pyrénées. 6. **Adour,** a river of France rising in the Pyrenees and flowing into the Bay of Biscay. 15. **Saint**

Denis is the patron saint of France. 24. **Obéron**, king of the fairies in mediæval folk-lore ; cf. *A Midsummernight's Dream.*

89. LA BOUTEILLE À LA MER, 1853. Bears the sub-title : *Conseil à un jeune homme inconnu.* 19. **Chatterton** (1752–1770), the precocious English poet who, failing to get recognition for his talents, was reduced to destitution and ended his life by poison. Wordsworth wrote of him in *The Leech-Gatherer :*

> "I thought of Chatterton, the marvellous Boy,
> The sleepless Soul that perished in his pride."

For de Vigny he stood almost as the type of the poet ; he used his career as literary material in the narrative *Stello* (1832) and in the drama *Chatterton* (1835). Gilbert, see p. 320. He is also brought into *Stello.* **Malfilâtre** (1732–1767), a French poet who was tempted by the praise given to his ode, *le Soleil fixe au milieu des planètes*, to try a literary career at Paris and died in great poverty. He has passed wrongly for an unappreciated genius.

90. 27. **Terre-de-Feu**, Terra del Fuego.

91. 6. **Ces pics noirs**, *les pics San-Diego, San-Ildefonso.* (Author's note.) 13. **Reims**, a city in Champagne, the center of the champagne trade. 25. **Aï**, a town in Champagne, near Reims, noted for its wine ; the name is also applied to the wine.

94. 8. **des Florides** ; in speaking of both coasts of Florida the French formerly used the plural.

VICTOR HUGO.

1802–1885.

The foremost literary figure of the century in France. His commanding influence as the chief of the Romantic school and the champion of a revolution in literary doctrine and practice has led to his being generally considered in

connection with the movement to which he gave such a
powerful impulse. But he was not merely a great party
chief and a great influence. He was also a great poet, and
a great lyric poet. He was that by reason of the breadth
and variety of his lyric performance, the surprising mastery
of form that he showed, the new capacities for picturesque
expression that he discovered in the language or created
for it, the new possibilities of rhythm and melody that he
opened to it, and the range, power, and sincerity of many
of the thoughts and feelings to which he gave so sonorous
and musical a body. No doubt in a large part of his early
work, as *les Orientales*, the body was more to him than the
spirit that it lodged. Poetry to him was an art that had its
technical side, like any other. The development of its
technical resources had a charm of its own, and he had the
artist's delight in skillful and exquisite workmanship. The
mastery that he attained was so perfect, he seemed so fully
to exhibit the utmost capacities of the language for the most
various effects of rhythm and harmony, that Théodore de
Banville said of *la Légende des siècles* that it must be the
Bible and the Gospel of every writer of French verse. But
he did not stop with the dexterity and virtuosity of the
craftsman. More and more he used the mastery that he
had achieved not for the mere pleasure of practicing or ex-
hibiting it, but to give fitting and adequate expression to
feelings and to thoughts. The domestic affections, the love
of country, and the mystery of death had the deepest hold
upon him, and whenever he approaches these themes he is
almost sure to be genuine and sincere. His pity for the
poor and unfortunate was very tender, and was the real
spring of a great deal of his democracy, and he had a fine
gift of wrathful indignation, which was called into exercise
especially by Napoleon III. No part of his lyrical production is more spontaneous and genuine than many poems of
les Châtiments. There was from the first a bent towards

philosophical reflection observable in him, and in the latter part of his life, beginning with *les Contemplations* and *la Légende des siècles*, it preponderated more and more over the lyrical impulse, though the latter was never reduced to silence for long.

Works: *Odes et Poésies diverses*, 1822 ; *Nouvelles Odes*, 1824 ; *Odes et Ballades*, 1826, 1828 ; *les Orientales*, 1829 ; *les Feuilles d'Automne*, 1831 ; *les Chants du crépuscule*, 1835 ; *les Voix intérieures*, 1837 ; *les Rayons et les ombres*, 1840 ; *les Châtiments*, 1853 ; *les Contemplations*, 1856 ; *la Légende des siècles*, 1859, 1876, 1883 ; *les Chansons des rues et des bois*, 1865 ; *l'Année terrible*, 1872 ; *l'Art d'être grandpère*, 1876 ; *les Quatre Vents de l'esprit*, 1881 ; *Toute la lyre*, 1889, 1893. The most convenient form in which they are now to be found is the *ne varietur* edition of Hetzel-Quantin in 16mo, at two francs a volume ; the volumes correspond to those given above, except that the first three are all included in the one *Odes et Ballades.*

For reference : Sainte-Beuve, *Portraits contemporains*, vol. i ; E. Caro, *Poètes et romanciers*, 1888 ; A. Barbou, *Victor Hugo*, 1882 ; E. Dupuy, *Victor Hugo, l'homme et le poète*, 1887 ; L. Mabilleau, *Victor Hugo*, 1893 ; E. Biré, *Victor Hugo avant 1830*, 1883 ; *Victor Hugo après 1830*, 2 vols., 1891 ; *Victor Hugo après 1852*, 1894 ; A. C. Swinburne, *Victor Hugo*, London, 1886 ; C. Renouvier, *Victor Hugo, le poète*, 1893 ; E. Dowden, *Studies in Literature*, London, 1878 ; E. Faguet, *le Dix-neuvième siècle*, 1887 ; F. Brunetière, *Évolution de la poésie lyrique*, 2 vols., 1894.

95. LES DJINNS. August, 1828 ; from *les Orientales*. The poem is especially noteworthy from a technical point of view. The quiet before the descent of the spirits, their approach, their fury, their receding, and the quiet that follows, are suggested by the movement of the lines. The motto is from Dante's *Inferno*, Canto v, 46–49 ; he is describing the tormented spirits of the carnal malefactors

"Who reason subjugate to appetite." Djinns are spirits of Mohammedan popular belief, created of fire, and both good and evil. The vowel is not nasal.

97. 25. **Prophète,** Mohammed.

99. ATTENTE. 1828; from *les Orientales.* The motto is Spanish, "I was waiting in despair."

100. EXTASE. November, 1828; from *les Orientales.* The motto is from the Bible, Rev. i, 10. LORSQUE L'ENFANT PARAÎT. May 18, 1830; from *les Feuilles d'Automne. Les Feuilles d'Automne* were largely the reflection of the domestic affections of the poet. He had been married in 1822, and had at this time three children, Léopoldine, Charles, and Victor.

102. 17. **ennemis;** the reference is doubtless to the literary opponents of Hugo; the struggle between the champion of tradition and the Romanticists brought many personal bitternesses. DANS L'ALCÔVE SOMBRE. Nov. 10, 1831; from *les Feuilles d'Automne.* The motto is from a poem, *la Veillée,* addressed by Sainte-Beuve to Hugo on the birth of his son François-Victor, Oct. 21, 1828.

103. 19. **lys,** *lis*; this spelling is usual with Victor Hugo and frequent in this century, especially with later writers.

104. 27. **chimère** has here more the force of *cauchemar.*

105. NOUVELLE CHANSON SUR UN VIEIL AIR. Feb. 18, 1834; from *les Chants du crépuscule.*

106. "PUISQU'ICI-BAS." May 19, 1836; from *les Voix intérieures.*

108. OCEANO NOX. July, 1836; from *les Rayons et les ombres.* The title is from Vergil, *Æn.* ii, 250: *Vertitur interea caelum et ruit Oceano nox.*

110. NUITS DE JUIN. 1837; from *les Rayons et les ombres.* "LA TOMBE DIT À LA ROSE." June 3, 1837; from *les Voix intérieures.* TRISTESSE D'OLYMPIO. October, 1837; from *les Rayons et les ombres.* See the discussion of this

poem in Brunetière, *Évolution de la poésie lyrique*, i, 200 ff.
His view is indicated in the following extract: "Ces grands
thèmes, les plus riches de tous, — la Nature, l'Amour et la
Mort, — dans le développement desquels nous sommes
convenus de chercher et de vérifier la mesure du pouvoir
lyrique, Hugo les mêle ou les fond ensemble, il les enche-
vêtre, il les complique, il les multiplie les uns par les autres,
et de cette complication, admirez les effets qu'il tire...
C'est en effet ici qu'éclate, à mon avis, la supériorité de la
Tristesse d'Olympio sur le *Lac* de Lamartine ou sur le *Souvenir* de Musset, qu'on lui a si souvent, et à tort, préférés.
Non pas du tout, vous le pensez bien, que je veuille nier
le charme pur et pénétrant du *Lac*, ou la douloureuse et
poignante éloquence du *Souvenir!* Incomparable élégie, le
Lac de Lamartine a pour lui la discrétion même, l'élégance,
l'idéale mélancolie, la caresse ou la volupté de sa plainte ;
et, dans le *Souvenir* de Musset, nous le verrons bientôt,
c'est la passion même qui parle toute pure. Mais, dans la
Tristesse d'Olympio, de même que les voix des instruments
se marient dans l'orchestre, la note aiguë, déchirante et pro-
longée du violon à la lamentation plus profonde et plus
grave de l'alto, le tumulte éclatant des cuivres aux sons
plus perçants de la flûte, tandis qu'au-dessus d'eux la voix
humaine continue son chant d'amour ou de colère, de haine
ou d'adoration, c'est ainsi que la mélodie très simple et
comme élémentaire du souvenir s'enrichit, s'augmente, se
renforce, et se soutient chez Hugo d'un accompagnement
d'une prodigieuse richesse, ou tout concourt ensemble,
toute la nature et tout l'homme, toute la poésie de
l'amour, toute celle des bois et des plaines, toute la poésie
de la mort."

116. A QUOI BON ENTENDRE." July, 1838 ; from the
drama *Ruy Blas*, act ii, scene I.

117. CHANSON. "SI VOUS N'AVEZ RIEN À ME DIRE." May,
18 . .; from *les Contemplations*.

118. "QUAND NOUS HABITIONS TOUS ENSEMBLE." Sept. 4, 1844 ; from *les Contemplations.* The poet's daughter Léopoldine had married Charles Vacquerie in the summer of 1843. On the fourth of September of the same year she was drowned, together with her husband, in the Seine near Villequier. Her death was a great shock to Hugo, and the few verses that we have from these years are full of the bitterness of loss sweetened by remembrance of happy earlier days. Her memory is everywhere present in the *Contemplations* ; compare the following poems.

119. 5. si jeune encore ; *jeune* refers of course to the subject ; Hugo was twenty-two when Léopoldine was born. "O SOUVENIRS! PRINTEMPS! AURORE!" Villequier, Sept. 4, 1846 ; from *les Contemplations.* Notice the date.

120. 2. Montlignon, Saint-Leu, small places just out of Paris to the north.

121. Arioste, Ariosto (1474-1533), a famous Italian poet, author of *Orlando Furioso.* "DEMAIN, DÈS L'AUBE." Sept. 3, 1847 ; from *les Contemplations.* Notice the date. 21. demain, i.e. the anniversary of his daughter's death.

122. 2. Harfleur, a small town on the Channel coast, a few miles from Havre, near the mouth of the Seine. VENI, VIDI, VIXI. April, 1848 ; from *les Contemplations.*

123. LE CHANT DE CEUX QUI S'EN VONT SUR MER. Dated: *En mer, 1er août, 1852.* This and the next following poems, from *les Châtiments,* are the expression of the poet's hatred for Napoleon III. This volume was the direct fruit of his exile in consequence of his determined opposition to the imperial ambitions of Napoleon. He had been active in trying to organize resistance after the *coup d'état,* and with difficulty had evaded arrest and escaped to Brussels. After the publication of his denunciatory volume, *Napoléon le Petit,* the Belgian government expelled him and he took refuge first in England, whence he passed immediately to the island of Jersey, where he arrived on the fifth of August, 1852. In 1855 residence in Jersey was forbidden him and he removed to Guernsey, where he continued to reside till the downfall of Napoleon III.

124. LUNA. July, 1853. 23. l'an quatre-vingt-onze, 1791, the beginning of the French Revolution.

126. LE CHASSEUR NOIR. September, 1853. 27. saint Antoine; Saint Anthony (250–356) was a native of Upper Egypt, withdrew to the desert, and gave his life up to ascetic devotion in solitude and voluntary poverty. Legend represents him as beset by tempting demons.

128. LUX. December, 1853. 9. Capets; the kings of France from the accession of Hugh Capet in 987 to that of the house of Valois with Philip VI. in 1328 were Capets.

129. ULTIMA VERBA. December, 1853. 4. Mandrin, a notorious bandit, executed in 1755.

130. 3. Louvre, see note p. 318. 22. Sylla, see note p. 319. CHANSON. "*Proscrit, regarde les roses.*" May, 1854; from *les Quatre Vents de l'esprit, livre lyrique.* Concerning the inexact rhyme *semai : mai*, rare with Hugo, see *Revue politique et littéraire,* July 16, 1881.

132. EXIL. Between 1868 and 1881; from *les Quatre Vents de l'esprit, livre lyrique.* 5. colombe, his daughter Léopoldine. 6. Et toi, mère; Mme Victor Hugo died in 1868. SAISON DES SEMAILLES. LE SOIR. From *les Chansons des rues et des bois.* The poem is not dated; the volume appeared in 1865.

133. 2. labours, *plowed fields.* This seems almost to have been written for the well-known painting of "The Sower" by Millet, exhibited in 1850. However, Millet's sower is a young man. UN HYMNE HARMONIEUX. From *les Quatre Vents de l'esprit;* the poem bears no date.

134. PROMENADE DANS LES ROCHERS. From *les Quatre Vents de l'esprit;* not dated.

AUGUSTE BRIZEUX.

1803–1858.

He is remembered for his simple and touching poems, full of the landscape and of the rural life of his native Brittany. He also translated Dante's Divine Comedy.

Works: *Marie*, 1835 ; *les Ternaires*, 1841 (the title of this collection was later changed to *la Fleur d'or*) ; *les Bretons*, 1845 ; *Histoires poétiques*, 1855 ; *Œuvres complètes*, 1861, 2 vols. ; *Œuvres*, 4 vols., 1879–84.

For reference: Sainte-Beuve, *Portraits contemporains*, vols. ii and iii ; Lecigne, *Brizeux, sa vie et ses œuvres*, Lille, 1898.

AUGUSTE BARBIER.

1805–1880.

He secured immediate fame by the vigorous satire of his first work, *Iambes*, and he is probably still best remembered for this, though later volumes, especially *Il Pianto*, contain work of more perfect finish.

Works: *Iambes*, 1831 ; *La Popularité*, 1831 ; *Lazare*, 1833 ; *Il Pianto*, 1833 (these are now included in one volume, *Iambes et poèmes*) ; *Nouvelles Satires*, 1837 ; *Chants civils et religieux*, 1841 ; *Rimes héroïques*, 1843 ; *Sylves*, 1865.

For reference: Sainte-Beuve, *Portraits contemporains*, vol. ii.

158. L'IDOLE. May, 1831. The whole poem consists of five parts.

2. **messidor**, one of the months of the revolutionary calendar, beginning with the nineteenth of June. It was the first of the summer months.

MADAME D'AGOULT.

1806–1876.

Marie-Sophie-Catherine de Flavigny, comtesse d'Agoult, wrote under the pseudonym Daniel Stern. Her work is mainly in prose, in history, criticism and fiction, but she wrote a few lyrics marked by deep and true sentiment. A biographical notice by L. de Ronchaud will be found in the second edition of her *Esquisses morales*, 1880.

FÉLIX ARVERS.

1806–1851.

He wrote mainly for the stage, and left but one volume of poems, *Mes Heures perdues*, which are all forgotten save this famous sonnet. The lady who inspired it is said to have been the daughter of Charles Nodier, afterwards Mme. Mennessier-Nodier. *Mes Heures perdues* was reprinted in 1878, with a notice of Arvers by Th. de Banville.

GÉRARD DE NERVAL.

1808–1855.

Gérard Labrunie, known in letters as Gérard de Nerval, was one of the group of young Romanticists who gathered around Hugo. Symptoms of insanity developed early, and at different times he was an inmate of an asylum. He finally committed suicide. He felt profoundly the influence of German literature, and his lyrics show something of this in the spiritual quality of their sentiment.

Works : *Élégies nationales et satires politiques*, 1827 ; translation of Goethe's *Faust*, 1828 ; *la Bohême galante*, 1856 ; *Œuvres complètes*, 5 vols., 1868.

For reference : Th. Gautier, *Histoire du romantisme* ; *Portraits et souvenirs littéraires* ; Arvède Barine, *Névrosés*, 1898.

140. FANTAISIE. Gioacchino Antonio Rossini (1792–1868), one of the foremost Italian composers of the century, author of *William Tell* (1829), and other well-known operas. Wolfgang Amadeus Mozart was a native of Austria, and one of the greatest musical geniuses that ever lived. Among his works are the operas *Le Nozze di Figaro* (1786), *Don Giovanni* (1787), *Die Zauberflöte* (1791); the famous *Requiem*; the *symphony in G minor*, etc. Karl Maria von Weber (1786–1826), one of the founders of German as opposed to Italian opera. *Der Freischütz* is his most famous work.

HÉGÉSIPPE MOREAU.

1810–1838.

In his short and unhappy struggle with poverty and illness he produced a few graceful short stories and a thin volume of verse, *le Myosotis* (1838), that reveals a genuine, though not remarkable, lyric gift. See Sainte-Beuve, *Causeries du lundi*, vol. iv. The poems of *le Myosotis*, and some others, now make vol. ii. of his *Œuvres complètes*, 2 vols., 1890–91.

141. LA FERMIÈRE. This poem was sent as a New Year's gift to Madame Guérard, who had taken the poet in and entertained him when ill.

142. 31. **fils de la Vierge,** "*débris de toiles d'araignée que le vent emporte*"; air-thread, gossamer.

ALFRED DE MUSSET.

1810–1857.

A lyric poet of a comparatively narrow range, but within it surpassingly genuine and spontaneous. Almost his only theme was the passion of love, in some form or degree. But what he lacked in breadth he made up in the directness and intensity of his accent, and these eminently lyric qualities give his lyrics a distinction among those of his country. He began as a Romanticist, but soon grew away from the school of Hugo as it developed. With his negligence of form and his surrender to the passion of the moment, he is the opposite of Gautier ; and the poets of the later school which derives from Gautier have neglected and depreciated him.

Works : *Contes d'Espagne et d'Italie*, 1830 ; *le Spectacle dans un fauteuil*, 1833 ; after this most of his poems appeared in the *Revue des Deux Mondes ;* they are now collected in *Premières poésies*, 1 vol., containing the poems of the first two volumes and a few others, and *Poésies nouvelles*, 1 vol., containing the *Nuits*, and the later poems.

For reference : P. de Musset, *Biographie d'Alfred de Musset*, 1877 (naturally partial) ; A. Barine, *Alfred de Musset*, 1893 ; Spœlberch de Lovenjoul, *la Véritable histoire de " Elle et Lui,"* 1897 ; Sainte-Beuve, *Portraits contemporains*, vol. ii ; *Causeries du lundi*, vols. i and xiii ; E. Montégut, *Nos Morts contemporains*, 1883 ; E. Faguet, *le Dix-neuvième siècle*, 1887 ; F. Brunetière, *Évolution de la poésie lyrique*, vol. i, 1894 ; M. Clouard, *Bibliographie des œuvres d'Alfred de Musset*, 1883. O. L. Kuhns, Selections from de Musset, Boston, 1895, for the sympathetic and interesting introduction.

143. Au LECTEUR. This sonnet was prefixed in 1840 to a new edition of his poems.

145. STANCES. 1828 ; from *Contes d'Espagne et d'Italie.* 3. **vesprées** ; see note on 7, 10. LA NUIT DE MAI. May 1835. The poet's *liaison* with the novelist George Sand, begun in 1833, and culminating in the Italian journey of 1834, with its successions of passion, violent ruptures, and penitent reconciliations, was the profoundest experience of his life, and the inspiration of many of his poems, including the famous *Nuits* of May, August, October and December.

146. 21. **paresseux enfant** ; the charge of indolence had often already been brought against Musset ; cf. *ton oisiveté*, 150, 3.

147. 29. **Argos**, the capital of Argolis, in the Peloponnesus. **Ptéleon**, Pteleum, an ancient town of Thessaly (Iliad ii, 697.) 30. **Messa**, city and harbor of Laconia (Iliad ii, 582); Homer's epithet is " abounding in doves." 31. **Pélion**, a mountain in Thessaly ; Homer (Iliad ii, 757) calls it " quivering with leaves."

148. 1. **Titarèse**, a river in Thessaly. Homer's epithet (Iliad ii, 751) is " lovely." 3. **Oloossone**, a city in Thessaly, called " white " also by Homer (Iliad ii, 739). **Camyre**, no doubt Homer's Kameiros (Iliad ii, 656), which he calls " shining." It was situated on the island of Rhodes ; Musset neglects the geographical fact in bringing it into connection with Oloossone.

149. 6. **son tertre vert**, St. Helena.

150. 13. **Lorsque le pélican** ; this passage is one of the most famous of French poetry. Compare Ronsard's reference to the pelican, p. 8, l. 19. With this view of the poet's lot and mission compare that expressed in *les Montreurs* of Leconte de Lisle, p. 199, and in *l'Art* of Gautier, p. 190. The fable of the pelican giving his blood to his young is current in the literature of the middle ages.

152. LA NUIT DE DÉCEMBRE. November, 1835. 18. **Églantine** ; a wild rose was one of the prizes given the victors in the poetical contests called the *Jeux Floraux*, held at Toulouse ; it symbolizes distinction in poetry.

153. 11. **Un haillon de ourpre en lambeau** symbolizes the power of youth wasted in debauchery. 12. **myrte** ; the myrtle was sacred to Venus.

154. 10. **Pise**, Pisa. 14. **Brigues**, a small town in the Rhone valley in Switzerland, at the foot of the Simplon pass. 16. **Gênes**, Genoa. 17. **Vevay**, a town on Lake Geneva. 19. **Lido**, an island between Venice and the sea, a favorite resort of the inhabitants of the city. Musset calls it *affreux*, because with it he associated his quarrel with George Sand.

159. STANCES À LA MALIBRAN. October, 1836. 11. **Maria Felicità**, daughter and pupil of Manuel Garcia, afterwards Madame Malibran, by which name she is remembered, was a remarkable singer (1808–1836).

24. **Parthénon**: the Parthenon, completed in 438 B.C., was built under the direction of Phidias, who was also the sculptor of the colossal statue of Athena within the temple. The most famous work of Praxiteles was the statue of Aphrodite of Cnidus, not extant, but represented in the Venus of the Capitol and the Venus de Medicis.

160. 26. **Corilla**, a character in one of Rossini's operas. 27. **Rosina**, heroine of Rossini's *Il Barbiere di Seviglia* (1816). 29. **le Saule**, the song of "The Willow" in Rossini's *Otello* (1816); cf. Shakspere's *Othello*, iv, 3.

161. 9. **Londre**, usually spelled *Londres*; the *s* is omitted here for the metre. 21. **Géricault**, an important French painter (1790–1824); his most famous picture is *Le Radeau de la Méduse*, now in the Louvre. **Cuvier**, a great French naturalist (1769–1832).

162. 3. **Robert**, Léopold (1794–1835), a French painter of merit. **Bellini**. Vincenzo (1802–1835), an Italian composer of operas; among his works are *La Somnambula* (1831), *Norma* (1831), and *I Puritani* (1835). 5. **Carrel**, Armand (1800–1836), a French publicist, fatally wounded in a duel with Émile de Girardin.

163. 18. **La Pasta**; Giuditta Pasta (1798–1865) was one of the famous sopranos of her day; for her Bellini wrote *La Somnambula* and *Norma*.

164. CHANSON DE BARBERINE. From the comedy *Barberine* (1836).

165. CHANSON DE FORTUNIO. From *le Chandelier* (1836), where it is sung by a character named Fortunio.

25. ma mie, instead of *m'amie*; this is a remnant of what was the regular practice in the earliest period of French, the use of the feminine forms, ma, ta, sa, with elision of the vowel, before nouns beginning with a vowel; the substitution of the masculine forms in such cases begins in the twelfth century.

166. TRISTESSE. June 14, 1840. "RAPPELLE-TOI." 1842.

167. SOUVENIR. February, 1841. This poem is of the same order of thought as *le Lac* of Lamartine and the *Tristesse d'Olympio* of Victor Hugo; see note on the latter poem.

169. 17. Dante, pourquoi dis-tu; the passage referred to is in the *Inferno*, canto v, l. 121; Francesca da Rimini (in French Françoise) begins the short and immortal story of her love for Paolo with these words:

> "There is no greater sorrow
> Than to be mindful of the happy time
> In misery."

170. 24. pié, an old spelling of *pied*, used here to satisfy the rules of rhyme. Cf. following page, l. 26.

172. 17. ma seule amie. George Sand. The latest revelations from the correspondence of George Sand and Musset give us a more favorable view of her part in their unhappy affair and fail to justify the terms in which he refers to her here. See the volume of Vicomte de Spœlberch de Lovenjoul cited among the works for reference.

174. Sur une morte. October, 1842; the lady referred to was the Princess Belgiojoso (1808–1871), who after the unsuccessful movement for Italian liberty in 1831 left Italy and resided in Paris, where Musset came often to her salon. 1. la Nuit, one of the famous allegorical statues made by Michaelangelo for the tombs of Giuliano and Lorenzo de Medici.

175. A M. VICTOR HUGO. April. 26, 1843. CHANSON. "ADIEU, SUZON." 1844.

THÉOPHILE GAUTIER.

1811–1872.

One of the most important poets of the century, though he can not be called in any large sense one of the greatest. His importance is due to the emphasis that he placed on the element of form both by his precept and by his practice. The directness and sincerity of the emotional cry are lost sight of in the pursuit of exquisite and perfect workmanship in the representation of outward beauty. *L'Art*, p. 190, sums up his poetic art. Later poetry has been profoundly influenced by this doctrine. His natural gifts adapted him perfectly to the rôle that he played, for, while he was without great intellectual depth or emotional intensity, he had a rare power of seeing the forms and colors of things.

Works: *Poésies*, 1830; *Albertus*, 1833; *la Comédie de la mort*, 1838; the preceding were republished in one volume with additions in 1845; *Émaux et Camées*, 1852: *Poésies nouvelles*, 1863; in the edition of his *Œuvres complètes* the *Poésies complètes* make two volumes, *Émaux et Camées*, one.

For reference: E. Bergerat, *Théophile Gautier*, 1879; M. Du Camp, *Théophile Gautier*, 1890; Vicomte Spœlberch de Lovenjoul, *Histoire des œuvres de Th. Gautier*, 2 vols., 1887; Sainte-Beuve, *Premiers lundis*, ii; *Portraits contemporains*, ii, v; *Nouveaux lundis*, vi; E. Faguet, *XIXe siècle*, 1887; Brunetière, *Évolution de la poésie lyrique*, vol. ii.

177. VOYAGE. From the *Poésies* of 1830. The line of the motto from La Fontaine is from the one-act comedy *Clymène*, line 35. Catullus ('87–47 B.C.) was a Latin

348   *Notes.*

poet whose lyrics show intensity of feeling and rare grace
of expression. The lines here quoted are from the *Carmina*,
xlvi. The idea of the poem is quite characteristic of Gau·
tier, who delighted especially in the picturesque aspects of
travel, as his famous descriptions of foreign lands show
(*Voyage en Espagne, Voyage en Russie, Voyage en Italie*, etc.).
173. 17. **enraye**, puts on the brakes.

Of the other poems of Gautier here given all but CHOC
DE CAVALIERS, LES COLOMBES, LAMENTO, TRISTESSE, and
LA CARAVANE are from *Émaux et Camées* ; these five will be
found in vol. i of the *Poésies complètes* under the title *Poésies diverses*.

186. PREMIER SOURIRE DU PRINTEMPS. 15. **houppe de
cygne**, powder puff.

188. L'AVEUGLE. 1. **les puits de Venise**; the dungeons of
Venice are famous.

189. LE MERLE. 18. The Arve joins the Rhone just
after the latter issues from Lake Geneva. The
water of the Rhone is very clear and blue, while that
of the Arve, especially when swollen by rain and melted
snow, is muddy and grayish-yellow.

190. 4. *mettre en demeure*, to summon by legal process.

191. L'ART. 1. **carrare, paros**, marbles especially fine
and white and adapted for statuary, the former
from Carrara, Italy, the latter from Paros, an island in the
Ægean Sea. 21. **nimbe trilobe**; the Virgin was often represented in early paintings with a halo of three rounded
lobes, in the shape of a trefoil, symbolizing the Trinity.

VICTOR DE LAPRADE.

1812-1883.

A poet of elevation and purity, whose worth is rather
greater than his reputation, which has been somewhat
eclipsed by that of his greater contemporaries.

Works : *Psyché,* 1840 ; *Odes et Poèmes,* 1844 ; *Poèmes évan-géliques,* 1852 ; *Symphonies,* 1855 ; *Idylles héroïques,* 1858 ; *Pernette,* 1868 ; *Poèmes civiques,* 1873 ; *le Livre d'un père,* 1878 ; collected edition, *Œuvres poétiques,* 4 vols., 1886–89.

For reference : E. Biré, *Victor de Laprade, sa vie et se. œuvres,* 1886 ; Sainte-Beuve, *Nouveaux lundis,* vol. i ; E. Caro, *Poètes et romanciers,* 1888.

193. A UN GRAND ARBRE. 1840 ; from *Odes et Poèmes.* 5. Cybèle, or Rhea, goddess of the earth.

197. LE DROIT D'AÎNESSE. 1875 : from *le Livre d'un père.* 15. écherra, from *échoir.*

MME. ACKERMANN.

1813–1890.

Louise-Victorine Choquet, who became Mme. Paul Ackermann by her marriage in 1844 and was left a widow in 1846, lived a life of great retirement and seclusion. Her work, the fruit of long solitude, bears the impress of a strong, reflective mind. It is deeply tinged with pessimism.

Works : *Contes et poésies,* 1863 ; *Poésies philosophiques,* 1874 ; collected in one volume, *Poésies,* 1877.

For reference : Comte d'Haussonville, *Mme. Ackermann, d'après des lettres et des papiers inédits,* 1891.

CHARLES-MARIE LECONTE DE LISLE.

1818–1894.

Born on the island of Bourbon, the tropical landscape that was familiar to his boyhood recurs constantly in his poems. Coming to France to complete his studies and to reside, he became the master spirit among the poets of the middle of the century and the recognized leader of the

Parnassiens. From the beginning he protested vigorously against the Romanticists of 1830, not only as making an immodest and on the whole vulgar display of self (cf. *les Montreurs*, p. 199), but also as inevitably falling short of artistic perfection because, being possessed, or at least moved, by the emotion they were expressing, they could not be wholly masters of the instrument of expression. To be thus wholly master of the resources of poetic art one must be quite untroubled by one's own personal joys and sorrows, have the brain clear and free. This call to the poet to rid himself of the personal element was emphasized by the reflection that individual emotions are of little importance or interest, being dwarfed by the collective life of humanity in general, which in turn is overshadowed by the vast phenomenon of life as a whole, while this again is but a transient vapor on the face of the immense universe. So the poetic creed of an impersonal and impassive art was more or less blended with a materialism pervaded with a buddhistic pessimism that is vexed and wearied with the vain motions of this human world, and longs for the rest of Nirvana ; and this vexation and weariness frequently rise to a poignant intensity. However far he may then be thought to be from the impassive impersonality of his doctrine, there is but one opinion as to his rare command of form and the exquisite perfection of his art, which have won for him the epithet *impeccable.*

Works : *Poèmes antiques*, 1853 ; *Poèmes et poésies*, 1855 ; *Poésies complètes*, 1858 (contains the two previous collections); *Poèmes barbares*, 1862 ; *Poèmes tragiques*, 1884 ; *Derniers poèmes*, 1894. He was also an industrious translator of the Greek poets and of Horace.

For reference : P. Bourget, *Nouveaux essais de psychologie contemporaine*, 1885 ; J. Lemaître, *les Contemporains*, vol. ii, 1887 ; F. Brunetière, *Évolution de la poésie lyrique*, vol. ii, 1894 ; also in Contemporary Review, vol. lxvi.

199. LES MONTREURS. From *Poèmes barbares*. MIDI and NOX are from the *Poèmes antiques*. The poems from L'ECCLÉSIASTE to REQUIES inclusive, and also LE MANCHY, are from the *Poèmes barbares*. The rest, except the last, are from the *Poèmes tragiques*.

203. LA VÉRANDAH. 1. hûka, oriental pipe.

215. SI L'AURORE. 10. Pitons, mountain peaks; the word is used in the French colonies. 21. Varangue, a kind of porch, cf. verandah.

LE MANCHY. A *manchy* is a kind of sedan-chair, or litter.

217. LE FRAIS MATIN DORAIT. 28. letchis, a tropical plant.

218. TRE FILA D'ORO. The words of the title, which is Italian, are found in the final line of each stanza, *trois fils d'or*.

CHARLES BAUDELAIRE.

1821–1867.

His was a perverse nature, endowed with rare gifts which he persistently abused. Pure physical sensation supplied a large part of the material for his poetry, and among the senses it was especially the one that has the remotest association with ideas that he drew upon most constantly—the sense of smell. In his desperate search for new and strange sensations he went the round of violent and exhausting dissipations, and as his senses flagged he spurred them with all sorts of stimulants. Meanwhile he observed himself curiously; the result in his poems is an impression of peculiarly wilful depravity. They reflect his physical and mental experience, are always without sobriety, often lacking in sanity. The title, *les Fleurs du mal*, is both appropriate and suggestive; they invite no epithets so much as "unhealthy" and "unwholesome."

He was extremely fond of Edgar A. Poe, and translated his works.

Works: *les Fleurs du mal*, 1857, new edition, 1861; *Œuvres posthumes*, 1887.

For reference : Gautier, *Portraits et souvenirs littéraires* ; E. Crépet, *Œuvres posthumes et correspondance inédite de Ch. Baudelaire, précédées d'une étude biographique*, 1887 : Bourget, *Essais de psychologie contemporaine*, 1883, F. Brunetière in *Revue des Deux Mondes*, Sept. 1st, 1892 ; Henry James, *French Poets and Novelists*, London, 1884; George Saintsbury, *Miscellaneous Essays*, London, 1892.

The poems given here are all from *les Fleurs du mal*.

321. 19. Boucher ; François Boucher (1703–1770) was a painter of pastoral and genre subjects.

PIERRE DUPONT.

1821–1870.

He enjoyed a moment of great popularity about 1848, paid for since by being too much forgotten. His *chansons* are simple, sincere, and sweet, breathing a delight in rural life and sympathy with the lot of the poor.

Works : *Chansons*, 1860 ; *Chansons et poésies* is the title of the current edition of his poems.

For reference : Sainte-Beuve, *Causeries du lundi*, vol. iv.

ANDRÉ LEMOYNE.

1822.

Has achieved especial success by his poetic descriptions of nature, which proceed from a close and loving observation and a quick responsiveness to her moods.

Works : *Stella Maris.—Ecce Homo*, etc., 1860 ; *les Roses d'Antan*, 1865 ; *les Charmeuses*, 1867 ; *Légendes des Bois et*

Chansons marines, 1871 ; *Fleurs des ruines*, 1888 ; *Fleurs du soir*, 1893.

232. 12. CHANSON MARINE. **Cap Fréhel**, on the north coast of Brittany, just south of the Channel Islands. 24. **Granville** and **Avranches** are small towns on the Channel coast, between St. Malo and Cherbourg. 26. The **Orne** and **Vire** are small streams flowing northward into the Channel in the same region.

THÉODORE DE BANVILLE.

1823–1891.

A precocious and voluminous writer, who delighted in playing with the technical difficulties of lyric forms. His devotion to form was his chief excellence and gave him a considerable influence on the group of *Parnassiens*. He was especially responsible for the revival of the fixed forms of the older French poetry. He took up and developed the dictum of Saint-Beuve that rhyme is "*l'unique harmonie du vers*," and his *Odes funambulesques* sought even to make it a main means of comic effect. His work is deficient in substance.

Works : *Les Cariatides*, 1842; *les Stalactites*, 1846; *Odelettes*, 1856 ; *Odes funambulesques*, 1857 ; *les Exilés*, 1866 ; *Idylles prussiennes*, 1871 ; *les Princesses*, 1874 ; *Sonnailles et Clochettes*, 1890 ; *Dans la fournaise. Dernières poésies*, 1892.

For reference: Sainte-Beuve, *Causeries du lundi*, vol. xiv; J. Lemaître, *les Contemporains*, vol. i, 1886 ; A. Lang, *Essays in Little*, London, 1891.

234. LA CHANSON DE MA MIE. **Ma mie**, see note on **165**, 25.

235. BALLADE DES PENDUS. From the comedy *Gringoire* (1866). 20. **Flore**, the Roman goddess of fruits and flowers. 26. *du roi Louis* ; Louis XI. (1461-1487), whose measures to break down feudalism and establish the power of the monarchy are notorious.

HENRI DE BORNIER.

1825.

Primarily a dramatic poet, he obtained one of the striking successes of the latter half of the century by his drama *la Fille de Roland* (1875) which, evoking memories of recent disaster and the dearest hopes of France, deeply touched the patriotic sentiment of his country. His lyric poems make but one volume.

Works : *Les Premières Feuilles*, 1845 ; the volume *Poésies complètes*, 1881, contains, besides the poems of the first volume, a number that appeared at intervals, several of which received prizes from the Academy, as *l'Isthme de Suez*, 1861, and *la France dans l'extrême Orient*, 1863 ; *Poésies complètes*, new edition, 1894.

ANDRÉ THEURIET.

1833.

Though now best known as a novelist, he began as a poet, and it is not certain that he will not finally be best remembered for his verse. His eyes and his sympathies are for the woods and fields and for the simple toilers whose lives lie close to them. He has instilled into his poems something of the odors of the forest and of the soil.

Works : *Le Chemin des bois*, 1867 ; *les Paysans de l'Argonne, 1792.* 1871 ; *le Bleu et le Noir*, 1873 ; *le Livre de la Payse*, 1882.

For reference ; E. Besson, *André Theuriet, sa vie et ses œuvres*, 1890.

237. BRUNETTE. From *le Bleu et le Noir.*

238. LES PAYSANS. From *le Livre de la Payse.*

GEORGES LAFENESTRE.

1837.

Though he is perhaps more widely known as a critic of art than as a poet, his poems have a certain distinction by reason of their deep and serious thought and their clear and noble expression.

Works : *Les Espérances*, 1864 ; *Idylles et Chansons*, 1874.

240 The poems here given are from *Idylles et Chansons*.
21. **Michel-Ange**, Michaelangelo.

FÉLIX FRANK.

1837.

He is chiefly known to the world of scholars by his studies in literary history and his editions of writers of the Renaissance.

Works: *Chants de colère*, 1871 ; *le Poème de la Jeunesse*, 1876 ; *la Chanson d'amour*, 1885.

243. C'ÉTAIT UN VIEUX LOGIS. From *le Poème de la Jeunesse*.

ARMAND SILVESTRE.

1838.

A prolific writer of both prose and verse. He has a rich gift of style, but he appeals to his reader more often by the sensuous charm of his lines than by their originality or depth.

Works : *Rimes neuves et vieilles*, 1866 ; *Renaissances*, 1870; *la Gloire du souvenir*, 1872 ; these three volumes are collected in *Premières poésies*, 1875 ; *la Chanson des heures*, 1878 ; *les Ailes d'or*, 1880 ; *le Pays des roses*, 1882 ; *le Chemin des étoiles*, 1885 : *Roses d'octobre*, 1889 ; *l'Or des couchants*, 1892 ; *les Aurores lointaines*, 1895.

For reference : J. Lemaître, *les Contemporains*, vol. ii, 1887.

245. LE PÈLERINAGE. From *les Ailes d'or.*

ALBERT GLATIGNY.

1839–1873.

Led a wandering and adventurous life. He was at different times actor in a travelling company, prompter, and writer. In his poems he shows a native gift of expression that made him a favorite of the *Parnassiens.*

Works : *Les Vignes folles*, 1857 ; *les Flèches d'or*, 1864 ; *Gilles et Pasquins*, 1872.

For reference : J. Lazare, *A. Glatigny, sa vie, son œuvre*; Catulle Mendès, *Légende du Parnasse contemporain*, 1884.

SULLY PRUDHOMME.

1839.

René-François-Armand Prudhomme, known as Sully Prudhomme, combines the artistic punctiliousness of a *Parnassien* with sincere emotion and a deeply philosophic mind. The intellectual quality of his work is conspicuous, but hardly less so the grace and finish of its form. It bears deep traces of the influence of the scientific movement of our time and of the transformation it has wrought in our ideas of man and nature and their relations. The personal emotion from which his lyrics spring appears always intellectually illumined, with its background of scientific corollaries and logical consequences. It is not abandoned to itself, to wreak itself on expression, but is checked by the challenge of doubt or scientific curiosity or moral scruple. His verse thus unites in rare degree the qualities of lyrical impulse and philosophical reflection.

Works : *Stances et Poèmes*, 1865 ; *les Épreuves*, 1866 ; *les Solitudes*, 1869 ; *les Destins*, 1872 ; *les Vaines Tendresess*, 1875 ; *la Justice*, 1878 ; *le Prisme*, 1886 ; *le Bonheur*, 1888 ; these have appeared in a new edition as *Œuvres*, 5 vols., 1883–1888.

For reference : J. Lemaître, *les Contemporains*, vol. i, 1886 ; E. Caro, *Poètes et romanciers*, 1388 ; G. Paris, *Penseurs et poètes*, 1896; F. Brunetière, *Évolution de la poésie lyrique*, vol. ii, 1894.

The first eleven poems are from *Stances et Poèmes*. LES DANAÏDES, UN SONGE and LE RENDEZ VOUS are from *les Épreuves* ; LA VOIE LACTÉE is from *les Solitudes* ; REPENTIR, from *Impressions de la Guerre* (1872 ;) CE QUI DURE, LES INFI-DÉLES, LES AMOURS TERRESTRES and L'ALPHABET, from *les Vaines Tendresses;* and the last two sonnets, from *la Justice.*

255. LE LEVER DU SOLEIL. 5. *Hellade*, Hellas, country inhabited by the Hellenes, or Greeks, a name at first given to a district of Thessaly, later to all Greece.

257. Les Danaïdes. The Danaïdes were the fifty daughters of Danaus, twin-brother of Ægyptus, whose fifty sons they married and then murdered. As a punishment they were condemned to pour water forever into a sieve. 2. *Théano, Callidie, Amymone, Agavé,* are names of four of the daughters.

ALPHONSE DAUDET.

1840–1897.

Though of world-wide fame as a brilliant novelist, he introduced himself to the public by a volume of verse, *les Amoureuses,* which contains many poems delicate in sentiment and exquisite in style.

HENRI CAZALIS (JEAN LAHOR).

1840.

The poems of Henri Cazalis, who has preferred to give his later works to the public under the nom de plume Jean Lahor, have the grave pessimism of Leconte de Lisle, but with more of buddhistic resignation. They are often sustained by a high moral fortitude, and though they are clothed in a less rich and brilliant garment than the poems of Leconte de Lisle, they have a charm of their own, "*inquiétant et pénétrant,*" says Paul Bourget, "*comme celui des tableaux de Burne Jones et de la musique tzigane, des romans de Tolstoï et des* lieder *de Heine.*"

Works: *Vita tristis,* 1865 (under the pseudonym Jean Caselli ;) *Mélancholia,* 1866 ; *le Livre du néant,* 1872 ; *l'Illusion,* 1875 ; the preceding were collected in one volume and published under the name Jean Lahor and with the title *l'Illusion,* 1888 ; under the same name, *le Cantique des cantiques,* a translation of the Song of Solomon, 1885 ; *les Quatrains d'Al-Ghazali,* 1896.

For reference ; J. Lemaître, *les Contemporains,* vol. iv.

CHARLES FRÉMINE.

1841.

He holds an honorable place among the *poetæ minores* by poems distinguished for the sincerity and simple truth of their record of nature and humble experience.

Works: *Floréal,* 1870 ; *Vieux Airs et Jeunes Chansons,* 1884 ; *Bouquet d'automne,* 1890.

FRANÇOIS COPPÉE.

1842.

He is especially the poet of the *vie des humbles.* His talent is not pre-eminently lyric, and he has tended to escape from the lyric domain in different directions, into the narrative poem, the drama, and the novel, in each of which he has achieved success. He is probably the most popular living French poet.

Works : *Le Reliquaire,* 1866 ; *Intimités,* 1868 ; *Poèmes modernes,* 1869 : *les Humbles,* 1872 ; *Promenades et intérieurs,* 1872 ; *le Cahier rouge,* 1874 ; *Olivier,* 1875 ; *l'Exilée,* 1876 ; *les Mois,* 1877; *Contes en vers et poésies diverses,* 1881 and 1887 ; *Poèmes et récits,* 1886 ; *Arrière-saison,* 1887 ; *les Paroles sincères,* 1890 ; *Œuvres,* 5 vols., 1885–91.

For reference : M. de Lescure, *François Coppée; L'Homme, la Vie, et l Œuvre* (1842–1889), 1889 ; J. Lemaître, *les Contemporains,* vol. i, 1886 ; F. Brunetière. *Évolution de la poésie lyrique,* vol. ii, 1894 ; Alcée Fortier, *Sept Grands Auteurs du XIXᵉ Siècle,* Boston, 1889.

271. JUIN. From *les Mois.*

272. L'HOROSCOPE. From *le Reliquaire.*

273. L'ATTENTE. From *Poèmes modernes.*

275. CHANSON D'EXIL, "QUAND VOUS ME MONTREZ UNE ROSE," LIED and ÉTOILES FILANTES are from *l'Exilée.*

277. A UN ÉLÉGIAQUE. From *Contes en vers et poésies diverses.* The story of the Spartan boy and the fox may be found in Plutarch's Lycurgus, 18. The idea should be compared with the artistic doctrine of the *impassibles.*

JOSÉ-MARIA DE HEREDIA.

1842.

He was born in Cuba, but was educated and has resided in France. He attracted notice among the *Parnassiens* by the degree of perfection with which he rendered in words the element of plastic beauty and the rare finish and precision of his style. He has used almost exclusively the form of the sonnet, to which he has given a new power and amplitude.

Works : *Les Trophées*, 1893 (many of the sonnets composing this volume had appeared in the *Revue des Deux Mondes* and elsewhere and had long been admired).

For reference : J. Lemaître, *les Contemporains*, vol. ii, 1887 ; F. Brunetière, *Évolution de la poésie lyrique*, vol. ii, 1894 ; M. de Vogüé, *Devant le siècle*, 1896 ; Edmund Gosse, *Critical Kit-Kats*, New York, 1896.

278. ANTOINE ET CLÉOPÂTRE. **Le Cydnus.** This is the name of the river on which Tarsus is situated. 18. **Lagide** ; the line of the Ptolemies, to which Cleopatra belonged, was descended from Lagus ; the first Ptolemy was commonly called the son of Lagus.

279. 18. **Bubaste et Saïs** ; Bubastis and Saïs were ancient cities of importance in the Delta of the Nile.

280. 6. LES CONQUÉRANTS. **Palos,** the famous Spanish port from which Columbus sailed. **Moguer,** a small town a little above Palos. 9. **Cipango,** the name given by Marco Polo in the account of his travels to an island or islands east of Asia, supposed to be Japan.

PAUL VERLAINE.

1844–1896.

The most striking and original figure among the poets of the latter half of the century. In the irregularity of his life he might count as a modern Rutebeuf or Villon. He certainly possessed a rich poetic endowment, which only occasionally produced what it seemed capable of. He began under the influence of the *Parnassiens*, but his most characteristic work is as far removed as possible from the plastic objectivity of that school. He pursues the expression of the most elusive sensations, and is so little concerned about clear ideas and precise forms and outlines that even grammatical coherence often fails, and the mind gropes in a mist of unintelligibility—in which direction, however, his disciples have gone very far beyond him. But in the rendering of pure feeling and sensation, in direct emotional appeal of tone and accent, he discovered powerful secrets for his verse that others have not known. He seems now to have been one of the original poetic forces of the century.

Works: *Poèmes saturniens*, 1866 ; *Fêtes galantes*, 1869 ; *la Bonne Chanson*, 1870 ; *Romances sans paroles*, 1874 ; *Sagesse*, 1881 ; *Jadis et naguère*, 1885 ; *Amour*, 1888 ; *Parallèlement*, 1889 ; *Bonheur*, 1891 ; *Chansons pour elle*, 1891 ; *Dans les limbes*, 1894 ; *Chair*, 1896 ; *Invectives*, 1896 ; selections from the volumes to and including *Bonheur* are given in *Choix de poésies*, 1891.

For reference : Ch. Morice, *Paul Verlaine, l'homme et l'œuvre ;* J. Lemaître, in *Revue Bleue*, Jan. 7, 1888 ; F. Brunetière, *Évolution de la poésie lyrique*, vol. ii, 1894 ; A. Cohn, in *The Bookman*, vol. i, with portraits.

280. COLLOQUE SENTIMENTAL. From *Fêtes galantes.*

288. 1. The quotation is from Dante's *Purgatorio*, canto iii, 79–84. ART POÉTIQUE. From *Jadis et naguère.*

289. UN VEUF PARLE and PARABOLES are from *Amour.*

291. PARABOLES. 1. **le poisson** ; the use of the fish in Christian art as a symbol of Christ is well known. Its origin is commonly said to be in the initials of the Greek Ἰησοῦς Χριστὸς, Θεοῦ Τἱὸς, Σωτήρ, which make

the word Ἰχθύς (fish).   2. l'ânon ; cf. St. Mark xi.   3. les
porcs, etc. ; cf. St. Mark v, 13.

ÉMILE BERGERAT.

1845.

Widely known under the name of Caliban as the alert
and witty *chroniqueur* of the Figaro and as the facile
rhymester of its *lyre comique*, has written a few serious
poems of direct and vigorous expression, especially under
the inspiration of the memory of the war of 1870–71.

Works : *Poèmes de la guerre,* 1871 ; *la Lyre comique,* 1889.

291. PAROLES DORÉES. 17. **cylindre,** the cylinder or
toothed roller of the hand-organ.

FRANÇOIS FABIÉ.

1846.

The son of poor peasants, he has perpetuated the scenes
and the simple life of his boyhood and the poverty and
rude toil of his country home in verse of deep, pure, and
tender feeling.

Works : *La Poésie des Bêtes,* 1886 ; *le Clocher,* 1887 ; *la
Bonne terre,* 1889 ; *Voix rustiques,* 1892 ; these are collected
in the edition of *Poésies,* 2 vols., 1891–94.

293. LES GENÊTS.   From *le Clocher.*

PAUL DÉROULÈDE.

1846.

Politician, as well as man of letters, he is known especially for his war lyrics, which have achieved a wide popularity.   They are recommended more by the vigor of their
patriotic sentiment than by their technical qualities.

Works : *Chants du Soldat,* 1872 ; *Nouveaux Chants du*

Soldat, 1875 ; *Marches et Sonneries,* 1881 ; *Refrains militaires,* 1888 ; *Chants du Paysan,* 1894.

For reference : G. Larroumet, *Études de littérature et d'art,* vol. iii.

296. LE BON GÎTE. From *Nouveaux Chants du Soldat.*

GEORGES BOUTELLEAU.

1846.

He has won the attention of the smaller public of men of letters by the finish and delicacy of the short poems, which justify the titles of the volumes in which they have been collected by suggesting the art of the miniature painter and the worker in stained glass.

Works : *Poèmes en miniature,* 1881 ; *le Vitrail,* 1887 ; *les Cimes,* 1893.

297. LE COLIBRI. From *Poèmes en miniature.*

298. LES DEUX OMBRES. From *le Vitrail.*

LOUIS TIERCELIN.

1849.

His work is distinguished by sentiment that is usually pure and sweet, sometimes deep and tender.

Works : *Les Asphodèles,* 1873 ; *l'Oasis,* 1880 ; *les Anniversaires,* 1887 ; *les Cloches,* 1891 ; *Sur la Harpe,* 1897.

298. LE PETIT ENFANT. From *l'Oasis.* For the form of the triolet see the remarks on versification.

GUY DE MAUPASSANT.

1850–1893.

This famous master of the short story began his literary career, like Daudet, Theuriet, and Bourget, with a volume of verse. *Des Vers,* 1880.

PAUL BOURGET.

1852.

Like Maupassant, he early forsook poetry for the novel, and for literary criticism. His verse, like his prose, is the work of a psychologist, who observes and analyzes his own experiences. He is never so far possessed by his emotion as to cease to inspect it curiously. In the restlessness of his spirit, the unsettled currents of his moral atmosphere, his doubts and longings, he represents a large fraction of his generation.

Works: *La Vie inquiète*, 1874; *Edel*, 1878; *les Aveux*, 1882; collected in two volumes with the title *Poésies*, 1885-87.

For reference: J. Lemaître, *les Contemporains*, vol. ii, 1887; A. N. van Daell, *Extraits choisis des œuvres de Paul Bourget*, Boston, 1894 (introduction and *lettre autobiographique*).

302. PRÆTERITA is from *la Vie inquiète*; the other poems here given are from *les Aveux*. 13, 14; the second of November, *jour des Trépassés*, is in the church calendar the day of the special commemoration of the dead.

ABEL HERMANT.

1862.

Another who seems to have been won from poetry to the novel, in which field he has achieved some striking successes. His one volume of verse is *les Mépris*, 1883. See G. Pellissier, *Nouveaux essais de littérature contemporaine*, 1895.

305. L'ÉTOILE. 17. le Chaldéen; see St. Matthew ii, 1-11.

INDEX BY AUTHORS AND TITLES.

INDEX OF FIRST LINES.